Paul Josef Kardinal Cordes

Dein Angesicht, Gott, suche ich

Paul Josef Kardinal Cordes

Dein Angesicht, Gott, suche ich

media
maria

Zur Vereinheitlichung wurde die Schreibweise in den zitierten Dokumenten der neuen deutschen Rechtschreibung angeglichen.

Die Bibelzitate sind teils der Einheitsübersetzung entnommen, teils wurden sie aus den Ursprachen neu übersetzt.

Bibliografische Information: Deutsche Nationalbibliothek.
Die Deutsche Nationalbibliothek verzeichnet diese Publikation in der Deutschen Nationalbibliografie; detaillierte bibliografische Daten sind im Internet über http://dnb. ddb. de abrufbar.

DEIN ANGESICHT, GOTT, SUCHE ICH
Paul Josef Kardinal Cordes
Lektorat: Dr. Alwin Letzkus
© Media Maria Verlag, Illertissen 2017
Alle Rechte vorbehalten
ISBN 978-3-9454013-6-1

www.media-maria.de

Inhalt

6

8

   Meister Eckhart – Gottes Bote

Hinführung: Von Kardinal Ratzinger angespornt – Einige Erinnerungen

»Wenn der Heilige Vater mich nicht nochmals ausdrücklich darum bittet, komme ich nicht nach Rom.« Das sind die Worte, die Kardinal Joseph Ratzinger im November 1980 mir gegenüber äußerte. Er sagte sie nach der Bischofssynode »Die christliche Familie in der Welt von heute«. Bei dieser hatte er die wichtige Funktion des vom Papst »Delegierten Präsidenten«, und er war der Aufgabe mit gedanklicher Tiefe sowie sprachlicher Eleganz nachgekommen. Während der Versammlung des Weltepiskopats hatte er seine Bleibe im *Collegio Teutonico*, dem bekannten Studienhaus deutschsprachiger Kleriker auf vatikanischem Grund und Boden. Auch ich wohnte dort, seit ich zu Ostern desselben Jahres in den Päpstlichen Rat für die Laien berufen worden war.

Damals kursierte im Vatikan das Gerücht, Johannes Paul II. wolle sich den hochgeschätzten deutschen Theologen als engen Mitarbeiter sichern. Später – etwa in »Salz der Erde« (2010) oder »Letzte Gespräche« (2016) – macht der Umworbene keinen Hehl daraus, dass der Papst auf seiner Absicht hartnäckig insistierte und welche Einwände und Widerstände er selbst gegen sie anführte, um in Bayern zu bleiben.

Nach Abschluss der Bischofssynode war er sofort nach München geeilt und kam später nochmals in unser Haus, um einige zurückgelassene Habseligkeiten zu holen – sicher, dass sein Platz in der Heimatdiözese war. Es traf sich, dass wir uns dort kurz vor seinem Weggang am Aufzug des Kollegs begegneten.

Obwohl wir uns nicht nahestanden – wir siezten uns damals noch –, riskierte ich eine indiskrete Herausforderung: »Herr Kardinal, werden Sie nun bald in den Vatikan kommen?« Seine Antwort habe ich schon erwähnt. Später musste ich aus ihr schließen, dass Papst Johannes Paul II. ihn nach unserer Begegnung offenbar noch einmal gedrängt hatte.

Die Verfügbarkeit Kardinal Ratzingers dem Papst gegenüber sowie das Hintansetzen seines eigenen Lebensentwurfs vertieften in mir den Respekt ihm gegenüber; sie kamen mir oft in den Sinn, wenn sich in der nun beginnenden anschließenden Zeit des gemeinsamen kurialen Dienstes unsere Wege kreuzten. Nach seinem Ortswechsel ergaben sich ja manche Gelegenheiten für Gespräche und Begegnungen.

• Kardinal Ratzinger wohnte während seiner ersten römischen Monate im Kolleg. Wir nahmen die Mahlzeiten dort gemeinsam ein und hatten unsere Plätze in der vom Rektor vorgesehenen Tischordnung. Das bedeutete, dass ich ihm normalerweise gegenübersaß oder wenigstens in seiner Nähe.
• Nachdem er eine eigene Wohnung in einem Apartment des Vatikans genommen hatte, kam er regelmäßig donnerstags zur Feier der Eucharistie ins Haus, sodass wir uns trafen und immer gemeinsam frühstückten.
• Als ich gleichfalls aus dem Kolleg ausgezogen war und im *Sant'Uffizio* lebte, begegneten wir uns dort häufig, wenn er nach Büroschluss das Haus verließ und ich zur Mittagspause zu meiner Wohnung kam. Er nahm sich dann die Zeit, mit mir ein paar Worte zu wechseln.
• Die Namenstage – St. Josef sowie St. Peter und Paul – waren uns durchweg Anlass zusammenzukommen, kleine Mitbringsel zu überreichen oder auch miteinander zu essen.
• Als er im November 1992 unter die Mitglieder der französischen *Académie des Sciences morales et politiques* aufgenommen wurde, durfte ich ihn begleiten. Die feierliche

Zeremonie für seine Aufnahme in den Kreis der sogenannten »Unsterblichen« der *Académie française* steht mir noch
heute vor Augen.

- Schon aus Gründen des vatikanischen Protokolls machten
wir die Reisen Johannes Pauls II. miteinander. Beim zweiten
Deutschlandbesuch des Papstes flogen wir Begleiter die verschiedenen Zwischenstationen in recht abgenutzten Militär-
hubschraubern mit wackeligen Sitzen und schlecht schließen-
den Fenstern an. Einmal stieg ich ein und fand einen verängs-
tigten Kardinal, der in einer Ecke kauerte. Ich setzte mich zu
ihm. Er darauf: »Da bin ich froh, dass du mit mir fliegst.«
- Regelmäßig entfloh ich im August der römischen Hitze durch
meinen Urlaub in Brixen/Südtirol. Mehrfach erholte sich dort
auch Kardinal Ratzinger. Er wohnte im Brixener Priesterseminar. Wir trafen uns dann gelegentlich zu lockerem Ge-
sprächsaustausch – über die Kirchenfragen und über theolo
gische und pastorale Probleme.

So lernte ich durch all die Jahre den Wirklichkeitssinn und die
feine Menschlichkeit des Kardinals kennen. In mir wuchs eine
Beziehung zu ihm, die ich meinerseits als freundschaftliche
Sympathie bezeichnen möchte.

***

Fraglos war es solches Beisammensein, das meine Öffnung für
sein Wort und seine Weisung stark förderte. Ich hörte ihm genauer zu und lernte ihn besser kennen.

- Er nahm mich für sich ein durch seine Aussagen zu Gottes
Wort. Es waren die überraschenden, neuen Aspekte, die er
in gewinnender, unverbrauchter Sprache darlegte. Das alles
stand im Kontext einer zutreffenden, auch besorgten Sicht
der Gegenwart und wurde mir zu wichtiger Mahnung sowie
zu aufbauender Weisung.

- Zunehmend imponierten mir der Scharfsinn seiner intellektuellen Wahrnehmung von Mensch und Welt und die Präzision seines Denkens. Damit stand ich nicht allein – wie etwa sein öffentlicher Dialog mit einem als führend geltenden deutschen Philosophen unserer Tage, Jürgen Habermas, in München (2004) zeigt.

- Bei all der Reflexionskraft trübte sich nie seine Glaubenssicht auf Kirche und Welt. Mich persönlich – ich war damals Vizepräsident des Päpstlichen Laienrats – bestärkte etwa seine positive Wertung der neuen Geistlichen Bewegungen. Zwar hatte der heilige Johannes Paul II. vor ihm schon mehr als einmal gelehrt, dass die kirchliche Sendung neben der hierarchischen eine charismatische Dimension habe; ja, er hatte diese sogar »koessenzial« genannt.[1] Doch stießen diese Bewegungen trotzdem in manchen Ortskirchen nicht selten auf wenig einsichtige Vorbehalte. So war ich froh, dass auch Kardinal Ratzinger sie guthieß und entschieden förderte.

- Die neuen Geistlichen Bewegungen kamen seinem Wunsch entgegen, den Glauben personal zu verstehen. Später äußerte er, der jüdische Philosoph Martin Buber habe ihn beeinflusst, und dessen »Ich-Du-Prinzip« zähle wohl zum Ausgangspunkt auch seines eigenen philosophischen und theologischen Denkens.

- In der Mitte seines Forschens, Schreibens und Betens steht die Gestalt des Gottessohnes. Sein dreibändiges Werk »Jesus von Nazareth« ist gleichsam seine *Summa theologica*. Sie wendet sich »gegen bestimmte Typen von Exegese«, die – wie er selbst sagt – die Wahrheit über den Herrn »einfach zerstören und zerreden«. Sogar als Papst wagte er es, sich »auf den Dschungelkampf der Details« einzulassen und »in diesen Streit einzutreten«. Wen faszinierte nicht solche Kenntnis und solcher Mut?

---

[1] Erstmals in einem Schreiben vom 2. März 1987.

- Andererseits ist seine Bescheidenheit entwaffnend. Einmal aß ich mit ihm allein zu Abend. Unser Gespräch kam auf das stupende Werk des Schweizer Theologen Hans Urs von Balthasar: dessen geniale Neuentwürfe der Glaubenswelt, seine Forschungen, seine Übersetzungen, der Aufbau eines Verlags und sein Anstoß zu der neuen Internationalen Zeitschrift, der *Communio*. Dann schienen beim Reden plötzlich für Kardinal Ratzinger er selbst und sein eigenes eindrucksvolles Œuvre total unwichtig. Er sagte unvermittelt über Balthasar: »Welche Gnade ist es, einen solchen Mann gekannt zu haben.«

All die kleinen Wegmarken und großen Zueignungen – Joseph Ratzinger würde sie wohl der »Vorsehung« zuschreiben – fügten es, dass mein Zutrauen in seine theologische Sicht und Weisung an Festigkeit gewann.

***

Besonders freute es mich verständlicherweise, dass Kardinal Ratzinger auch mir seinerseits Zeichen seines Wohlwollens gab. Meine Zuwendung zu ihm blieb demnach offenbar nicht unerwidert.

- Am 5. September 2004 hatte ich einige Angehörige, Freunde und Bekannte nach Köln zur Vollendung meines 70. Lebensjahres eingeladen. Trotz eines vollen Terminplans machte auch er den weiten Weg nach Köln und gab durch seine Predigt dem Tag Glanz und geistliches Gewicht.
- Eine andere Überraschung erlebte ich in den Tagen seiner Wahl zum Papst. Nach dem Tod des heiligen Johannes Paul II. war ich trotz allen dramatischen Getriebes zu einem wichtigen Termin nach Warschau geflogen. Anscheinend fiel Kardinal Ratzinger meine Abwesenheit auf. Nach meiner Rückkehr traf ich kurz vor Beginn des Konklaves am 18. April 2005 seinen Sekretär, Mons. Gänswein, im Hof der Glaubenskongregation.

Dieser sagte mir, Kardinal Ratzinger habe ihn nachdrücklich gefragt, wo ich stecke. Er habe geantwortet, ich sei in Rom. Darauf habe er erwidert: »Ich sehe ihn aber nicht!«
Diese Nachfrage nahm ich nun nach seiner Wahl gern zum Anlass, das Unmögliche zu versuchen: mich am Ende des Konklaves in die Sixtinische Kapelle vorzudrängen. Es gelang. So war ich die zweite Person, die ihm nach seiner ersten Eucharistiefeier den Segen Gottes wünschte. Als ich zu ihm ging, sagte er mit hörbar froher Stimme: »Da bist du ja!«

- Am 9. März 2008 kam er in das Internationale Jugendzentrum *San Lorenzo in Piscibus* in der *Via Pfeiffer*. Er feierte in der Kirche, die er mir, dem Kardinal, als Titelkirche zugewiesen hatte, die Eucharistie anlässlich des 25. Jahrestages ihrer Einweihung durch Papst Johannes Paul II. In seiner Predigt erinnerte er daran, dass er selbst hier des Öfteren die heilige Messe mit der Jugend aus aller Welt gefeiert habe. So ehrte er den Ort, an dem römische Mitglieder der neuen Geistlichen Bewegungen im Heiligen Jahr 1983/84 den Anstoß für ein internationales Jugendtreffen gegeben hatten. Deren nachhaltiges Echo führte ja bekanntlich zur Stiftung der Weltjugendtage durch Papst Johannes Paul II.

- Freunde von mir hatten sich einfallen lassen, mir zur Vollendung des 75. Lebensjahres eine Festschrift zu widmen.[2] Sie konnten Papst Benedikt XVI. für ein »Geleitwort« gewinnen. Wie immer bei solchen Anlässen fand der Papst auch an mir allerlei Lobenswertes. Beachtlich für die Weltkirche ist jedoch, dass er mein Engagement für die neuen Geistlichen Bewegungen hervorhebt. Und noch wichtiger erscheint mir, dass er in seinem Beitrag so erkennbar seine erste Enzyklika »*Deus caritas est* – Gott ist die Liebe« empfahl: In ihr habe er vergegenwärtigen wollen, dass Gottes- und Nächstenliebe »die zentrale Wirklichkeit des Glaubens« seien.

---

[2] R. Buttiglione/M. Spangenberger (Hrsg.), Gott ist treu. Festschrift für Paul Josef Kardinal Cordes, Augsburg 2010.

• In den jüngst veröffentlichten »Letzten Gesprächen«[3], deren
große Resonanz auf dem deutschen wie dem internationalen
Buchmarkt erstaunen mag, betont er außerdem, wie wichtig
ihm dieses Lehrschreiben ist. Er wird gefragt, ob es für ihn
unter seinen Enzykliken eine Enzyklika gebe, welche ihm die
liebste sei. Seine Antwort: »Ja, vielleicht doch die erste, *Deus
caritas est.*«

Papst Benedikt hat auch in öffentlichen Äußerungen nie ver-
schwiegen, dass ich zu diesem kirchlichen Rundschreiben die
eine oder andere Handreichung beisteuern durfte. Hinweise anderer anzunehmen, zeigt zunächst seine Hörbereitschaft und
Lernwilligkeit – eine bei angesehenen Autoritäten und »großen
Geistern« nicht immer auszumachende Begabung. Ferner freue
ich mich darüber, dass unsere persönliche Nähe auch pastorale Früchte für andere trug.

***

Die römischen Jahre schenkten mir Papst Benedikts XVI.
menschliche Nähe und Freundlichkeit. Ferner festigte sich meine Einsicht in einen Sachaspekt seines theologischen Denkens.
Ihn bedrückt offenbar zunehmend der Säkularismus als gravie-
rende pastorale Schwierigkeit für Welt und Kirche heute: dass
wir unser Leben ohne Gott einrichten. Mehrfach nannte er ihn
auch »moderne Gottvergessenheit«. Das schon erwähnte Inter-
viewbuch »Letzte Gespräche« stellt ihm wieder und wieder die
personale Hinwendung zum Du Gottes als das Kriterium von
Glaube und Christsein positiv entgegen. Zu seinem eigenen
Papsttum sagt er etwa, es habe ihm den Vorsatz gegeben, »dass
ich das Thema Gott und Glaube ins Zentrum stellen wollte«.
Oder er bekennt am Schluss des Buches von sich selbst, es sei
ihm immer deutlicher geworden, »dass Gott selber nicht nur

---

[3] Benedikt XVI., Letzte Gespräche. Mit Peter Seewald, München 2016.

nicht, sagen wir, ein gewaltiger Machthaber ist und nicht eine
ferne Gewalt, sondern dass Er Liebe ist und mich liebt«.

Derselbe elementare Impuls – er benannte ihn einmal unge-
wöhnlich und treffend »Gotteszentrismus«[4] – fiel mir persönlich durch meine geringe Zuarbeit zur genannten Enzyklika
Deus caritas est unübersehbar ins Auge. Um die verschiedenen
Phasen des steinigen Weges ihrer Erstellung kurz zu benennen:

- Nach einer Sitzung Papst Johannes Pauls II. mit den Verantwortlichen der vatikanischen Abteilungen (25. November
  1999) erhielt ich den Auftrag, Texte für ein Dokument des
  Lehramtes zu Fragen der Diakonie zusammenzustellen. Noch
  vor Weihnachten sandte ich Vorschläge an das vatikanische
  Staatssekretariat, ohne dass von dort eine Reaktion erfolgt
  wäre. Schon schien mir das Projekt vergessen. Dann, im Februar 2003, kam der Papst selbst bei einer Begegnung wieder darauf zurück.
- Zwischenzeitlich hatte ich mich schon an Kardinal Ratzinger gewandt. Er schaute den Text des Vorentwurfs an, fügte
  Neues und Verbesserungen hinzu. Dann ging das Exposé
  wieder ans Staatssekretariat.
- Im Juli 2004 kam von dort die Antwort, der Vorschlag sei
  verworfen und das Vorhaben eines Lehrtextes sei überhaupt
  fragwürdig. In meiner Verblüffung beriet ich mich erneut mit
  Kardinal Ratzinger. Er diktierte mir einen Antwortbrief, dass
  die Weiterarbeit am Text (»ein Auftrag des Papstes!«) geboten sei. Dann starb Papst Johannes Paul II.
- Der neue Papst wohnte in den Anfangstagen seines Pontifi-
  kats in dem vatikanischen Gästehaus *Santa Marta*. Deshalb
  begegnete ich ihm wenig später. Wir redeten kurz miteinander und er fragte mich, als ob er mein unausgesprochenes Anliegen geahnt hätte: »Was wird denn nun aus der Enzyklika?«

---

[4] Deutsche Beilage zum *Osservatore Romano* vom 6. Oktober 2002.

Meine spontane Antwort: »Ich denke, der neue Papst hat so viele Dinge im Sinn, die er in seiner ersten Enzyklika behandeln möchte. Aber wenn in seinem Kopf noch ein wenig Raum wäre für das Thema ›Caritas‹, würde ich mich sehr freuen.« Er darauf: »Ich werde mich bald entscheiden.« Am 25. Januar 2006 wurde das Dokument »*Deus caritas est* – Gott ist die Liebe*« dann endlich allen zugänglich.

- Allerdings wurde im Vergleich mit dem alten Entwurf die Hand des Papstes symptomatisch sichtbar. Sie betrifft wohl eine Vielzahl zusätzlicher Aspekte und treffsicherer Formulierungen. Aber schwerer wiegt noch anderes: Seine Redaktion des Dokumentes gibt diesem einen neuen Schwerpunkt. In den Vorarbeiten hatten wir die anstehende theologische Klärung induktiv dargelegt. Tenor war die neue Hilfsbereitschaft des heutigen Menschen und der Gesellschaft gegenüber Bedürftigen. Der Marshall-Plan und die staatlichen Entwicklungsministerien waren ja erst allerjüngsten Datums.

- Papst Benedikt verzichtet hingegen auf jede stufenweise pädagogische Hinführung zur Liebestätigkeit: Er beginnt mit einem Paukenschlag: *Deus caritas est.* Hier liegt die neue Relevanz. Diesem Faktum widmet er den ersten Teil, der wohl die Hälfte der Enzyklika ausmacht. Die Ausführungen zu allen implizierten organisatorischen Fragen sind nur dessen Anwendung.

Die Redaktionsgeschichte der Enzyklika zeigt demnach wieder, wie schon seine »Letzten Gespräche«, die Gottesfrage als den »archimedischen Punkt« all seiner Glaubensverkündigung – um gleichsam dem Satz des großen sizilianischen Mathematikers Archimedes einen neuen Sinn zu geben; er soll ja ausgerufen haben: »Gebt mir einen festen Punkt, und ich hebe die Welt aus den Angeln.«

*＊＊

Im Rückblick sehe ich Kardinal Ratzinger/Papst Benedikt als einen Mentor, durch den mich die Brisanz heutiger Gottvergessenheit getroffen hat. Ich möchte ihn – ohne ihn zu vereinnahmen – meinen »Lernhelfer« nennen. Sein Lehren und Verkündigen sind ein starker Antrieb für die nachfolgende Studie.

1. Zeitdiagnose: Gottesdämmerung

Es liest sich wie das Drehbuch für einen Horrorfilm über den Abstieg des gekreuzigten Jesus Christus in die Unterwelt.

Der Ort: eine Kirche, dämmerig durch Schlieren von Nebel; am Gewölbe: das Zifferblatt der Ewigkeit, auf dem keine Zahl steht; die Akteure: schattenhafte Umrisse, die sich um den Altar versammelt haben; als Soundtrack: die Schläge der Turmuhr und das Grollen eines Erdbebens.

Unerwartet erscheint dann der hingerichtete Nazarener auf dem Altar. Da rufen plötzlich all die toten Gestalten: »Christus! Ist kein Gott?« Er antwortet: »Es ist keiner!«

Und er fährt fort:

Ich ging durch die Welten, ich stieg in die Sonnen und flog mit den Milchstraßen durch die Wüsten des Himmels; aber es ist kein Gott. Ich stieg hinab, soweit das Sein seine Schatten wirft, und schauete in den Abgrund und rief: Vater, wo bist du? Aber ich hörte nur den ewigen Sturm, den niemand regiert, und der schimmernde Regenbogen aus Wesen stand ohne eine Sonne, die ihn schuf, über dem Abgrunde und tropfte hinunter. Und als ich aufblickte zur unendlichen Welt nach dem göttlichen Auge, starrte sie mich mit einer leeren, bodenlosen Augenhöhle an; und die Ewigkeit lag auf dem Chaos und wiederkäuete sich.

Nun werfen sich die gestorbenen Kinder vor dem Altar mit der hohen Figur nieder und rufen: »Jesus, haben wir keinen Vater?« Und er antwortet mit strömenden Tränen:

Wir sind alle Waisen, ich und ihr, wir sind ohne Vater.

Jesus richtet seinen Blick auf das reibende Gedränge der Welten, den Fackeltanz der himmlischen Irrlichter und gegen die leere Unermesslichkeit und sagt:

Starres, stummes Nichts! Kalte, ewige Notwendigkeit! Wahnsinniger Zufall! – Wie ist jeder so allein in der weiten Leichengruft des Alls! Ich bin nur neben mir – O Vater! o Vater! Wo ist deine unendliche Brust, dass ich an ihr ruhe?

Entschwunden

So weit aus der »Rede des toten Christus vom Weltgebäude herab, dass kein Gott sei«[5]. Jean Paul, ein Pfarrerssohn, schilderte in ihr einen Albtraum, der ihn in Hoffnungslosigkeit stürzte; der ihn verzweifeln ließ. Schließlich erwacht er. Da kennt sein Jubel keine Grenzen mehr. Er hat sich geirrt:

Meine Seele weinte vor Freude, dass sie wieder Gott anbeten konnte – und die Freude und das Weinen und der Glaube an ihn waren das Gebet.

Im 18. Jahrhundert schrieb der Dichter aus Wunsiedel im Fichtelgebirge diesen Text. Scharen von Lesern liefen ihm damals zu. Er konnte sie sowohl mit derben Späßen wie auch mit sentimentalen Einfällen für sich einnehmen. Doch trug er auch

---

[5] Im Jahr 1797 publiziert in Jean Pauls Roman »Siebenkäs«, hier entnommen aus E. Jansen, Das Zeichen, dem widersprochen wird, Düsseldorf 1960, S. 140–144.

schwer an einer immer stärker fühlbaren nihilistischen Entleerung des Lebens. Ihr gab er Ausdruck in dem kurzen Aufschrei,
den er später in seinen bekanntesten Roman »Siebenkäs« neu
einfügte.

Dichter haben einen wachen Sinn. Sie wissen mehr als wir
Alltagsmenschen über unser Inneres und sehen Kommendes früher als wir. Jean Pauls empfindsames Gemüt ahnte schon Jahre vor der Geburt Friedrich Nietzsches, der gemeinhin als He-
rold von Gottes Tod gilt, den spürbaren Verlust des himmlischen Vaters, und er beklagte ihn dramatisch und schmerzvoll.

Ausgespart

Anders registriert der Dichter Heinrich Böll den Anbruch der
gottlosen Zeit. Er stammt aus der Rheinmetropole Köln, bekannt durch ihren berühmten Dom und den Karneval. In der
Stadt steht auch seit den Anfängen des Radios das heute größte deutsche Rundfunkhaus. Mit Kurzgeschichten – wie etwa
»Wo warst du, Adam?« – machte der spätere Nobelpreisträger
gleich nach dem Zweiten Weltkrieg auf sich aufmerksam. Dann
fand er bald einen großen Leserkreis mit »Billard um halb
zehn«, »Gruppenbild mit Dame« und anderen Romanen. Ferner schrieb er Satiren, die bis in unsere Tage bei den Zeitgenossen ein schmunzelndes Echo wecken. Denn er versteht es, die gesellschaftliche Verlogenheit aufzudecken und das Allzumensch-
liche der Institutionen bloßzustellen – etwa den erwähnten
Westdeutschen Rundfunk, der ja für jeden Bürger dieser Stadt
unüberseh- und unüberhörbar ist.

Einer Analyse von Mentalität und Verhalten in diesem Sender gab er den Titel: »Doktor Murkes gesammeltes Schweigen«[6].
Die Story wurde 1958 erstmals publiziert. Der Hieb ihrer sar-
kastischen Pointe trifft immer noch.

---

6   Köln 2013.

Prof. Bur-Malottke ist in der Nachkriegszeit aufgestiegen zu unbestritten höchster Autorität unter den Kunstsachverständigen der Bundesrepublik. Nun hat er zwei halbstündige Vorträge über das Wesen der Kunst auf Band gesprochen; ihre Sendung steht an. Da bekommt er plötzlich Gewissensbisse: Hat er in seinen Vorträgen nicht zu oft das Wort »Gott« gebraucht? Ist das nicht eine Zumutung für die Hörer, eine Überfremdung seiner eigenen Analyse, sogar des Rundfunks? Verwirrt macht der Wissenschaftler, der gewohnt ist, immer nur Vollkommenes abzuliefern, einen demütigenden Bittbesuch beim Intendanten. Er drängt darauf, den schon sendereifen Essay korrigieren zu dürfen. Aus religiöser Korrektheit hält er es nicht länger für vertretbar, das Wort »Gott« den Hörern zuzumuten. Wenn er überhaupt auf Gott verweist, so will er ihn ersetzen durch den Ausdruck »jenes höhere Wesen, das wir verehren«. Der Techniker Doktor Murke purgiert das Band, sammelt die Tonschnipsel mit dem Wort »Gott« und steckt sie in eine blecherne Zigarettenschachtel. »Gott« ist entsorgt.

Vermeidbar

Gewiss hat der anglikanische Bischof John Robinson Bölls Satire nicht gekannt. Sonst wäre ihm vielleicht aufgegangen, wie lächerlich er sich gemacht hat, als er 1963 ernsthaft vorschlug, die christliche Welt solle »Gott« nicht mehr erwähnen. Er publizierte eine Studie mit dem Titel »*Honest to God* – Gott ist anders«[7]. Für sie erhielt er in Deutschland, ja weltweit hohe Aufmerksamkeit und hatte prägenden Einfluss auf Theologie und Frömmigkeit. Seine These: Das ganze religiöse Gewand, in dem sich das Christentum bislang präsentiert hat, ist nicht mehr zu halten. Die Mitte seiner Überlegungen machte er fest an der Frage nach Gott. Den Autor beflügelt die Ansicht, religiöse

---

[7] John A. T. Robinson, Gott ist anders, 5. Auflage, München 1964.

Verkündigung könne dem modernen, säkularisierten Menschen nur irdisch-greifbare Daten vermitteln. Für übernatürliche Wirklichkeiten und Zusicherungen über ein Jenseits habe selbst ein Christ keine Antenne mehr. Bischof Robinson zog daraus die Konsequenz und forderte eine

> *grundsätzliche Umformung der christlichen Lehre, in deren Verlauf die meisten unserer theologischen Grundbegriffe (wie Gott, das Übernatürliche, die Religion usw.) eingeschmolzen werden müssen. Ich kann sogar diejenigen verstehen, die für eine vorübergehende Abschaffung des Wortes Gott eintreten ..., weil dieses Wort so eng mit einem Denken verbunden ist, das wir aufgeben müssen.*[8]

Inzwischen ist viel Wasser die Fichtelnaab, den Rhein und die Themse hinuntergeflossen. Jean Pauls und Heinrich Bölls Warnungen haben wenig gefruchtet. Es ist eher Bischof Robinsons Weichenstellung, die die Oberhand gewonnen hat. Kirchliche Repräsentanten und ihre Sprecher sind mehr denn je genötigt, sich zuallererst mit der Welt und ihren Nöten zu befassen; oft scheinen die Reden auch der geweihten Hirten eher bestimmt für die UNO oder das Rote Kreuz. Sie gehen zwar vom Evangelium aus, doch meinen sie, allein von der Nächstenliebe sprechen zu dürfen, weil nur sie von einer Gesellschaft ohne Transzendenzbezug angenommen würde. So versuchen sie, den Sinn und die Leistung unserer Glaubensgemeinschaft der Öffentlichkeit anzudemonstrieren – zu ihrer eigenen Bestätigung. Und damit die Effizienz der kirchlichen Struktur gesichert wird, setzen sie gelegentlich auf hoch bezahlte Unternehmensberater; diese sehen entsprechend ihrer Professionalität die Kirche – methodisch und praktisch – naturgemäß transzendenzlos, als Serviceunternehmen, und stellen sie mit einer ideologischen Lobby oder einem Wirtschaftsbetrieb gleich.

---

[8] Ebd., S. 18.

Abgewertet

Alternative Modelle großer Denker der Vergangenheit sind gleichzeitig in den Köpfen der Zeitgenossen am Werk und sekundieren der Verbildung des geoffenbarten Glaubens. Einige Namen mögen sie konkretisieren – und vielleicht gar zur Selbstprüfung taugen dafür, mit welchem Inhalt der eigene Begriff »Gott« gefüllt sein mag: »Der unbewegte Beweger« (Aristoteles aus Griechenland), »die Quelle der Güte und Wahrheit« (René Descartes aus Frankreich), »das Universum« (Baruch de Spinoza aus Holland), »der letzte Grund aller Dinge« (Gottfried Wilhelm Leibniz aus Deutschland), »ein unendlich weises und unendlich mächtiges Sein« (Pierre Bayle aus Frankreich), »der Geist schlechthin« (John Locke aus England). Zu diesen traditionellen Bestimmungen kommen für die jüngere Zeit die neuen Gottesformeln des schon erwähnten Friedrich Nietzsche (»Gott ist der Feind und Gegensatz des Lebens und Daseins«), des Sigmund Freud (die menschliche Projektion vom »Urvater«), von Paul Tillich (»Gott – die Tiefe des Seins«) oder Paul van Buren (»Gott – nicht verifizierbar«). Diese und ähnliche Entwürfe und Bestimmungen werden heute leicht zur Brille für unseren Blick zum Himmel. Über die Verschiedenheit der Gottesideen, ja über die unausbleibliche Vernebelung der Offenbarung hinaus überkommt uns die Versuchung, an der Verlässlichkeit des Wortes »Gott« als solchem zu zweifeln. Gott verliert in unserem Alltag seinen Ort und entschwindet zunehmend aus unserem Denken. Wenn Philosophen ihn »tot« nennen, sagen sie, er sei bedeutungslos für den Menschen und ohne Belang.

Dass die Postmoderne »eindimensional« empfindet und denkt; dass folglich unser Dasein durchweg von den messbaren Daten des Diesseits bestimmt wird; dass es hinter den greifbaren Kulissen unseres Lebens nicht noch andere Kräfte gibt – ist zeitgenössisches Gemeingut. Die Vertikale ist geschlagen. Transzendenz war gestern. Die Horizontale siegte. Sie hat kräftige

Wurzeln und lässt sich nicht mehr mit ein paar frommen Worten vom Tisch wischen. Gottvergessenheit herrscht, weil sie perfekt in das moderne Selbstverständnis des Menschen hineinpasst. Das Ineinander beider Wahrnehmungen ist oftmals dargestellt worden. Hier muss der allgemeine Hinweis genügen, dass die geistesgeschichtliche Überzeugung von der umfassenden Autonomie des Menschen logischerweise zur Absetzung Gottes führte.

Annullierbar

Die Eintrübungen des Gottesbildes und der anglikanische Bischof Robinson hatten Nachfahren, die mit größerer Radikalität auftreten. Kaum abgeebbt ist die Welle ihres Kampfes gegen Gottes Existenz als solche. Franz Buggle, Richard Dawkins, Christopher Hitchens oder Sam Harris sind einige Apostel neuer Gottlosigkeit. In Deutschland folgten Manifeste der »Giordano-Bruno-Gesellschaft«, die Unternehmungen der »Humanistischen Vereinigung« und Aufklebeaktionen an den Linienbussen großer europäischer Städte: »Eine frohe Botschaft für alle: Gott existiert nicht.« Dem »Spiegel« erschien die massive Propaganda gegen Gott dann sogar 2007 (Nr. 22) als neuer »Kreuzzug der Gottlosen«. Doch erst kürzlich stieß dieses Nachrichtenmagazin wieder einen Warnschrei gegen die Religion aus: »Der missbrauchte Glaube. Die gefährliche Rückkehr der Religionen.«[9] Printausgabe und »Spiegel-Online« nutzten in einer manipulativen Vermischung die islamistischen Gewalttaten, um das Christentum anzugreifen. Nur das Christentum? Der Verdacht liegt nahe, dass der Hass eher dessen Stifter als nur der Stiftung gilt – entsprechend der Redensart: Man schlägt den Sack und meint den Esel.

---

[9] *Der Spiegel*, Nr. 13, 2016.

Manchen praktizierenden Christen stieß allein schon der schrille Ton der Initiatoren solcher Kampagnen ab. Die Thesen erreichten nicht sein inneres Ohr. Er lächelte über die Parolen, die Gottes Tod als Gewinn an Freiheit priesen. Doch auch er kann nicht umhin einzuräumen, dass derartige Agitationen einen langen Entwicklungsprozess an sein logisches Ende bringen. Ein realistischer Blick erkennt dies.

2. Der Notstand: Gottvergessenheit

> *»Vernimm, o Herr, mein lautes Rufen;*
> *sei mir gnädig, und erhöre mich!*
> *Mein Herz denkt an dein Wort:*
> *›Sucht mein Angesicht!‹*
> *Dein Angesicht, Gott, will ich suchen.*
> *Verbirg nicht dein Gesicht vor mir!«*
>
> Psalm 27,7–9

Greift in der Gesellschaft der Säkularismus um sich, dann sind alle klugen Beobachter aller Religionen auf den Prüfstand gezwungen. Dass sich Religion als Islam auch im aufgeklärten Zeitalter verbreitet und mit ihrer Durchschlagskraft beeindruckt, steht ja allen vor Augen. Christen hingegen üben sich in Zurückhaltung, wenn diese aufzuzeigen ist. Der geistesgeschichtliche Strom von Moderne und Postmoderne untersagt ihren Exponenten und Vordenkern den mutigen Auftritt: Sollte Religion heute wirklich überhaupt noch zumutbar sein und einen Stellenwert für das Verständnis des Menschen beanspruchen, dann aber bitte nicht die der christlichen Engführung![10]

---

[10] Dieser Verdacht drängt sich jedenfalls dem Leser auf, der die Sondernummer der katholisch deklarierten Zeitschrift *Herder Korrespondenz:* »Streitfall Gott. Zugänge und Perspektiven« vom Februar 2011 aufschlägt. Die überwiegende Zahl der Beiträge versucht mit starken Argumenten für Glaubensvorstellungen der Religionen und das »religiös Überpersonale« zu überzeugen. Die christliche Offenbarung marginalisiert das Heft hingegen bis zur Unkenntlichkeit. Gewiss wählte die Redaktion ausgewiesene Autoren für die Beiträge.

Pastoral und Gemeindeleben werden von solchem Geist infiziert. Eine subtile Form des Unglaubens hat uns befallen. »Mitten in der Welt« entwickeln wir Verständnis für »Andersdenkende« und lassen uns dann auch wohl – subtil oder eklatant – von ihnen beeinflussen. Unsere Glaubensgewissheit wird brüchig.

Vielsagend und lehrreich ist eine – klug ausgedachte – Begegnung des ersten Kosmonauten Juri Gagarin mit Papst Paul VI. Der gefeierte Offizier der Roten Armee sei – so heißt es – nach seiner Erdumkreisung in Rom vom Nachfolger Petri empfangen worden. Man habe mithilfe des Dolmetschers einige Worte ausgetauscht. Dann habe der Papst plötzlich gefragt: »Sind Sie denn bei dem Flug durch das All auch Engeln begegnet?« – »Nein«, habe der Pilot überrascht und trocken geantwortet. Darauf Paul VI.: »Dacht' ich mir's doch!« – So weit die Begegnung im Vatikan. Doch erst in der Fortsetzung bekommt die Anekdote ihre wirkliche Pointe. Selbstverständlich hatte der Held der Sowjetunion nach der Erdumkreisung auch seine Audienz bei Chruschtschow, dem Parteichef der KPdSU. Dieser stellte in einem unbeobachteten Augenblick dieselbe Frage, ob er im All Engel gesehen habe. Diesmal war die Antwort Gagarins: »Jawohl, mein Vorsitzender!« Und Chruschtschow antwortete: »Dacht' ich mir's doch!« – Wer immer diese Geschichte erfunden hat: Er hat zutreffend ins Wort gebracht, dass heute alle Transzendenzbezüge morsch geworden sind – die des Glaubens und die des Unglaubens. So sich jemand daranmacht, die Grenze des Diesseits zu überschreiten, gibt er alle innerweltliche Sicherheit auf. Leugnet er die Religion und Gott als ihren höchsten Repräsentanten, so kann er seine Gegner nicht mit Verstandesargumenten bezwingen. Für das Ungreifbare gibt es keine

---

Hätte es ihr aber nicht angestanden, den Pferdefuß der beschriebenen irrigen Gottesvorstellungen wenn schon nicht aufzudecken, so doch zumindest suchen zu lassen?

empirische Formel. Es lässt sich allenfalls über Kopf und Herz erahnen.

Aufgedeckt

Um ein Urteil fällen zu können, orientieren wir uns bei undeutlichen Wahrnehmungen oder unscharfen Eindrücken gern an statistischen Umfragen und verlässlichen Zahlen. Auch zum Religionsproblem fehlen diese nicht. Ich entnehme sie der großen demoskopischen Untersuchung der Bertelsmann-Stiftung für verschiedene europäische Länder, darunter auch Deutschland.[11] Die Daten wurden von Fachvertretern der Soziologie erörtert. Sie folgten bei ihrer Kommentierung genauen methodischen Vorgaben und legten dabei ihre eigene, für die Publikation gewählte Sichtweise offen.

Die Autoren gehen davon aus, dass die Religiosität des Menschen ein vielschichtiges Phänomen ist, dessen Kern in der Frage nach Gott oder auch nach etwas Göttlichem bestehe. Die erhobenen Angaben werden dann gemessen an der gesellschaftlichen und religiösen Praxis der Befragten. Ferner findet Beachtung, dass Frömmigkeitsakte sowohl eine öffentliche Dimension in gemeinschaftlichem Tun wie auch eine private Tiefe im Gebet und in der Meditation haben. Von besonderer Relevanz für unseren Zusammenhang sind Auskünfte darüber, in welcher Weise Religiöses den Menschen berührt. Die Soziologen unterscheiden zwischen zwei Grundtypen: Einmal mache sich solche Erfahrung an einem göttlichen Gegenüber fest, an einem Du, und im Gegensatz dazu stehe – so der Religionsmonitor – eine Intuition von diffuser Einheit bzw. Verschmelzung mit dem allumfassend Göttlichen, das unpersönlich ist.[12]

---

[11] Woran glaubt die Welt? Analysen und Kommentare zum Religionsmonitor 2008, hrsg. von der Bertelsmann Stiftung, Gütersloh 2009.
[12] Ebd., S. 104–124.

Gerade für die letztgenannte Gottesidee nennt der Monitor ein aufschlussreiches Zitat. Die Frage, welche Idee einer der Gesprächspartner von »Gott« habe, beantwortet dieser:

> *Ich meine, es gibt ganz schlaue Leute, die die Welt erklärt haben, Ursprung blablabla, wie das halt entstanden ist und dass da Gott überhaupt keine Rolle drin spielt, aber irgendwie denkt man doch, man denkt doch auch: »Mein Gott, lass das nicht geschehen«, oder wenn man in irgendeiner ganz schwierigen Situation ist: »Hilf mir doch mal!«, oder so was. Irgendwo in irgendeiner Form, in welcher Form weiß ich nicht, aber irgendwo denkt man schon, dass da noch was ist.*[13]

Aus der Untersuchung, die sowohl nach Konfessionen wie auch nach West- und Ostdeutschland trennt, sollen hier aus Gründen der Einfachheit nur die Ergebnisse für die Christen des Westens herangezogen werden. Unter den 65,7 Millionen Westdeutschen machen die Katholiken mit 25 Millionen, d. h. mit 38 Prozent der Bevölkerung, die zahlenmäßig größte Religionsgemeinschaft aus; 22 Millionen sind evangelisch und die restliche Bevölkerung nennt sich konfessionslos.

Zunächst mag den Leser der hohe Anteil der deklariert Konfessions- und Religionslosen überraschen. »Etwa ein Drittel der (west)deutschen Bevölkerung ist konfessionslos … 70 Prozent der Konfessionslosen teilen keine religiöse Überzeugung (etwa Glaube an Gott oder ein Leben nach dem Tod), 96 Prozent von ihnen haben keine öffentliche (z. B. Gottesdienstbesuch) und 85 Prozent keine private religiöse Praxis (z. B. Gebet oder Meditation), und 81 Prozent der Konfessionslosen machen keinerlei religiöse oder spirituelle Erfahrungen, z. B. von Gott angesprochen zu werden oder mit der Welt eins zu sein.«[14]

---

[13] Ebd., S. 174.
[14] Ebd., S. 154.

Der Monitor versucht nun zu ergründen, welche Elemente von Religionsvorstellung sich bei den verschiedenen Gruppen ausmachen lassen. Dabei unterscheidet er zusätzlich, ob die Befragten diesen Elementen niedriges, mittleres oder starkes Gewicht beimessen. Als Kategorien, die Religiosität zu erfassen, benennt er religiöse Reflexivität, öffentliche und private religiöse Praxis, religiöse Selbsteinschätzung, die Intuition der Einheit mit einem diffus Göttlichen sowie der Verschmelzung mit ihm und schließlich die Erfahrung eines Du als eines göttlichen Gegenübers. Letzterem spricht der Monitor die stärkste Glaubensintensität zu.

Welche Angaben lassen sich finden? Im Sinne der Kommentatoren und auch entsprechend unserem Interesse sollen hier die beiden letzten Kategorien – die Einheitsintuition mit einem diffus Göttlichen (1) und andererseits die Erfahrung Gottes als eines Du (2) – für Christen Beachtung finden. Bei den Evangelischen identifizieren 39,4 Prozent der Interviewten ihre Religionsvorstellung mit intensiver und mittlerer Einheitsintuition. Sie liegen mit diesen Daten in etwa auf gleicher Höhe mit den Katholiken. Wer schließlich danach fragt, ob Christen zu Gott eine Du-Beziehung haben, muss – ob bei Katholiken oder Protestanten – zur Kenntnis nehmen, dass in der zitierten Umfrage die hohe Zahl von 85 Prozent unter ihnen Gott nicht als ein personales Du bekennen; nur 12 Prozent der Evangelischen und 16,2 Prozent der Katholiken erfahren Gott als ein Du. Daraus zieht der Kommentator den Schluss, »dass pantheistische Religionsmuster ... von den Katholiken bis zu den Konfessionslosen reichen und offenbar ein gemeinsames Element der von allen geteilten religiösen Kultur ausmachen«.[15]

Christsein meint somit für einen hohen Anteil derer, die sich dazu bekennen, nicht länger, dass Gott mein Vater im Himmel ist und ich der Bruder seines Sohnes Jesus Christus bin. Es ist

---

[15] Ebd., S. 120 f.

vielmehr zu einem vagen Gefühl von einer gesichtslosen, anonymen Göttlichkeit geronnen. Dieser Befund müsste alle geweihten Hirten und verantwortlichen Laien aufrütteln, wenn nicht gar erschüttern. Wirksame Mittel zur »Neuevangelisierung« müssten daher alle notwendige Förderung finden, damit diese der Verkündigung von Christi Erlösungstat auch tatsächlich neue Wege eröffnete.

Wer die Glaubens- und die Geistesgeschichte sensibel wahrnahm, konnte schon vor Jahren einen einschneidenden Umschlag des allgemeinen Daseinsgefühls feststellen. Er reicht über das Glaubensumfeld und das Gesellschaftsklima noch hinaus. Heinrich Schlier († 1978), der angesehene katholische Bibelwissenschaftler, bemerkte und registrierte ihn. Er machte sich im Jahr 1965 einen Ausspruch des protestantischen Zeugen und Widerstandskämpfers Dietrich Bonhoeffer zu eigen, der geäußert hatte:

Wir stehen hinsichtlich der Religion in einer gegenüber der gesamten Geschichte völlig neuen Situation. Das, was man mit dem Schlagwort »Säkularismus« zu bezeichnen pflegt, ist ein Novum ohne Parallele.

Näherhin begründet Schlier diesen Befund durch die Reduktion des Lebens auf das technisch Verfügbare, auf das Beweis- und Kontrollierbare. Mit solchem verkürzenden Wechsel der Weltsicht erhielten zwar Schöpfung und Mensch größere Eigenständigkeit, sie würden weltlicher und menschlicher. Aber das Leben gelte nicht mehr »als Gabe« und sei nicht länger »verdankt«. Dieser Umschlag begründe wirklich einen neuen Grundzug für das Begreifen alles Geschaffenen. Das gewohnte Bild des Ursprungs der Dinge ist verschwunden; ein anderes ist an seine Stelle getreten: Der Mensch hat selbst und für sich selbst einen neuen »Weltgott« geschaffen. Der gläubige Exeget Heinrich Schlier bezieht einen Bericht aus der »Geheimen Offenbarung des Johannes« (Offb 13,14) auf diesen Vorgang; sie berichtet, dass die Bewohner der Erde sich ein göttliches Standbild schaffen, um es anzubeten. »Das ist nicht mehr heidnisch«, urteilt Schlier dann entschieden, »sondern antichristlich.«[16]

Der neue »Weltgott« konnte also eindrucksvolle Geländegewinne verzeichnen. Es ist kaum zu übersehen, dass »Gott« normalerweise im Alltagsurteil heute keinen Haftpunkt mehr hat. Schliers Wächterruf trifft folglich ins Schwarze.

Angezeigt

Einsichtig ist, dass die ausgelotete »Gottvergessenheit« nur einen geistlich Empfindsamen bedrückt; wer die Religion als Hirngespinst oder Volksverdummung betrachtet, kann Gott entbehren. So sind es denn auch nicht die Diesseits-Menschen, die über den verschlossenen Himmel klagen. Geistesgrößen und Menschenkennern hingegen fehlt Entscheidendes, wenn sie sich für die Deutung des Lebens auf Irdisch-Handgreifliches beschränken müssen. Erst recht spüren Glaubende und Propheten unserer Tage, dass der Verlust der Transzendenz uns alle arm gemacht hat.

Einer von ihnen war der heilige Johannes Paul II. Es ist zwar kaum vorstellbar, dass er in seiner Gottverbundenheit je ernsthaft beschädigt wurde. Seine Herkunft, sein Kampf für die Freiheit der Kirche unter der kommunistischen Diktatur, seine kraftvolle Verkündigung und sein weltumspannendes Reiseapostolat, seine Geduld als Kranker und sein heroisches öffentliches Sterben belegen eine außergewöhnliche Glaubenskraft. Doch es entging dem wachen Hirten nicht, dass der Mensch von heute dem Neuheidentum ausgesetzt ist und ihm oft erliegt. Er alarmierte deshalb die Kirchen Europas, die anbrandende Welle des

---

[16] H. Schlier, »Verkündigung und Sprache«, in: V. Kubina; K. Lehmann (Hrsg.), Der Geist und die Kirche. Exegetische Aufsätze und Vorträge, Freiburg 1980, S. 3–19, hier S. 10 ff.

Atheismus zu erkennen und ihr Einhalt zu gebieten: Am 5. Juni 1990 hielt er eine große Ansprache zur Vorbereitung der Außerordentlichen Bischofssynode, die diesem Kontinent galt. In ihr legte er dar, wie sich in der Neuzeit das naturwissenschaftliche Denken der geoffenbarten Wahrheit diametral entgegenstelle: Empirie habe den heutigen Menschen daran gewöhnt, »die Welt in sich selbst zu betrachten, ›als ob es Gott nicht gäbe‹«. Aus der Hypothese, dass Gott nicht existiere, werde dann die Überzeugung, er selbst sei eine Hypothese. Agnostizismus unter Wissenschaftlern greife um sich, und Atheismus als philosophischer Standpunkt sei überall anzutreffen. Die Antwort auf diese Verbreitung müsse eine gediegene Evangelisierung sein; Jesu Aufruf »Wachet und betet« formuliere das Gebot der Stunde.

Das Pontifikat Benedikts XVI. nahm diese Weisung auf. Es fand im Appell gegen heutige »Gottvergessenheit« seinen roten Faden. Der emeritierte Papst hat in seinen Publikationen, Predigten, Katechesen und öffentlichen Reden nicht aufgehört, die verbreitete Glaubensunsicherheit anzusprechen. Wie ein Prophet legte er den Finger immer wieder in diese Wunde der Menschheit und des Christentums. Er zeigt ihre unterschiedlichen Spielarten auf. Ein Hinweis soll für viele stehen. Er stammt aus seiner Audienzansprache an den früheren Botschafter der Bundesrepublik Deutschland anlässlich der Überreichung des Beglaubigungsschreibens (13. September 2010):

An die Stelle des personalen Gottes des Christentums, der sich in der Bibel offenbart, tritt ein geheimnisvolles und unbestimmtes Höchstes Wesen, das nur eine vage Beziehung zum persönlichen Leben des Menschen hat. Diese Auffassungen prägen zunehmend den gesellschaftlichen Diskurs, die Rechtsprechung und die Gesetzgebung. Wenn man aber den Glauben an Gott als Person aufgibt, dann ist die Alternative ein »Gott«, der nicht erkannt, nicht hört und nicht spricht.

Der Papst zeigt an, dass »Gottvergessenheit« nicht nur die Christen in Mitleidenschaft zieht. Sie schädigt auch das menschliche Zusammenleben. Die Gesellschaft wird beeinträchtigt. Nicht zuletzt muss daher aus Gründen einer oft geforderten »Lebensqualität« Gott wieder hineingerufen werden in unser Dasein. Eine irgendwann aufgegriffene dunkle Ahnung von Gott – aus der Faszination durch die Natur, aus fernen Kindheitserinnerungen, aus der Begegnung mit Zeugen, nach Befreiung von Angst oder in Hilfe aus der Not, durch den plötzlichen Anruf von Jesu Wort – darf nicht durch Desinteresse oder Trägheit missachtet werden oder verglimmen. Gottesmüdigkeit würde dann eine auch der Menschheit kostbare Gabe verschütten.

Schließlich gilt es, ein Wort zu hören, das die herrschende postmoderne Leere in große seelische Not getrieben hat. Es schreit wachend heraus, was der Dichter Jean Paul nur träumte. Martin Buber etwa, der ehrwürdige Weise des Judentums unserer Tage, spricht davon in seiner Auflehnung gegen die »Gottesfinsternis« (1953):

> *Die Geschlechter der Menschen mit ihren Religionsparteiungen haben das Wort zerrissen; sie haben dafür getötet und sind dafür gestorben; es trägt ihrer aller Fingerspur und ihrer aller Blut. Wo fände ich ein Wort, das ihm gliche, um das Höchste zu bezeichnen ... Ihn meine ich ja, den die höllengepeinigten, himmelstürmenden Geschlechter der Menschen meinen. Gewiss, sie zeichnen Fratzen und schreiben »Gott« darunter; sie morden einander und sagen »in Gottes Namen«. Aber wenn aller Wahn und Trug zerfällt, wenn sie ihm gegenüberstehen im einsamen Dunkel und nicht mehr »Er, Er« sagen, sondern »Du, Du« seufzen, »Du« schreien, sie alle das Eine, und wenn sie dann hinzufügen »Gott«, ist es nicht der wirkliche Gott, den sie alle anrufen, der Eine Lebendige, der Gott der*

Menschenkinder?! Ist nicht er es, der sie hört? Der sie – erhört? ... Wie gut lässt es sich verstehen, dass manche vorschlagen, eine Zeit über von den »Letzten Dingen« zu schweigen, damit die missbrauchten Worte erlöst werden! Aber so sind sie nicht zu erlösen. Wir können das Wort »Gott« nicht reinwaschen, und wir können es nicht ganzmachen; aber wir können es, befleckt und zerfetzt wie es ist, vom Boden erheben über einer Stunde großer Sorge.[17]

Wer das Wort »Gott« vom Boden erhebt »über einer Stunde großer Sorge«, tut einen unaufschiebbaren Dienst am Glauben der Christen und am Gelingen des Menschseins. 2000 Jahre lang ist das Evangelium verbreitet worden; es drang vor in die Welt und hat in allen Kontinenten Wurzeln geschlagen; in kaum einer geografischen Zone beeinflusste es nicht das Denken, die Kultur und die gesellschaftliche Ordnung. Nun jedoch erlahmt in manchen Ländern offenbar seine Kraft, und eine christliche Fassade verdeckt lediglich eine humanitäre Lebensform, die das Evangelium nicht braucht. Oder welche Weltanschauung könnte sich noch christlich nennen, wenn in ihr Gott, der Träger des Heils, zu einer gesichtslosen Kraft oder einem anonymen Schicksal entartet ist?

Vom Glauben geprägte Hirten vermerken darum für unsere Zeit Gottesfinsternis, Gottesferne und Gottvergessenheit. Und sie ziehen die fällige pastorale Folgerung. Sie sind überzeugt, dass das Leben des Menschen ohne Gott kläglich ist, ja auf die Dauer nicht gelingen kann. Einer von ihnen sei genannt: Julius Kardinal Döpfner, Erzbischof von München. Er war hervorgetreten als eine der Säulen des *Vaticanum II* und hatte dann in den 70er-Jahren als Präsident der Deutschen Bischofskonferenz Gesundheit und Leben zu früh verbraucht. Bei der Synode der Bistümer der Bundesrepublik Deutschland in Würzburg

---

[17] M. Buber, Gottesfinsternis, in: ders., Werke I, München 1962, S. 509 f.

hinterließ er einen bedenkenswerten Satz, der allen Kirchen-
männern ins Stammbuch zu schreiben wäre:

*Wir können dem Menschen von heute keinen besseren
Dienst erweisen, als ihn sicher zu machen: Gott ist, und
er ist für mich, er ist für uns da.*[18]

Verlässliche Bekundung seiner Geschichte mit den Menschen
ist heute dringlicher denn je.

---

[18] Eröffnung der 4. Vollversammlung am 21. November 1973.

3. Die authentische Quelle: Gottes geoffenbartes Wort

> *»Vae tacentibus de te, quoniam loquaces muti sunt –*
> *Aber wehe denen, die da schweigen wollten über*
> *dich, wo auch die Redseligen noch Stumme sind.«*

> Augustinus,
> Confessiones I,4

»Gott hat in seiner Weisheit und Güte beschlossen, sich selbst zu offenbaren.« Mit diesen Worten legt das zentrale Dokument des II. Vatikanischen Konzils über die göttliche Offenbarung, die Konstitution *Dei verbum,* das Fundament für den christlichen Glauben. Gott hat sich nicht gescheut, sich selbst uns Menschen zu enthüllen. Einigen der Aussagen dieses unfassbaren Geschehens geht der erste Teil der folgenden Studie nach (Kap. 3.1 f.); danach sollen uns charakteristische Daten der »verborgenen Jahre« seines Sohnes in Nazareth den Vater über Jesus näherbringen (Kap. 3.3). So wird auch das Gewicht des Alten für das Verständnis des Neuen Testaments besser einsichtig (Kap. 4). Es folgen einige biografische Skizzen, die aufzeigen möchten, wie Gott das Leben von Menschen konkret geführt und geformt hat – im Gegensatz zu solchen, die sich auf die kirchliche Deutung des Glaubens nicht einließen (Kap. 5,1 ff.). Schließlich sollen von Gott ergriffene Zeitgenossen uns erkennen lassen, dass auch uns Heutigen der Vater im Himmel durch Jesus Christus zur Quelle neuer Glaubensvitalität und Lebenshoffnung werden kann; diese Männer und Frauen sind Mutmacher für die Gegenwart; sie können Durchschnittschristen wie dich und mich zu tieferer Gotteserkenntnis führen (Kap. 6,1 ff.), denn die Gemeinschaft mit Ihm ist ja der eigentliche Grund, warum Er zu uns gesprochen hat.

3.1 Aktuelle Ausblendung

In den ersten religiösen Berichten der Urzeit über Erscheinungsformen des Göttlichen stehen unsere Urahnen in einer weiten, unbekannten Welt. Schilderungen geheimnisvollen Werdens und Wirkens von Natur und Lebewesen werden vorgetragen. Ein tiefes Dunkel liegt über den Mythen dieser Anfänge. Der Interessierte kann kaum auf geschichtlich voll und ganz Verlässliches setzen; manches klingt märchenhaft. Dass wir heute ferner nicht mehr auf Religiöses setzen, um Naturabläufe zu erklären, hat noch einen zweiten Grund: Die Wissenschaft hat eine große Zahl der Gesetze erkannt und formuliert, die Himmel und Erde beherrschen. Ohne Frage wird der Mensch unserer Tage demnach den meisten alten Schöpfungsdeutungen nicht mehr folgen. Auch die Anhänger der Offenbarungsreligion haben beim Lesen der Bibel ihre Verständnisschwierigkeiten. Umlaufende aufklärerische Kritik tut ein Übriges und diskreditiert viele Passagen des Alten Testaments. Selbst Lehrstuhlinhaber theologischer Fakultäten halten dafür, dass große Teile dieser Offenbarung den Zeitgenossen nicht mehr zuzumuten sind; es sei besser, sie bei der kirchlichen Arbeit auszusparen. Die Folgen solcher Skepsis verwundern nicht: Das den Juden geoffenbarte Gottesbild scheint für manche Christen verzichtbar.

Hier ist nicht der Ort, dem katechetischen und didaktischen Vergessen des Alten Testaments in Verkündigung und Pastoral im Detail nachzugehen. An einige Fakten aus der jüngeren Geschichte des Christentums aber muss erinnert werden, etwa an die »Deutschchristliche Bewegung«, eine Richtung im deutschen Protestantismus, die im 19. Jahrhundert begann. Ihre Initiatoren behaupteten tatsächlich, Jesus stamme von einem germanischen Söldner des römischen Heeres ab, das in Galiläa gekämpft habe. Das Erbe der germanischen Rasse sei darum im Christentum neu herauszustellen; das Judentum habe bislang die Entfaltung deutscher Geisteskräfte behindert. – Epigonen solcher absurden Thesen forderten seit 1904 die Abschaffung des Alten Testaments und »aller jüdischen Trübungen der reinen Jesuslehre«. Derartiges Gedankengut beeinflusste auch den hoch geachteten Adolf von Harnack († 1930). Unter dem Sammelbegriff »Kulturprotestantismus« wirkte es sich auf angesehene Persönlichkeiten protestantischer Theologie sowie anerkannte Universitätslehrer aus.

Weniger ideologieverdächtig, aber in gleicher Stoßrichtung machen heute wieder protestantische Professoren von sich reden. Einer von ihnen ist Notger Slenczka (* 1960), Dogmatiker an der Berliner Humboldt-Universität. Er schlug erst kürzlich eine neue Einordnung des Alten Testaments vor und trat mit der Maßgabe an die Öffentlichkeit, diese Bücher aus dem Kanon der biblischen Schriften herauszunehmen; sie sollten stattdessen wie die »Apokryphen« (scil. für den Glauben nicht zuverlässige Schriften) als informativ und lediglich historisch nützlich angesehen werden. Nach einer ersten Ablehnung dieses Ansinnens aus den eigenen Reihen fand er in einem Leserbrief von einigen seiner Kollegen überraschende, wenn auch differenzierte Zustimmung.[19]

Von größerer Klarsicht war fraglos Dietrich Bonhoeffer, der bedeutende evangelische Glaubenszeuge, der 1945 wegen seines Widerstandes gegen das Nazi-Regime hingerichtet wurde. Er trat für die unverzichtbare Glaubensrelevanz des Alten Testaments ein. In seinen Briefen aus dem Gefängnis – er hatte dort erstaunlicherweise offenbar gelegentlich Spaziergänge mit einem ehemaligen Mitglied der »Deutschen Christen« zu machen – bekennt

[19] *Frankfurter Allgemeine Zeitung* vom 28. April 2015.

er mehrfach, wie wichtig ihm das Alte Testament geworden sei. Für den zweiten Advent 1943 heißt es:

> *Ich spüre übrigens immer wieder, wie alttestamentlich ich denke und empfinde; so habe ich in den vergangenen Monaten auch viel mehr Altes Testament als Neues Testament gelesen. Nur wenn man die Unaussprechlichkeit des Namens Gottes kennt, darf man auch einmal den Namen Jesus Christus aussprechen; ... nur wenn man das Gesetz Gottes über sich gelten lässt, darf man wohl auch einmal von Gnade sprechen, und nur wenn der Zorn und die Rache Gottes über seine Feinde als gültige Wirklichkeit stehen bleiben, kann von Vergebung und von Feindesliebe etwas unser Herz berühren. Wer zu schnell und zu direkt neutestamentlich sein und empfinden will, ist m. E. kein Christ.*[20]

Auf das alttestamentliche Gedankengut zu insistieren, ist also kein »Glasperlenspiel« – eine akademische Schreibtischmarotte ohne »Sitz im Leben« für das Hier und Heute. Die Unentbehrlichkeit des Alten Testaments für die gegenwärtige Theologie und Pastoral muss deshalb dringend unterstrichen werden. Frisch und aufmerksam ist zu hören, was Gott in seiner Geschichte mit dem auserwählten Volk von berufenen Zeugen über sich sagte und von sich erkennen ließ: sein gebieterisches Herrsein; seine auflodernde Eifersucht; seine Zärtlichkeit einer Mutter, die ihr Kind niemals vergisst. Andernfalls liest man in das Wort »Gott« hinein, was eigenes Gutdünken eingibt; es wird zur Projektion seines Geschöpfs; er selbst verliert mit seiner Humanisierung alle Andersartigkeit und Faszination – ein gedachter Gott im »Taschenformat«. Das so verdünnte Heilswort Gottes wird »korrekt«, gefügig und manipulierbar. Die

---

[20] D. Bonhoeffer, Widerstand und Ergebung, hrsg. von E. Bethge, München 1951, S. 86.

verhängnisvollste Folge der Amputation des Alten Testaments aber ist: Sie weist den Boden zurück, auf den Jesu Predigt und das Geschehen des Neuen Bundes fielen.

Das Glaubensgewicht des Alten Testaments ist nicht zuletzt einem qualifiziert besetzten wissenschaftlichen Symposion zu entnehmen. Im Sommer 2008 traf sich Papst Benedikt XVI. mit seinem Schülerkreis zu einem »Gespräch über Jesus« in Castel Gandolfo bei Rom. Er hatte zwei ausgewiesene protestantische Exegeten als Referenten eigeladen: den Emeritus Martin Hengel († 2009) und Peter Stuhlmacher von der Universität Tübingen (* 1932). Neben den Vorträgen brachte auch die Diskussion manche erwähnenswerte Erkenntnis zutage. In einem Redebeitrag geht der Tübinger Professor P. Stuhlmacher auf die offensichtliche Dringlichkeit ein, der dem Glauben entfremdete Mensch von heute sei neu für Gott zu öffnen. Er fragt, ob man zu diesem Zweck bei modernen »Heidenchristen« für die Glaubensverkündigung das Alte Testament heranziehen müsse, obwohl es diesen fraglos nur schwer zugänglich sei. Er verweist dann zugleich auf die Zurückhaltung, die die evangelische Kirche in diesem Punkt zeige. Schon Friedrich Schleiermacher († 1834) habe vertreten, die Kirche hätte besser das Alte Testament als Heilige Schrift abgetan und dem Neuen nur einen kleinen Anhang aus moralisch und religiös akzeptablen alttestamentlichen Texten anfügen sollen. Dieser einflussreiche Theologe habe beabsichtigt, Jesus von Nazareth den Zeitgenossen ohne das Alte Testament verständlich zu machen. Dann stellt der Referent P. Stuhlmacher in aller Klarheit fest: »Aber das war und ist nicht möglich.« Gottes Heil sei nach der von Gott gefügten Heilsgeschichte in der Gestalt Jesu aus keinem anderen Land als aus Israel gekommen. Das dürfe man für die rechte Sicht Gottes und Jesu nicht unterlaufen. »Für uns alle als christliche Lehrer und Verkünder bedeutet das, dass wir das Alte Testament unaufhörlich durchforschen und kirchlich lebendig machen müssen, um Jesus und das Evangelium selbst zu

44

verstehen und anderen verständlich zu machen.« Besonders
durch das Psalmengebet könne man lernen, biblisch zu denken
und zu glauben. Das sei ein Weg, wieder einzusehen, dass wir
uns Gott ganz und gar schulden. Dann gesteht er ein gravieren-
des Versäumnis ein: Wir »werden dieser Verpflichtung aber in
keiner Weise gerecht«[21].

3.2 Gottes Selbstbildnis

Fälliges Lesen des Alten Testaments lässt zunächst erkennen,
dass Gottes Handeln und die Gesetze der Natur nicht als alter-
nativ einander entgegenzutreten brauchen. Wenn schon uns der
Lauf der Zeit eine große Zahl empirischer Regeln enthüllte, warum sollte der Schöpfer nicht um sie wissen, sich ihrer bedienen und so sich mit ihrer Hilfe seinem Volk offenbaren? Die
Autoren des Alten Bundes glaubten jedenfalls, dass Gott sich
in Phänomenen der Natur kundtat. Genauso wenig tabuisier-
ten sie die Kultpraktiken benachbarter Völker; diese regten begnadete alttestamentliche Gestalten dazu an, ihrer eigenen
Glaubenssicht Konturen zu geben. Etwa den Propheten Jesaja.

Er schildert, wie ihm eine Begegnung mit Jahwe zuteilwird, die
ihm durch Mark und Bein geht. Wohl ist die Schilderung von
Jahwes Macht und Größe durchsetzt von den Ritualen der
Thronbesteigung bei anderen Völkern – etwa vom sogenannten
»Kyros-Orakel« (gefunden auf einer Tonzylinder-Inschrift aus
dem 6. Jahrhundert vor Christus). Doch dem Propheten dient
sie als willkommene Ausdruckshilfe. Und für uns zählt, dass
auf diese Weise eine einzigartige Selbstaussage Gottes gelingt –
in einem furiosen Selbstporträt:

---

[21] Vgl. P. Kuhn (Hrsg.), Gespräch über Jesus, Tübingen 2010, S. 102 f.

Ich bin der Herr und sonst niemand.
Ich erschaffe das Licht und mache das Dunkel,
ich bewirke das Heil und schaffe das Unheil.
Ich bin der Herr, der das alles vollbringt.

Weh dem, der mit seinem Schöpfer rechtet,
er, eine Scherbe unter irdenen Scherben.
Sagt denn der Ton zum Töpfer:
Was machst du mit mir?,
und zu dem, der ihn verarbeitet:
Du hast kein Geschick?

Denn so spricht der Herr, der den Himmel erschuf,
er, der Gott, der die Erde geformt und gemacht hat –
er ist es, der sie erhält,
er hat sie nicht als Wüste geschaffen,
er hat sie zum Wohnen gemacht:
Ich bin der Herr und sonst niemand.

Es gibt keinen Gott außer mir;
außer mir gibt es keinen gerechten und rettenden Gott.
Wendet euch mir zu und lasst euch erretten,
ihr Menschen aus den fernsten Ländern der Erde,
denn ich bin Gott und sonst niemand.
(Jes 45,6b–7.9.18.21b–22)

Dieser Text macht die Mitte der 66 Kapitel aus, die von Jesaja überliefert sind. Bei dem Propheten gilt diese Selbstaussage Gottes Israel: Jahwe gibt seinem Volk die Visitenkarte. Seine Selbstverherrlichung ist beispiellos. Er rühmt sich als Schöpfer des Alls und unterstreicht seine alleinige Urheberschaft. Solchem Selbstruhm und Selbstpreis entspricht in den Augen Jesajas die totale Relativierung all seiner Werke, auch des Menschen. Kurz vorher hatte er sogar dekretiert: Jeder Einspruch gegen sein

Handeln sei sinnlos: »Ich handle. Wer kann es rückgängig machen?« (Jes 43,13). Dieser schlechthin unvergleichbare Gott gibt seine Glorie nicht her. Und er schafft sie sich aus eigener Kraft. Solcher Macht und Größe wird kein Sterblicher widerstehen. Die Kreatur kann sich nur seiner bildenden Schöpferhand überlassen.

Doch der titanenhafte Auftritt will die Kreatur keineswegs erniedrigen. Jahwe tut sich nicht kund, um zu knechten. Vielmehr gesteht der Gewaltige den Seinen offen seine Liebe: »Weil du in meinen Augen teuer und wertvoll bist und weil ich dich liebe, gebe ich für dich ganze Länder und für dein Leben ganze Völker« (Jes 43,4) – eine Liebe, größer als die einer Mutter (Jes 49,15), eine »ewige Liebe« (Jes 54,8).

3.2.1 Dynamische Präsenz

Es ist die Geschichte des Judentums, in der uns dieser Gott vital, fesselnd und herausfordernd begegnet. Die Bücher des Alten Testaments sind mit aufgeschlossener Neugier zu hören und auf Gott/Jahwe hin zu befragen.

Im Sinne dieser Aufgabe soll uns ein Theologe leiten, dessen Kenntnis von Gottes Botschaft, dessen Einsicht in das Denken des Menschen und dessen Radikalität des Glaubens in unseren Tagen ihresgleichen sucht: Hans Urs von Balthasar. Er ist in einem seiner stupenden Werke auch spezifisch der Gottesoffenbarung im Alten Bund nachgegangen.[22] Seine Studie geht hinaus über formgeschichtliche Fragen und deren rascher Kommentierung durch herausgepickte Zitate. Dank seiner guten

---

[22] Vgl. H. U. von Balthasar, Herrlichkeit. Eine theologische Ästhetik. Band III/2: Theologie, Teil 1: Alter Bund, Einsiedeln 1967, S. 31–79; wie selbstverständlich setzt er bei seiner Deutung die inzwischen gängigen Einsichten der Fachgelehrten – etwa die These unterschiedlicher alttestamentlicher Quellen – voraus.

Kenntnis auch der alttestamentlichen Welt und ihrer Sprachen durchdringt er die Texte in verlässlicher Weise; dank seiner eigenen Sprachkraft und der Fähigkeit zur Zusammenschau bündelt er ihren Inhalt zu neuen Aussagelinien; dank der Glaubenstiefe, die ihn bestimmt, tritt das Bild Gottes bestechend hervor.

Überwältigend

Es ist uns geläufig, dass der Mensch »in alten Zeiten« Göttliches erahnte. Immer schon stieß er am Ufer seiner Endlichkeit auf das ganz Andere. Diesem gegenüber erfasste ihn etwas wie Pietät und Schauer. So bildete er den Gedanken an Götter heraus, die sich herrschaftlich frei bewegten, wohingegen der Mensch selbst einem unbekannten Schicksal ausgeliefert erschien. Weise Seher dichteten den Göttern Eigenschaften zu, die sie selbst gerne gehabt hätten; sie legten ihnen Worte in den Mund, die den eigenen Täuschungen und Sehnsüchten entsprachen; sie statteten die göttlichen Gestalten mit Taten und Kräften aus, die diejenigen der Erdensöhne übertrafen; sie suchten durch Gebärden, Gebete und Opfer ihre Besänftigung und ihren Schutz.

Was aber geschähe, wenn all diese frommen Versuche des Menschen, in das Reich des Unerforschlichen vorzudringen, durch eine Gegenbewegung beiseitegeschoben würden, wenn also das nur dunkel Gefühlte von sich aus der Menschheit entgegenkäme? Fraglos müsste es dem Menschen in natürlichen Erscheinungsformen begegnen, damit ihn eine Ahnung vom »Unnahbaren« ergriffe. Doch nicht länger wäre es der Mensch, der das »ganz Andere« in fremde Erscheinungen hineindenkt; in diesen träte nämlich einem Glaubenden das erschütternd Fremde selbst handelnd entgegen. Müssten dadurch nicht die bislang unternommenen Bezähmungsversuche nichtig werden? Würden damit nicht alle geprägten Vorstellungen zerstört?

Es bestände die Gefahr, dass das Neue überhaupt nicht mehr in Begriffe und Kategorien einzufangen wäre. Der Mensch müsste den Horizont all seines bisherigen Denkens hinter sich lassen.

Anwesend und entzogen

Hier nun genau liegt der Zugang zu dem Begriff, mit dem alttestamentlicher Glaube die Wirkung und Verlockung Gottes auf den Menschen ausdrückt. Die Bibel nennt sie *kabod*. Das Wort besagt zunächst im menschlichen Bereich die Ausstrahlung und die so Erscheinung werdende »Wucht« und »Mächtigkeit« eines Wesens. Für Abraham, den Vater des Glaubens, kann es zunächst der äußere Reichtum (Gen 13,2) sein; bei Jakob der Besitz, den er bei Laban erwirkt (Gen 31,1); aber auch das Ansehen, der Ruhm, die Ehre, die einer gewinnt – wie sie der Beamte (Gen 45,13), der König (Ps 21,6) oder ein Volk unter den übrigen Völkern genießt (Jes 16,14). Schließlich dient der Bibel das Wort nicht nur für den sozialen Rang; auch den Zauber des Menschen benennt sie mit diesem Begriff, die »Ansehnlichkeit«, die jemand für sich selbst und für andere hat (Ps 30,13; 57,9).

Auf Gott/Jahwe angewendet, wird der Begriff dann gewaltsam geöffnet. Das Element der Mächtigkeit nimmt den Charakter der Majestät an und der bannenden Kraft, die zugleich Nähe schafft und Distanz wahrt. In der Absolutheit Jahwes begegnen Herrschaftlichkeit und Herrlichkeit, die untrennbar verbunden sind, mit biologischer und geistig-persönlicher Macht. Die Gotteserscheinungen, deren wichtigste dem Mose am Berg Sinai widerfährt (Ex 3 und 4), wollen als überwältigende Vergegenwärtigungen des lebendigen Gottes verstanden sein. Sie ergreifen einmal die menschliche Sinneskraft: Es kommt zum äußerlichen »Sehen« und »Hören« Gottes; andererseits versteht der Betroffene klar, dass die sinnliche Wahrnehmung eine absolute, geistige und unsichtbare Mächtigkeit anzeigt. So bringt die *kabod* den Menschen in die »Achtungsstellung« vor einem sich vergegenwärtigenden, absoluten Subjekt. Es verschränken sich untrennbar herausragende Eigenschaften: besondere Heiligkeit, Macht des geistigen Wirkens, Kundgabe des »Namens« und Zuwendung des »Antlitzes«.

Was erlebt dieser Mose am Sinai? Er hütet nach seiner Flucht aus Ägypten die Schafe seines Schwiegervaters Jetro in der Steppe. Er sieht einen brennenden Dornbusch und möchte ihn aus Neugier in Augenschein nehmen. Dann warnt ihn eine Stimme näher zu treten und belehrt ihn, dieser Busch sei die Bleibe eben des Gottes, den seine Väter Abraham, Isaak und Jakob angebetet hätten. Und Mose verhüllt sein Gesicht wegen der Furcht, Gottes ansichtig zu werden. Darauf folgt ein Auftrag für den Hirten: Er soll sein Volk aus der Verbannung führen und es zu diesem Berge bringen. Der Angesprochene wagt es, den Sprechenden zu bitten, seinen Namen zu nennen. Im Original des hebräischen Berichts folgt dann etwas Seltsames: Gott nennt in seiner Antwort zwei verschiedene Namen für sich selbst: »Ich bin der Gott *(= Elohim)* eurer Väter … das ist mein Name in alle Ewigkeit«, und: »Ich bin der Ich-bin-da *(= Jahwe)*«. Während der Name Elohim als Gott der Väter erklärt wird – d. h. nichts Spezifisches hat und damit schon bekannt ist –, taucht sein Name »Jahwe« als Selbstbenennung hier zum ersten Mal auf, ohne dass weitere geschichtliche oder lokale Kennzeichnungen folgen. Gott gibt sich demnach mit der Nennung seines eigentlichen Namens nicht durch Attribute in die Verfügbarkeit des Erwählten. Er unterwirft sich nicht menschlichem Zugriff, bleibt vielmehr in seiner Größe und Freiheit unerreichbar. Er sagt nur zu, dass er seinem Volk beistehen wird. Andererseits ist er auch nicht auf es angewiesen und auch nicht aktiv allein diesem Volk gegenüber (er wird das dem Pharao in Ägypten beweisen). Später (Ex 33,18) wird Mose Jahwes »Antlitz« zu schauen begehren. Gott wird es gewähren, aber nur seinen

»Rücken« wird er sehen dürfen: Gott gibt sich zu erkennen – bleibt aber gleichzeitig unbekannt; seine Größe behält ihr Geheimnis.

Unfasslich

Eine Sehnsucht, Gott zu schauen, trägt wohl jeder Glaubende in sich: »Herr, zeige uns den Vater!«, bittet Philippus den Herrn (Joh 14,8). Doch nicht nur dem Volksgründer und Führer Mose blieb sie lange unerfüllt. Gottes Gestalt wird ihrer Natur nach mehr gespürt als gesehen. Dennoch kann seine Gegenwart den Suchenden erreichen. Gott lässt sich nämlich trotz seiner Verhüllung auf den Menschen ein. Und dieser Begegnung hat der Mensch sich zu öffnen und auszuliefern. Dann dringt das Wesen des ganz Anderen bis zur Intimität in den Menschen. Gewiss kann sich der Erwählte auch verschließen. Und es trifft ihn Jesu Kritik an den Juden, wenn er diesen vorwirft: »Nie habt ihr seine [des Vaters] Stimme vernommen und nie seine Gestalt gesehen, und auch sein Wort habt ihr nicht bleibend in euch« (Joh 5,37 f.).

Tiefsinnig hat Gottes abwesende Anwesenheit der große ostkirchliche Theologe, der heilige Ephräm der Syrer († 373), in Worte gefasst:

> *Siehe, Moses hat, als er das Volk belehrte,*
> *in unsern Bildern von der Majestät gesprochen. –*
> *Er hob sie auf, indem er sagte:*
> *»Nicht saht ihr ein Bild aus der Mitte des Feuers« –*
> *denn nicht kleidete sich der Unsichtbare auf Sinai in ein*
> *Bild ...*
> *Und obwohl Moses sah, wusste er, dass er ihn nicht*
> *sah ...*
> *Der Echte hatte ein Bild angelegt –*
> *die Fülle befand sich darin –*

doch der Glanz war bedeckt von unsrer Gestalt. –
Die Gestalt war nämlich nicht leer von der Majestät –
doch war das Bild nicht die Gottheit.[23]

Helllichte Finsternis

Für das auserwählte Volk bewegen sich die Erscheinungsbilder Elohim/Jahwes zwischen blendendem Licht und schwärzester Dunkelheit. Unterschiedliche Überlieferungen der alttestamentlichen Texte werden zunächst nicht miteinander verschmolzen. Einmal manifestiert sich Gottes Gegenwart in tiefer, lastender Finsternis, die auch von Donnergetöse und Blitzflammen begleitet ist (Ex 20,18). Sie bewirkt, dass das Volk entsetzt zurückweicht und flieht (Ex 20,19) und von Mose beruhigt werden muss (Ex 20,20). Dann aber zeigt er sich auch als »verzehrendes Feuer«, das – wie schon am brennenden Dornbusch – Interesse weckt und bezaubert; die Schauenden lieben seine Nähe. Weil Gott sich zur Schonung des Menschen in eine Wolke hüllt, können sie es ertragen. Diese Doppelheit seines Bildes ruft bald Schrecken hervor, das *tremendum* des Gefährlichen, und bald zieht es wie bei Mose gewinnend an als *fascinosum*, sodass am Sinai eine strenge Absperrung geboten ist: »Hütet euch, auf den Berg zu steigen oder auch nur seinen Fuß zu berühren« (Ex 19,12). Mose allein erklimmt den Berg und darf Gott begegnen.

Das Beängstigende der Gotteserscheinung – »der ganze Berg bebte gewaltig« (Ex 19,18) – zieht sich durch das gesamte Alte Testament bis zum neutestamentlichen Golgatha und zur Apokalypse des Sehers von Patmos. Das Thema der Gotteswolke hingegen bewahrt den Gedanken an Gottes schützende Nähe. Bei der Flucht aus Ägypten geht dieser in einer Wolkensäule

---

[23] Ebd., S. 40.

dem Volk voraus, um ihm den Weg zu zeigen; des Nachts in Form des Feuers, um ihnen zu leuchten (Ex 13,21), am Meeresufer wechselt der Engel Jahwes seine Stellung und tritt zwischen die Heere, um bei den Ägyptern Verwirrung zu stiften (Ex 14,24). Die späteren Überlieferungen des Alten Bundes versuchen beide Erscheinungsformen zu harmonisieren: Gott in Gestalt des Feuers, eingehüllt in die Wolke, bleibt dem Volk gegenwärtig.

Er ist es auch, der dann die Stiftung allen Kultes dirigiert. Das fertiggestellte Bundeszelt wird von ihm in Besitz genommen: »Dann verhüllte die Wolke das Offenbarungszelt und die Herrlichkeit des Herrn erfüllte die Wohnstätte. Mose konnte nicht in das Zelt eintreten, weil die Wolke es überlagerte und die Herrlichkeit Jahwes [das in die Wolke gehüllte Feuer] es erfüllte« (Ex 40,34 f.). Gottes Anwesenheit in der Wolke gibt auch jeweils das Zeichen zum Weiterziehen (Ex 40,36), und sie stiftet den Priester- und Opferdienst (Lev 9,23 f.).

Bei aller Nützlichkeit behält Gottes Herrlichkeit ihren Charakter als *tremendum*: Sie ist verzehrendes Feuer, das Blitze hervorschlagen kann (Ex 20,18); sie kann durch Feuer Schuldige bestrafen wie die Rotte Korach (Num 16,19.33); am helllichten Tag zeigt sich dem Volk, das Mose und Aaron steinigen wollte, die Flamme des göttlichen Zornes (Num 14,10). Auf Tabor schließlich wird die »lichte Wolke« sichtbar und verdeutlicht den erschreckten Jüngern, dass Gottes Herrlichkeit anwesend ist (Lk 9,34). Gott hat auch im Neuen Bund seine schauererregende Majestät nicht abgelegt.

Emmanuel – Gott mit uns

Von diesem Gott geht nun gleichzeitig eine solche Anziehung *(fascinosum)* aus, dass der Mensch trotz der gefährlichen Unnahbarkeit Gottes nicht von ihm lassen will. Anfangs benennt die Offenbarung den Himmel als einen Ort, von dem er zu denen hinabfährt, die in Babel den Turm bauen wollten (Gen 11,5). Der Berg Horeb, auf dem spätere Texte seinen Wohnsitz angeben, wird durch ihn zum Gottesberg, auf den er in Gestalt von Feuer »herabsteigt« (Ex 19,20). Mehrfach muss Mose auf diesen Berg hinauf (Ex 19,20–24), um dann die Anordnungen Jahwes dem Volk zu verkünden. Er hat als Mittler dafür zu sorgen, dass das oben auf dem Berg Gebotene auch unten beim Volk Geltung erlangt. Dies gilt besonders für die Zehn Gebote und die Stiftung der Gottesverehrung im Kult (Ex 35–40). Dann geschieht der Bundesschluss. Es ist nicht klar, wo er vollzogen wird: oben auf dem Berg, wohin Mose mit den Vertretern des Volkes hinaufgeht, oder unten am Fuß des Berges, wo das Volk sein Versprechen gibt, Gottes Wort zu halten (Ex 24,1–11). Doch es bleibt unverkennbar: Der Mensch steigt auf an den Ort Gottes, und Gott steigt herab an den Ort des Menschen. Beide Bewegungen sind nicht rein geistig; sie sind in sinnlich wahrnehmbare Vollzüge eingeholt.

Wird dann aber das Volk nach dieser entscheidenden Begegnung mit Gott auf seinem Weg in die Welt als geheiligtes entlassen? Was wird es mitnehmen: eine Erinnerung, eine bleibende Weisung, an Mose, den Stellvertreter Gottes? Als dieser in einer anderen Tradition der Sinai-Verkündigung von Gott den Auftrag erhält, das Volk in das verheißene Land zu führen (Ex 33), stellt er die Bedingung, dass Gott mit ihm zieht (Ex 33,15). Es genügt ihm nicht, Gott im Himmel oder auf dem Berg zu wissen. Mose will auch nicht von dannen gehen, selbst wenn ihm Gott »einen Engel« (Ex 33,2) oder selbst sein – nämlich Gottes – »Ansehen/Angesicht« mitgibt. Mose will mehr: »Woran soll man erkennen, dass ich zusammen mit deinem Volk deine Gnade gefunden habe? Doch wohl daran, dass du mit uns ziehst« (Ex 33,16). Und wenn dann schließlich beschrieben wird, wie die »Herrlichkeit Gottes« vom Berg auf das Zelt niedersteigt, um von diesem neuen Sitz aus das wandernde Gottesvolk dem verheißenen Land entgegenzuführen (Ex 40,34), so kennzeichnet das eine ungeheure Heilserfahrung: Der ewige und geschichtslose Gott vollzieht die zeitlichen und räumlichen Bewegungen des Menschen in ihrem Lebensraum mit; er ist nicht länger Zuschauer und Lenker von fern und oben, sondern Mitfahrender und Miterfahrender in der Nähe des Geschöpfs: »Emmanuel – Gott mit uns.«

Feuer

Die unlösbare Spannung zwischen der Furcht und der Faszination, wie sie vom Bilde Gottes ausgeht, bekundet sich unüberbietbar im Zeichen des Feuers: »Jahwe, dein Gott, ist ein verzehrendes Feuer« (Dtn 4,24). Es mag zunächst scheinen, die Aussage sei empirisch unmittelbar einleuchtend. Doch der Fortgang des Zitats lässt nicht zu, Gott lediglich mit materiellem Feuer gleichzusetzen: Er ist »ein eifersüchtiger Gott«. In seiner Dialektik von Gefahr und Verlockung ist das Feuer eine sehr treffende Anzeige von unsagbar Geistigem. Es begegnet immer wieder in der Offenbarung: Gottes »Herrlichkeit« zeigt sich im Feuer, im Blitz aus der Finsternis, in der »rauchumhüllten Flamme«, im Feuerglanz der Wolke. Jahwe hat Israel sogar gewürdigt, ihn selbst unter diesem Zeichen zu sehen: »Auf dem Berg, aus der Mitte des Feuers, hat Gott Antlitz zu Antlitz mit euch gesprochen« (Dtn 5,4). Doch das Volk hat die furchtbare Unmittelbarkeit zum Feuer nicht ertragen; es hat Mose zum Vermittler vorgeschickt, um selbst geschützt zu sein (Dtn 5,25–27). Bei all der Annäherung ließ sich Gottes bezwingende Erhabenheit auf keine Weise schmälern. Auch im Mund des Boten zeigt sich seine Urgewalt: »Ich werde mein Wort zu einem Feuer in deinem Munde machen, und dieses Volk zu Holz, das das Feuer verzehren wird« (Jer 5,14).

Aber das Feuer brennt nur, weil Gott selbst in seiner Eifersucht brennt. »Ich bin Jahwe, dein Gott, der dich aus Ägypten herausgeführt hat … Ich bin ein eifersüchtiger Gott, der die

Sünde der Väter an den Kindern straft ... aber Tausenden Gnade erweist, denen, die mich lieben und meine Gebote halten« (Ex 20,2.5–6). Plötzlich wird – wie bisher noch nie – ein Blick ins Herz Gottes frei: Diese Eifersucht sagt so viel über sein eigenes Wesen aus, weil sie Eifersucht einmaliger Erwählung ist; sie legt schon den Punkt offen, wo solche Eifersucht verzehrendes Straffeuer werden kann. Das Zehrende der Eifersucht steigert sich noch im 5. Buch Mose, wenn Gott gegen das untreue Volk entbrennt und es vom Erdboden vertilgen will (Dtn 6,15); es »reizt ihn«, »fordert ihn heraus«, und er wird es ihm heimzahlen, indem er sich »eifersüchtig machen wird durch ein anderes Volk«, das Nicht-Volk von Assur. »Ja, ein Feuer bricht aus meinem Zorn hervor, das brennt bis in den Abgrund der Unterwelt ... und wird jene in Staub verwandeln« (Dtn 32,16.21–23.26). Bei den Propheten scheint dann Gottes Straffeuer zuweilen alles Irdische niederzubrennen; Gottes Antlitz kommt wie eine einzige Strafglut daher: »Schaut ... sein Zorn glüht, lastend ist seine Wucht, seine Lippen schäumen vor Wut, seine Zunge ist wie verzehrendes Feuer ... sein Atem wie ein Schwefelstrom wird in Brand setzen« (Jes 30,27.35). Doch es bleibt auch der aus Liebe verzehrende Brand Gottes. »Mit ewiger Liebe habe ich dich geliebt, darum habe ich dir so lange die Treue bewahrt« (Jer 31,3). Diese Liebe wird völlig enthüllt, wenn der glaubende Mensch sich vom Feuer Gottes durchbrennen lässt, wie Jesaja von der glühenden Kohle entflammt wird: »Er trug in seiner Hand eine glühende Kohle, die er mit einer Zange vom Altar genommen hatte. Er berührte damit meinen Mund ...« (Jes 6,6 f.).

Das sind keine Mythen grauer Vergangenheit. Gott als Feuer brennt noch in Zeiten, in denen es durchgängig auf harmlose Wärme zurückgestuft wurde. Selbst wer in der Moderne alle Zeichen des Lebens exakter empirischer Kontrolle unterzieht, kann nicht umhin, es einzuräumen. Blaise Pascal (1623–1662), der Gottsucher und nüchterne Mathematiker, hat ein

Mémorial seiner Begegnung mit dem unnahbar Verborgenen hinterlassen.

Schon seine genaue Datierung zeigt die Akribie und Präzision des Naturforschers.

> *Das Jahr der Gnade 1654*
> *Montag, den 23. November, Tag des heiligen Clemens,*
> *Papstes und Märtyrers, und anderer im Martyrologium*
> *Romanum.*
> *Vigil des heiligen Chrysogonus, Märtyrers, und anderer.*
> *Von ungefähr zehn und einhalb Uhr am Abend bis unge-*
> *fähr eine halbe Stunde nach Mitternacht*
>
> *FEUER*
> *Gott Abrahams, Gott Isaaks, Gott Jakobs,*
> *nicht der Philosophen und Gelehrten.*
> *Gewissheit. Gewissheit. Empfindung. Freude. Friede.*

Gott hört nicht auf, durch göttliche Glut seine Nähe zu bekunden. Der umgetriebene Mensch Blaise wird in allen Fasern seiner Existenz entzündet. Gott nähert sich seinem Wissen und seiner Empfindung; er setzt ihn in Brand, ohne ihn zu verbrennen. Seine Heiligkeit enthüllt die Schatten der Sünde. Unter dem Zeichen des Feuers ist er sein Licht. Seine Helle bekundet schützende Führung und weisende Nähe. Der Universaldenker Romano Guardini (1885–1968) wählt darum bei seiner Kommentierung des *Mémorial* die Formulierung, Pascal habe »im Feuer gestanden« – und das Wort Feuer dürfe keineswegs nur »allegorisch« gedeutet werden. Es spreche von wirklichen Strahlen, von wirklichem Brand, der allerdings anderswo herkomme als aus Physis und Psyche. Er komme aus der Erfahrung von Geist: richtiger, vom Heiligen Geist Gottes.

3.2.2 Wesen

Im biblischen Verständnis liegen »Sinnliches« und »Geistiges« ungetrennt ineinander. In Gottes »Herrlichkeit« verbinden sich Hoheit, Majestät und Glanz, ferner Ehre, Ruhm und Ansehen, Festlichkeit und Pracht. Von diesen Attributen her darf bei dem von Gott Angezeigten auch auf sein Wesen geschlossen werden. Das göttliche Ich erweist sich in der Heilsgeschichte des Volkes als ein Sprechend-Handelndes. Der Offenbarende enthüllt – trotz seines vom Weltlichen unendlich abgehobenen Seins – etwas von seinem göttlichen Ich und seinen Eigenschaften. Dabei wird für Israel im wirkenden Wort Gottes dessen inneres Wesen immer besser erkennbar.

Macht

Die überwältigenden sinnenhaften Zeichen, in denen Gott seine Gegenwart ankündigt, weisen zunächst elementar auf Macht. Sie erscheinen im Phänomen des Gewitters gebündelt: Einbruch undurchdringlicher Finsternis, plötzlich wehender Sturmwind, grollender Donner und aus der Finsternis zündende Blitze, von oben entfesseltes Wasser, zertrümmernder Hagel. All dem ist der Mensch hilflos ausgeliefert. Leicht ist vorstellbar, dass dem Israeliten als naturnahem Menschen die Übermacht der Naturkräfte als unmittelbar evidente Anzeige und höchster Ausdruck für die Übermacht Gottes erschien. Dennoch dient die Naturmacht lediglich zur Kennzeichnung von Gottes Wesen; sie verdeutlicht die Mächtigkeit, die ihm für sein Handeln zur Verfügung steht. Jahwe war nie primär ein Naturgott, sondern ein führender, erwählender und weisender Gott.

Geschichtlich erlebt das Volk solche Macht in den Kriegen, in denen es für Israel um nichts weniger geht, als zu überleben; rechte geschichtliche Einordnung wird ihnen den Charakter von Selbstschutz zugestehen. Jahwe bediente sich gegenüber Israels

Feinden auch der Naturkräfte, wenn er unter seinem Führer Samuel gegen die Philister einen Donner erschallen lässt, sodass die Gegner in ihrer Verwirrung unterliegen (1 Sam 7,10). Er kann die Widersacher in der geöffneten Erde begraben (Num 16,33). Jahwe selbst ist ein »Kriegsheld« (Ex 15,3), und seine Herrlichkeit wird im Psalm 24 mit seinem Kriegsruhm in eins gesetzt:

> *... es kommt der König der Herrlichkeit.*
> *Wer ist der König der Herrlichkeit?*
> *Jahwe, der Starke, der Held,*
> *Er, der Held in der Schlacht! ...*
> *Wer ist der König der Herrlichkeit?*
> *Jahwe, der Streiter,*
> *das ist der König der Herrlichkeit.*

Schlachtensiege sind der blendende Beweis, dass der erwählende, befehlende Gott sich gegen die Vernichter durchsetzen kann. Das geheimnisvolle Ich, das seinen Namen nicht anders kundtat als durch den Hinweis auf seine wirkende Anwesenheit (Ex 3,14), ist der Gott, dem zu trauen gut ist. Herrlichkeit und Macht durchdringen einander. Im 2. Buch Mose heißt es:

> *Deine Rechte, Herr, verherrlicht sich durch Kraft ...*
> *Durch das Übermaß deiner Herrlichkeit*
> *schlägst du deine Gegner nieder.*
> (Ex 15,6 f.)

Wiederum können solche Phänomene nicht abgetan werden als Sagen längst vergangener Zeit. Gottes Eigenschaft waltet fort. Die aus seiner strahlenden Größe wirkende »Macht« zeigt sich noch im Neuen Bund. Der Menschensohn kündigt an, zum Gericht »in großer Macht und Herrlichkeit« zu kommen (Mt 24,30). Der Völkerapostel wünscht den Kolossern Geduld und Ausdauer von Gott her »in der Macht seiner Herrlichkeit« (Kol 1,11). Den Heiden aber wirft er vor, sie hätten es aufgegeben, an den Geschöpfen Gottes »seine ewige Kraft und Herrlichkeit« zu erkennen; sie vertauschten – wie er dann fortfährt – »die Herrlichkeit des unsterblichen Gottes mit dem Bild des sterblichen Menschen« (Röm 1,20.23). Gott bleibt der Mächtige, er ist nicht domestiziert. Gelegentlich weisen uns bis heute Lebensschicksale oder Katastrophen bestürzend darauf hin, dass unsere Kenntnis von den Naturgesetzen uns noch immer keinen absoluten Schutz gibt.

Wort

Alle Zeichen von Gottes Gegenwart sind auf das Wort Jahwes ausgerichtet. Das Wort verweist auf die Qualität des Redenden durch Signale von Anrede, Erscheinungen und Verkündigung. Diese unterschiedlichen Äußerungen sind nicht voneinander zu trennen. Besonders klar zeigt sich dies Ineinander bei den Berufungen der Propheten. Nichts bleibt an Gottes Rede unklar; sie ist eindeutig, ob es sich nun um ein Gnaden- oder um ein Gerichtswort handelt. Sein »Tonfall« ist dergestalt, dass der Sprecher als Herr schlechthin zutage tritt. Denn das Wort nimmt sofort die gesamte Existenz der Hörenden in Beschlag. Für seinen unausweichlichen Anspruch gibt es in der Religionsgeschichte keine Parallele. Sein gebietendes Wort ist ganz bestimmt von der Absicht des Sprechenden. Der knüpft weder bei Wünschen noch bei Befürchtungen des Volkes an. Er fordert einzig Zustimmung und Gehorsam – nicht weil die Angesprochenen der gleichen Meinung wären noch weil sie einsichtig sind. Sein Wort lässt keinen Zwischenraum zwischen Reden und Hören zu. Andererseits kennt und durchschaut Gott seine Hörer. Gnädig nimmt er Rücksicht, wenn er sich auf das Zumutbare beschränkt.

Die Weisung, die ich dir heute gebe,
liegt nicht über deinen Möglichkeiten,
ist dir nicht unerreichbar.
Sie ist nicht im Himmel, dass du sagen könntest:
Wer steigt für uns in den Himmel hinauf,
um sie zu holen, damit wir sie hören und dann tun?
Sie ist auch nicht jenseits der Meere, dass du sagen
müsstest:
Wer fährt für uns über das Meer, um sie uns zu holen,
damit wir sie hören und danach tun?
Ganz nah ist das Wort dir,
in deinem Mund und in deinem Herzen,
damit du es ins Werk setzest.
(Dtn 30,11–14 = Röm 10,6–8)

Diese in Mund und Herz dringende Unmittelbarkeit erweist die Macht des Wortes, obschon sie keine knechtende Überwältigung bezweckt.

Als Adressat des Wortes erweist sich das auserwählte Volk zunächst als ein vages und zurückweichendes Kollektiv. Erstmals ist es dann der Prophet Jesaja, der – gebunden an sein Volk – als Einzelperson hervortritt. Er nimmt für sich selbst die Bezeichnung »Ich« in den Mund. Gott spricht zu ihm: »Wen soll ich senden? Wer wird für uns gehen?« Und der Prophet antwortet: »Hier bin ich, sende mich!« (Jes 6,8). Je heller nun das menschliche Ich in dem Angeredeten erwacht, desto kraftvoller ergreifen ihn die Höhen und Tiefen der Majestät des absoluten Ichs, das zu ihm gesprochen hat. Mögen auch anfangs eine Mehrzahl von Forderungen und Geboten nebeneinanderstehen, so hebt sich doch immer klarer ein Hauptgebot heraus: das der Unmittelbar- und Ausschließlichkeit des menschlichen Ichs zum verfügenden Ich. Die Auslieferung bringt sich ins Wort als »Liebe von ganzem Herzen, ganzer Seele und allen Kräften« (Dtn 6,5). Die Geschichtsschreiber des 5. Buches Mose wenden

sie auf das ganze Volk an und machen sie zum Kriterium seiner Geschichte.

Bei der Stiftung des Bundes war Mose mit dem Volk auf den
Berg »entrückt« worden. So bedarf es auch für die Einstiftung
des Wortes in jeden Menschen einer »Entrückung«. Er muss mit
seinem Geist in Gottes Geist hineinversetzt werden, damit er
das Wort empfangen und befolgen kann. Auch in den Menschen
eingesenkt, wird es kein Alltagswort, sondern bewahrt seinen
qualitativen Unterschied zur übrigen Rede.

> *Das ist der Bund, den ich mit dir geschlossen habe,*
> *spricht Jahwe;*
> *mein Geist, der auf dir ruht,*
> *und meine Worte, die ich in deinen Mund lege,*
> *werden diesen nicht mehr verlassen …*
> (Jes 59,21)

Der Psalmist weiß um die Besonderheit dieses Wortes. Er bittet:

> *Entziehe mir nicht deinen heiligen Geist …*
> *und mein Mund wird deinen Ruhm verkünden.*
> (Ps 51,13.17)

Nur in Geistgemeinschaft mit Gott ist Wortgehorsam möglich;
und solche Geistgemeinschaft lehrt die »Furcht des Herrn«: die
Unterscheidung zwischen dem Du, das herrschaftlich schenkt
und fordert, und dem anderen Du, das dienend anerkennt und
gehorcht. In der Geistgemeinschaft lernt der Mensch zu wissen,
was des Herrn Wort ist. Dies Wort setzt sich durch, ob der
Mensch nun Gottes Geist einlässt oder sich rebellisch verhär-
tet. Je weiter die Geschichte dieser Macht sich enthüllt, umso
klarer wird: Gottes Wort wird durch den Widerstand des Menschen nicht begrenzt oder vereitelt. Gott wird »fertig« mit jedem Feind: »Ich, ich bin der Herr. Und außer mir gibt es keinen

Retter. Ich habe es selbst angekündigt und euch gerettet, ich habe es euch zu Gehör gebracht. Kein fremder Gott ist bei euch gewesen« (Jes 43,11 f.).

Heiligkeit

Unsere Kenntnis von der Tradition früher Kulturen der Völker zeigt, dass Heiligkeit ein Urbegriff des Menschen ist. Bei Griechen, Römern und Germanen etwa, bei den Mayas und Inkas bezieht sie sich auf den abgegrenzten Bereich, der geschieden ist vom Weltlich-Alltäglichen. Der Bezirk ist dem Göttlichen geweiht. Ihn zu betreten, birgt deshalb für den Sterblichen Risiken, und wer heilige Orte zur Verehrung dieses Göttlichen aufsucht, muss vorher geläutert werden. Für den Religionsdiener meint das eine »Weihe«. Dann ist er fähig, das Geheimnisvolle durch Gebete zu beschwichtigen und vor allem durch Opfer zu versöhnen. All dies ist »natürliche« Religion, die aber fortbesteht im Heiligkeitsverständnis Israels und für Israels Verehrung Gottes im Kult. Heilig ist, was die Sphäre Elohim/Jahwes betrifft: der Himmel, das Zelt, die Bundeslade und der Berg Sion, Gottes Wohnung auf Erden; was zum Priesterlichen und zum Vollzug der Gottesverehrung gehört. Erkennbar wird in all dem, dass der Umgang mit dem Heiligen gefährlich ist. Der Israelit hat ständig auf die Scheidung zwischen sakral und profan zu achten und sich vor Augen zu halten, welche Forderungen sein Gott im Alltag an ihn stellt. Die Warnung, das Heilige gering zu schätzen, verstärkt sich in der Botschaft der Propheten. Sie wirkt noch fort in Jesu Mahnung: »Gebt das Heilige nicht den Hunden, und werft eure Perlen nicht den Schweinen vor, denn sie könnten sie mit ihren Füßen zertreten und sich umwenden und euch zerreißen« (Mt 7,6). Andererseits sprengt der Neue Bund jedoch alle Grenzen natürlichen Religionsverständnisses: Der Hebräerbrief stellt sich die Aufgabe, die Kontinuität der beiden Testamente und die unbegrenzte Relevanz des

Heiligen zu vermitteln, die Jesu Christi Inkarnation und Heilswerk erwirkten.

Bei den Propheten ist das *tremendum* im Heiligen voll gültig
und gewahrt. Sie stellen den Heiligkeitsbegriff gerade als Eigenschaft des erwählenden Gottes heraus: Allem Weltlichen gegenüber ist er der »dreimal Heilige« (Jes 6,3), schließlich der »allein
Heilige« (1 Sam 2,2). Er allein ist Gott und kann bei nichts an-
derem schwören als bei seiner Heiligkeit (Am 4,2). Dabei hält er
mit solcher Heiligkeit nicht zurück, sondern bietet Israel das göttliche Gebiet an, damit es »in der Entrückung« das Irdische hinter sich lasse und in seinem Bereich wohne. Dieser Raum hat zunächst die Eigenschaften, die das Volk bislang nur einzelnen Ge-
genständen zugestand, etwa der Bundeslade (Ex 25; Num
10,33 ff.). Doch erweitert sich schon in der prophetischen Predigt
für das Heilige dessen Bannkreis. Es übersteigt Mauern, Zinnen
und Räume: Gott ergreift von seinem ganzen auserwählten Volk
als solchem Besitz. Jahwe sondert es so von der Welt ab und zieht
es in seine Sphäre hinüber: »Jetzt aber … werdet ihr unter allen
Völkern mein besonderes Eigentum sein. Mir gehört die ganze
Erde. Ihr aber sollt mir als ein Reich von Priestern und als ein
heiliges Volk gehören« (Ex 19,5 f.). Damit ist Israel grundsätz-
lich über den Gegensatz zwischen sakral und profan erhoben.

In solcher Gunst offenbart sich nun aber auch die Zweisei-
tigkeit von Gnade und Gericht. Wenn Gott die Gnade seines
Wohnraums für die Menschen öffnet, stellt er seinen Anspruch:
»Seid heilig, denn ich, Jahwe, euer Gott, bin heilig« (Lev 19,29).
In solcher Gnade ist das Volk bereits zu Gott hinübergenom-
men. Ihm nahe, muss es jedoch unter Androhung des Gerichts
ihm einschränkungslos gehorsam sein, nämlich »gänzlich Gott
angehören« (Dtn 18,13). Gott wirkt dann seine Heiligkeit im
Volk durch sein Wort. Beim Propheten Ezechiel heißt es darum
mehrfach, dass Gott »sich heiligt« in Israel (Lev 22,32) sowie
vor der Welt und vor den Völkern (Ez 28,22.25; 38,16 u. ö.).
Entsprechend muss sich auch der Gehorsam Israels in der Tat

bekunden und dadurch sogar in der Welt und in Israel (Lev 22,32) den heiligen Gott »heiligen« (Num 27,14). Äußerliches Lippenlob reicht dann nicht mehr aus; authentisches Zeugnis ist gefragt. Es gelingt durch die Gnade als Beitrag des gehorsamen Menschen in dessen Selbstheiligung und in der Verherrlichung Gottes vor der Welt.

Bezeichnend für diesen Prozess ist Gottes Preisgabe des eigenen Namens; denn indem er seinen Namen mitteilt, offenbart er etwas von seinem heiligen »Kern«. Der Name bleibt dennoch undurchdringlich. Schon seine erste Nennung geschah – wie erwähnt – in geheimnisvoller Zurückhaltung. Auch das Neue Testament kennt noch Namen von mysteriöser Unergründlichkeit, wenn etwa der Völkerapostel Jesus Christus einen Namen zuspricht, der »größer als alle Namen« ist (Phil 2,9). Gleichzeitig ist es ein Zeichen unglaublichen Wohlwollens und höchster Liebe, dass Gott sich in dieser Weise anvertraut und sich an die bindet, die diesen Namen kennen und ihn anrufen – auch wenn Gott dadurch seinem Volk nicht verfallen ist, sondern der Mächtige und Beherrschende bleibt. Seinen Namen zu kennen heißt also nicht, einen Teil Gottes zu kennen und den vielleicht größeren Teil nicht. Nicht Gott wird vom Volk vereinnahmt, vielmehr ist das Volk durch die Namenskenntnis zu Gottes Eigentum geworden. Theozentrik bleibt das Grunddatum. Wem Gott seinen Namen offenbart, den nimmt er in Dienst. Der Name ist das Bindeglied an sein Volk und das Unterpfand seiner Gegenwart – etwa wie die eucharistische Gegenwart Christi im Neuen Bund. Bei der Errichtung des Bundes trägt Gott den Bau von Altären auf und garantiert: »An jedem Ort, an dem ich meinem Namen ein Gedächtnis stifte, will ich zu dir kommen und dich segnen« (Ex 20,24).

Bei all den Zusagen bleibt die Offenbarung frei von magieverdächtigen Missbräuchen des Gottesnamens; sie hat nie infrage gestellt, dass Gott im Himmel wohnt (Dtn 4,36) oder dass er etwa »nur« in seinem irdischen Tempel gegenwärtig wäre

(Dtn 12,5). Mit der Zerstörung des Tempels ändert sich dann radikal jede Lokalisierung Gottes. Jetzt ist es der Name Gottes, der in geistiger Weise als Ort seiner Gegenwart gilt. Gott wirkt durch seinen Namen im Himmel und von dort zur Erde hin. Gott und sein Name sind nun Wechselbegriffe. Ebenso ist Gott mit seinem verkündeten »Wort« austauschbar. So erweist sich Gott in der Welt als machtvoller Herr, und der Mensch, der seinen Namen kennt und ihn anruft, birgt sich bei ihm: »Unsre Hilfe steht im Namen des Herrn, der Himmel und Erde gemacht hat« (Ps 124,8). Sein Name wird von den Wissenden gerühmt (Ps 145,21). Im Neuen Testament gilt diese Durchdringung von »Heiligkeit«, »Name« und überragender »Größe« Gottes weiter: Der Herr lehrt uns beten, dass des Vaters »Name geheiligt werde« (Mt 6,5); die Jungfrau Maria preist seine »Größe« (Lk 1,46) und der Epheserbrief nennt seine Macht »überschwänglich … die der Wirksamkeit seiner Gewalt und Stärke entspricht« (Eph 1,19).

Sichtbarkeit

Es brauchte Zeit, damit in der Geschichte des auserwählten Volkes das Wissen um Jahwe/Elohim wuchs.

Er spricht Israel sein Wort zu, bekundet seine Heiligkeit, nennt sogar seinen Namen; Israel erkennt immer klarer, wer es ist, auf den es sich eingelassen hat. Seine Zuwendung kulminiert darin, dass er sein Volk anschaut. Er erweist sich als Licht der Auserwählten, und diese erfahren seine Liebe, Güte und Gnade. Solchen lichtvollen Glauben weckt im Neuen Bund Christi Verklärung auf dem Berg Tabor, als die Repräsentanten des Alten Bundes, Mose und Elias, mit Jesus reden und die drei Jünger von einer lichten Wolke erfasst werden (Lk 9,34). Der Offenbarer zeigt sich, wie der Apostel Johannes schreibt: »Gott ist Licht und Finsternis ist nicht in ihm« (1 Joh 1,5). Und bis in unsere Tage betet die Kirche im *Credo*, dass der Sohn des ewigen Vaters »Licht vom Licht« ist.

66

Von einer »Nicht-Schau« von und durch Gottes Antlitz zu reden, ist demnach irrig. Erst recht wäre dieser Befund unverständlich für einen Hebräer. Der ganze leib-seelische Mensch »weiß«, dass der Herr, der ihn mit Leib und Seele geschaffen hat, vor ihm steht – gleichsam sein Antlitz schauend. Andererseits liegt der Betende selbst hüllenlos vor dessen Augen hingestreckt. »Du kennst mich, du siehst mich, du prüfst mein Herz«, bekennt der Prophet (Jer 12,3). Mit der Gewissheit: »Denn er blickt bis hin zu den Enden der Erde; was unter dem All des Himmels ist, sieht er«, beteuert Ijob seine Unschuld vor den Freunden (Ijob 28,24). Und der Weisheitslehrer Ben Sira sagt in einem seiner Lehrsprüche: »Das Tun aller Menschen liegt vor ihm, nichts ist verborgen vor seinen Augen. Von Ewigkeit zu Ewigkeit blickt er hernieder« (Sir 39,19 f.).

Das Wissen um die Begegnung mit Gott durch dessen Anblick ist bis in unsere Zeit nicht erstorben. Nur mag sein Auge den neuzeitlichen Gotteszweiflern unerträglich werden; sie werden zu Antitheisten. Friedrich Nietzsche (1844–1900) lässt einen von ihnen in seiner Geschichte »Also sprach Zarathustra« zu Worte kommen. Zarathustra/Nietzsche nennt ihn den »hässlichsten Menschen«. Er tötete Gott, weil dieser von ihm angeblickt wurde. Nietzsche weiß um den Grund für diesen Mord und deckt ihn als Zarathustra auf: »Du ertrugst den nicht, der dich sah – der dich immer und durch und durch sah, du hässlichster Mensch! Du nahmst Rache an diesem Zeugen.«[24] Adam im Paradies versteckte sich vor Gott. Wem Gottes Blick heute unerträglich wird, der leugnet ihn.

Doch nicht alle Modernen müssen so empfinden. Für Glaubende gelten weiter Wahrnehmung und Wissen der alttestamentlichen Offenbarung. Einer ihrer großen Denker steht an der Schwelle zur Neuzeit: Nikolaus von Kues († 1464). Er ist

[24] F. Nietzsche, Also sprach Zarathustra IV (Der hässlichste Mensch), in: ders., Sämtliche Werke: Kritische Studienausgabe in 15 Bänden, hrsg. von G. Colli und M. Montinari, Bd. 4, München 1999, S. 328.

sich des Glücks der Gottesnähe sicher: dass der Fromme sich dem Angesicht Gottes zuwenden kann; dass er es suchen, bei ihm sich bergen kann. Schatten und Dunkelheit entrücken ihn nicht ganz: Gottes Antlitz ist Licht (Ps 89,16) und kennt keine Finsternis. Nichts gibt aber dann dem Ich größeren Halt, als von Gott angesehen zu werden.

Nikolaus formuliert:

> *Wie bewundernswert ist doch dein Blick, du Gott der Schau,*
> *für alle, die ihn erkunden.*
> *Wie schön und liebenswert ist er für alle,*
> *die dich lieben.*
> *Wie schrecklich für alle,*
> *die dich verlassen, Herr, mein Gott!*
> *Mit deinem Blick belebst du, Herr, jeden Geist,*
> *erfreust du jeden Glücklichen,*
> *vertreibst du alle Traurigkeit.*
> *Blicke also barmherzig auf mich herab,*
> *und meine Seele wird gerettet sein!*[25]

Die christliche Tradition verstand solchen Glauben als »Wandel in der Gegenwart Gottes«, zu dem jedoch nicht zuerst Technik durch Training[26], sondern die »Reinheit des Herzens« und Glaubensgefügigkeit führt.

Der Beter von Psalm 139 hält fest, wie Gottes Wort und Blick ihn bis in die Tiefen seiner Existenz erfassen. Anfänglich befällt ihn großer Schrecken; dem Licht Gottes bleibt nichts verborgen; es gibt kein Entkommen; Gottes Hand ergreift auch den, der sich verbirgt. Dann aber wechselt seine Sicht. Gottes

---

[25] Nicolai de Cusa, De visione Dei, in: ders., Opera omnia (Gesamtausgabe der Heidelberger Akademie), Bd. 6, hrsg. von Heide Dorothea Riemann, Hamburg 2000, c. 8 (fol. 103r).

[26] Vgl. P. J. Cordes, Gottesbegegnung durch Psychotechnik? Zum Emotionsmoment im Glaubensvollzug, in: IkaZ 7 (1978), S. 168–181.

Anblick und Licht spenden ihm Geborgenheit. Diese bewegt ihn zum Lobpreis: »Ich danke dir, dass du mich so wunderbar gestaltet hast« (Ps 139,14). Und schließlich bittet er, Gottes Auge möchte ihn noch tiefer erfassen: »Erforsche mich, Gott, und erkenne mein Herz« (Ps 139,23). Er hat die beglückende Gnade erkannt, von Gott angesehen zu werden.

Gottes Blick und Antlitz sind immer sein freies Geschenk. Der Allmächtige kann sie gewähren und entziehen. Schon die alttestamentliche Offenbarung widersetzt sich demnach einer deistischen Deutung Gottes, als hätte er einmal die Welt geschaffen, sich dann zur Ruhe gesetzt und überließe sie nun den ihr innewohnenden Gesetzen. Denn wenn Gott etwa sein Antlitz verhüllt, stirbt alles Geschaffene dahin: »Verbirgst du dein Gesicht, sind sie [scil. seine Geschöpfe] verstört; nimmst du ihnen den Atem, so schwinden sie hin und kehren zurück zum Staub der Erde« (Ps 104,29). In jeder neuen Zuwendung hingegen lebt alles auf: »Sendest du deinen Geist aus, so werden sie alle erschaffen, und du erneuerst das Antlitz der Erde« (Ps 104,30). Israel hat eben erfahren und hat immer vor Augen, dass Gottes Antlitz in gegensätzlichen Weisen zu ihm stehen kann: Es kann in der Gnade zugewendet und leuchtend sein; er kann es im Zorn abwenden oder durch den Anblick Bestürzung und Grausen verbreiten. Das Buch Ijob verzeichnet sogar, dass in der Nacht des Leidens der nackte Blick Gottes unerträglich wird.

Leuchtet Gottes Licht dem Menschen hingegen und lebt und wandelt er in Gottes Gegenwart, dann wird er selbst hellsichtig im Umgang mit Gott. »Bei dir ist die Quelle des Lebens. In deinem Licht schauen wir das Licht« (Ps 36,10). Wenn Gott sein Angesicht leuchten lässt, legt er den Menschen Freude ins Herz (Ps 4,7). Der liturgische Segen des Priesters Aaron und seiner Söhne bittet um das Licht, das von Gottes Gesicht ausgeht; denn darin liegt für den Glaubenden alles Heil (Num 6,25 f.). Es gibt eine Dimension des Hörens auf Gott, die als Sehen

69

bezeichnet werden kann, und dieses ruht im Gesehenwerden durch Gott. Gleichzeitig wird erkennbar, warum Gott selbst mit seiner Abwendung droht oder sie vollzieht: Immer liegt der Grund für den Entzug in der Sünde des Menschen. Dabei bewirkt diese Sünde nicht rein sachlich eine solche Reaktion Gottes, sondern sie veranlasst Gott zu einer ganz persönlichen Abkehr. Bei Jesaja bekennt Gott seine eigene Betroffenheit: »Kurze Zeit zürnte ich wegen der Sünde des Volkes, ich schlug es und verbarg mich voll Zorn« (Jes 57,17). So liefert er den Sünder »an die Macht seiner Sünde aus« (Jes 64,6b), wendet sein Antlitz gegen ihn (Ps 80,17), erklärt ihm sogar den Krieg. Klagend weiß die Tochter Zion, dass die Strafe für ihre Sünden sie trifft:

Er spannte den Bogen wie ein Feind,
stand da, erhoben die Rechte.
Wie ein Gegner erschlug er alles,
was das Auge erfreut.
Im Zelt der Tochter Zion
goss er seinen Zorn aus wie Feuer.
Wie ein Feind ist geworden der Herr.
Israel hat er vernichtet.
(Klgl 2,4 f.)

Ein Kompromiss zwischen Gott und der Sünde ist für die Offenbarung undenkbar.

Gottes Antlitz suchen

Das Glück der Zuwendung sowie das Elend der Verborgenheit von Gottes Blick bewegen fortwährend Israels Glauben. Darum sind denn entsprechende Aussagen wie das »Suchen von Gottes Antlitz«, das Drängen zu seiner »Schau« oder der Ruf nach seinem »Licht« nicht als oberflächliche »Redensart« abzutun.

Mythische Abschwächung dieser Formulierung verkennt die Intensität der Sehnsucht, mit der Israel Gott zu schauen trachtete. Wohl kennt Israels Glaube Gottes Größe und seine Unnahbarkeit, sodass es gelegentlich »sein Engel« (Ex 32,34) oder etwa sein »Angesicht« (Ex 33,14) sind, die seine personale Anwesenheit bekunden. Doch solche Verschiedenheit wird bald hinfällig; sein Antlitz ist Gott selbst in seiner gnadenvollen Geneigtheit und liebenden Gegenwart: »Nicht ein Bote und nicht ein Engel, sondern sein Antlitz rettete sie. In seiner Liebe und in seinem Erbarmen hat er selbst sie erlöst« (Jes 63,9).

Israels realistische Sicht und die geschichtlichen Wurzeln seines Glaubens benennen auch bald, wo im Menschen der Spürsinn für solche Ausrichtung auf Gott liegt. Er liegt im menschlichen Herzen. Hier wurzelt die intime Erfahrung solcher Möglichkeit. Der Psalm 24 bringt das zum Ausdruck: Es ist das »lautere Herz« (Ps 24,4), das »dein Antlitz sucht, Gott Jakobs« (Ps 24,6). »Die geraden Herzen dürfen sein Angesicht schauen« (Ps 11,7). Der Beter von Psalm 27 drängt innig zur Unmittelbarkeit mit Gott: »Von dir sagt mein Herz: ›Suche mein Angesicht!‹ Dein Angesicht, Herr, will ich suchen. Verbirg mir nicht dein Antlitz« (Ps 27,8 f.). Unser Herz verlangt nach Gottes Angesicht. Und Gott verheißt solchen Glücksfall. Unmittelbarkeit von Herz zu Herz, Blick zu Blick – das ist die eigentliche Erfüllung des Alten Bundes. Der heilige Augustinus sagt in einer Predigt: »Verheißen ist uns die Schau Gottes, des wahren und höchsten Gottes. Denn das ist gut: den Schauenden zu schauen. Wer falschen Göttern dient, sieht sie leicht, sieht aber solche Götter, die Augen haben und nicht sehen. Uns aber ist verheißen die Schau des Gottes, der da lebt und sieht.«[27]

Wer sich auf das Gebet der Psalmen einlässt, dem wird immer neu zugesprochen: »Fragt nach dem Herrn und seiner Macht; sucht sein Antlitz allezeit!« (Ps 105,4). Für den Frommen ist das

---

[27] Augustinus, Sermo 69,5, in: J. P. Migne, Patrologia Latina, Paris 1844–1864, 38, S. 440–442.

schauende Erfassen Gottes der Lebensinhalt. Für den Propheten Hosea liegt beides ununterscheidbar ineinander: Umkehr
und die Suche Gottes (Hos 3,5) und das Ausschauen nach Gott/
Elohim in der Not (Hos 5,15) sowie andererseits das erfah-
rungshafte, gegenwärtige Wissen um ihn: die »Gotteserkenntnis im Land« (Hos 4,1) und die »Gotteserkenntnis statt der
Brandopfer« (Hos 6,6). Schließlich ist es der Völkerapostel, der
aus seiner Kenntnis der Offenbarungstradition beides immer
wieder in seine Briefe einstreut: Gottes Sehen auf den Menschen
im umgreifenden, überbietenden Gesehenwerden. Er schreibt:
»… ihr, die ihr Gott erkannt habt, vielmehr von Gott erkannt
worden seid« (Gal 4,9); »Wer aber Gott liebt, der ist von ihm
erkannt« (1 Kor 8,3); »… dann aber [scil. wenn wir von Angesicht zu Angesicht schauen] werde ich durch und durch erkennen, so wie auch ich durch und durch erkannt worden bin«
(1 Kor 13,12); »Ich strebe danach, es zu ergreifen, weil auch ich
von Christus ergriffen bin« [scil. als ich vor Damaskus von ihm
erkannt wurde] (Phil 3,12).

3.3 Die Zeitenwende

Gottes Selbstbildnis im Alten Bund ist kostbar, kraftvoll und
auch für uns Christen unentbehrlich. Schon eine rasche, zu
flüchtige Lektüre des Ersten Testaments hatte ja einige Male
daran erinnert, wie dessen Wahrheit keineswegs »alt« ist, sondern sich bis in den Neuen Bund hinein durchhält. Diese Beobachtung lehrt, dass auch der christliche Glaube ohne das Alte
Testament ein Torso bleibt. Anders gesagt: Die neutestamentliche Offenbarung bleibt dem Alten Bund verhaftet. Nicht Zä-
sur, sondern Kontinuität kennzeichnet beider Beziehung. Der
Anfang des Hebräerbriefes stellt sie heraus: »Viele Male und
auf vielerlei Weise hat Gott einst zu den Vätern gesprochen
durch die Propheten, in dieser Endzeit aber hat er zu uns

gesprochen durch den Sohn ...« Gott selbst setzt sein heilendes Handeln mit den Menschen im Neuen Bund fort. Er hatte vor Zeiten den Propheten sein Wort in den Mund gelegt. Seine Rede war jedoch unvollständig. Jetzt kommt sie zum Abschluss und wird fertiggestellt durch den Sohn. Dass Gott seinen Sohn gesandt hat, bleibt zwar unfassbar, aber es hat einen langen Vorlauf. Um es einzuordnen und anzunehmen, sind den Ursprungszeugen des Neuen Bundes die vergangenen Ereignisse und »die Propheten« gegeben.

3.3.1 Frühjudentum und junge Kirche

So muss für die Frage nach Gott nicht nur das Alte Testament als solches zur Sprache kommen, sondern es will auch beachtet sein, welches Echo die alttestamentliche Sicht Gottes im Neuen Bund findet. Es stellt sich die Frage: Welche Aussagen zu Gott und Formen der Gottesverehrung, die im Ersten Testament ihre Wurzeln haben, sind im frühen Christentum greifbar? Sie zu finden und zu beachten, ist belangvoll, weil sie Auskunft geben könnten über die religiöse Sozialisation der Urzeugen des Neuen Bundes durch das alttestamentliche Vermächtnis.

Wohl ist keinesfalls herunterzuspielen, dass die Stiftung des Christentums einen fundamentalen Einschnitt mit einer Abwendung von der jüdischen Tradition bewirkte. Dennoch schöpfte der Glaube der frühen Christenheit klar aus dem reichen Fundus des Alten Testaments, der im ersten Jahrhundert nach Christus vor und nach der Zerstörung des Tempels im Jahr 70 n. Chr. die Synagoge prägte. Es ist demnach vorauszusetzen, dass sich im Jüngerkreis um Jesus und in der Urgemeinde Frömmigkeitsformen und Gebetspraktiken des Frühjudentums mischten. Auch wenn sich solcher Einfluss durch die Missionsarbeit des Apostels Paulus fraglos stark verminderte, so ist er doch auch für entstehende heidenchristliche Gemeinden zu vermuten, weil viele von ihnen ja ihren Anfang unter den Diaspora-Juden des Mittelmeerraumes hatten. Religiöse Gemeinsamkeiten zwischen beiden Glaubenssträngen sind demzufolge kaum bestreitbar. Ihre genaue Unterscheidung führt allerdings auf vermintes Gelände.

Wer für die Nach-Zeitenwende die Frage von Gemeinsamem und Trennendem zwischen Synagoge und Kirche prüft, muss bedenken, dass sich eine schriftliche Fixierung sowohl für das Judentum wie für den »neuen Weg« (Apg 19,23) länger hinzog. Denn in beiden Glaubensgemeinschaften hatten mündliche Tradition und Liturgie – bei aller äußersten Treue zum geschriebenen Wort – einen hohen Stellenwert. Die teils mündliche Beeinflussung und teils schriftliche Verknüpfung machen darum eine historische Datierung der Anfangsimpulse sehr schwierig. Es ist häufig nicht möglich festzustellen, ob Anspielungen des Neuen auf das Alte Testament aus der Zeit des Zweiten Tempels (errichtet nach dem Babylonischen Exil um 515 vor Christus) stammen oder auf das sogenannte Frühjudentum, auf die Synagoge nach dessen Zerstörung, zurückgehen. Nur so viel steht fest: Die Tradition des Alten Testaments in der Synagoge und im frühen Christentum hat fraglos zwei verschiedene Wege genommen. Dennoch lässt sich erkennen, dass zwischen den beiden Strängen des Frühjudentums einerseits und der Urgemeinde andererseits Parallelen bestehen.[28]

---

[28] Der komplexen Frage nach der Datierung der entsprechenden alttestamentlichen Quellen für die beiden Traditionen kann hier nicht nachgegangen werden. Für das 1. Buch Mose hat sie Francesco Giosuè Voltaggio behandelt. In seiner beeindruckend sorgfältigen und breit angelegten Studie *Così pregavano i nostri Padri e le nostre Madri* (Napoli 2015) geht er der Schriftwerdung aus mündlicher Tradition und Liturgie für die Gebetstexte des Buches Genesis nach. Er zeigt, dass das Neue Testament durchsetzt ist von einer fortdauernden *Relecture sacrée* der biblischen Quellen bis hin zur Zeit der Synagoge. So gelingt ihm ein fundamentaler Beitrag zur Begegnung von Hebräern und Christen. Außerdem muss hingewiesen werden auf D. Boyarin, *Il Vangelo ebraico* (Verona 2012). Dieser unter Fachleuten international bekannte Autor analysiert aufgefundene Quellen kritisch und kommt zu dem Ergebnis, dass

3.3.2 Anrufungen

Wegen der historischen und theologischen Nähe beider Ur-
sprünge zueinander mag demnach – mit der gebührenden Sorgfalt – von der Glaubenswelt Israels auf das Urchristentum ge-
schaut werden. Selbst Papst Johannes Paul II. riet zu solchen
Vergleichen, als er sich eine Stellungnahme der »Kommission
der religiösen Beziehungen zum Judentum«[29] zu eigen machte.
In ihr heißt es u. a., verschiedene liturgische Elemente des gegenwärtigen (!) hebräischen Gottesdienstes könnten auch einige Aspekte der katholischen Liturgie besser verstehen lassen.
Demnach stellen sich die Fragen: Welche Elemente des Frühjudentums lassen sich für die Epoche des ersten Jahrhunderts
nach Christus vermuten? Gibt es Glaubenswahrheiten des Alten Testaments, die sich in der jungen christlichen Gemeinde
wiederfinden? Lassen sich in der Welt der Tempelfrömmigkeit
und der Synagoge Faktoren finden, die dem Gründer des Christentums mit auf seinen Glaubensweg gegeben wurden?

Auch wenn uns praktisch kaum aufgezeichnete Ritualformu-
lare der Synagoge für Gottesdienste und Katechesen überkom-
men sind, so wissen wir doch auch nach 2000 Jahren manches
über die Liturgie und Frömmigkeitspraxis der Juden. Denn
wichtige ihrer heute immer noch rezitierten und gesungenen Gebete haben erwiesenermaßen ein so hohes Alter, dass sie schon
um die Zeitenwende in Gebrauch gewesen sein müssen. Ein erster Blick auf solche Texte zeigt gleich deren ausdrückliche Mitte: die Suche von Gottes Antlitz. Alle Anlässe, die das Leben
bietet, werden mit ihm verknüpft. Und wer auf die Inhalte der
gesprochenen Worte hört, entdeckt etwas, das moderne Ohren

---

sich Hebraismus und Christentum nicht schon nach der Zerstörung des Tempels im Jahre 70 n. Chr. trennten, sondern erst unter der Regierung des römischen Kaisers Konstantin des Großen (306–337).

[29] Vgl. R. Fabris (Hrsg.), Parlare correttamente degli Ebrei e dell'Ebraismo, Roma
1986.

verwundern mag: Persönliche Anliegen haben keinen Ort im Gebet. Nutzen und Bedürfnisse des Beters treten zurück. Irdisches und die Schöpfung interessieren nur am Rande. Wohl kennen die Psalmen das Klagen, die Notrufe sowie das Flehen um Schutz und Befreiung. Auch der Lohn für Rechtgesinnte findet seinen Niederschlag. Aber der zentrale Zug allen Betens ist immer wieder der Lobpreis von Gottes Macht und die Vergrößerung seiner Ehre – ohne Eigeninteressen des Beters, absichtslos. Denn: Wächst Gottes Hoheit, so ist auch das Glück des Menschen gesichert. Jüdischer Lobpreis findet seine Erfüllung darin, dass Gottes Herrlichkeit in seinem Volk aufstrahlt. Wenn Israel Prüfungen bestehen muss, sieht es in ihnen und den damit verbundenen Kränkungen eine Herabsetzung des göttlichen Namens und eine Beleidigung Jahwes – in aller Aufrichtigkeit und nicht als geschickte Tarnung von Nützlichkeit. »Nicht uns, o Herr, bring zu Ehren, nicht uns, sondern deinen Namen in deiner Huld und Treue«, betet der Psalmist (Ps 115,1), und er charakterisiert den Grundzug von Israels totaler Verwiesenheit auf Gott.

Einige Anrufungen sollen genannt sein, um den Glaubensvollzug des Frühjudentums wenigstens zu streifen.

• Das *Kaddisch* (vor allem beim Gottesdienst verwandt):

Erhoben und geheiligt werde sein großer Name auf der Welt, die nach seinem Willen von Ihm erschaffen wurde. Sein Reich erstehe in eurem Leben in euren Tagen und im Leben des ganzen Hauses Israel, schnell und in nächster Zeit, sprecht: Amen! Sein großer Name sei gepriesen in Ewigkeit und Ewigkeit der Ewigkeiten.

• Gottes Majestät weckte im gläubigen Juden eine persönliche Antwort. Ihre wichtigste Formulierung hält das *Sch^ema Israel* fest. Morgens und abends wandte er sich seinem Schöpfer zu.

Dieses Gebet ist in gewisser Weise der Anker für die Verbindung aller Juden mit Jahwe. Es bekennt die Einzigkeit Jahwes, des Bundesgottes. Es weckt die Erinnerung an ihn, der sein Volk aus der ägyptischen Knechtschaft befreite. Differenziert und plastisch will es sicherstellen, dass Gottes Großtaten von seinem erwählten Volk nicht vergessen werden. Es soll neu den Glauben an Jahwe stärken und in Liebe antworten. Der Anfang des Lobspruchs greift Worte des Mose auf, die er als Jahwes Botschaft nach dem Abstieg vom Berg Horeb an das Volk richtet:

Höre, Israel! Jahwe, unser Gott Jahwe ist einzig. Darum sollst du den Herrn, deinen Gott, lieben mit ganzem Herzen, mit ganzer Seele und mit ganzer Kraft. Diese Worte, auf die ich dich heute verpflichte, sollen auf deinem Herzen geschrieben stehen. Du sollst sie deinen Söhnen wiederholen. Du sollst von ihnen reden, wenn du zu Hause sitzt und wenn du auf der Straße gehst, wenn du dich schlafen legst und wenn du aufstehst. Du sollst sie als Zeichen um das Handgelenk binden. Sie sollen zum Schmuck auf deiner Stirn werden. Du sollst sie auf die Türpfosten deines Hauses und in deine Stadttore schreiben.
(Dtn 6,4–9)

- Die *Beracha*: Sie preist Gott für das Licht, das er gewährt, für seine Barmherzigkeit und seine Güte. Das harmonische Gerüst, gleichsam der *Basso continuo* für die gesprochene und gesungene Zuwendung zu Gott, sind Dank und Ehrung für sein Wort und den Bundesschluss:

Mit ewiger Liebe hast Du uns geliebt, Du unser Gott. Mit großem, überreichen Erbarmen hast Du Dich unser erbarmt, Du unser Vater, unser König. Unser Vater, barmherziger Vater, Barmherziger, sei uns gnädig und gewähre uns, dass unser Herz alle Worte Deiner Gesetzeslehre in Liebe versteht, begreift und erfüllt und befolgt. Uns hast Du ja aus allen Völkern und Zungen erwählt; und Du hast uns für immer in Wahrheit nahe zu Deinem großen Namen hingezogen, damit wir Dich loben und voll Liebe Deine Einzigkeit verkünden. Gepriesen seist Du, Ewiger, denn liebevoll hast Du Dein Volk Israel erwählt.

Fortwährend erinnert der jüdische Glaube an diese Liebesverpflichtung. Die Hinführung, sie zu erfüllen, ist nicht delegierbar. Eltern müssen sie für die ihr nachfolgende Generation sicherstellen: »Du sollst sie deinen Söhnen wiederholen!« Glaubensweitergabe kann also nicht vorrangig an Personen oder Institutionen übertragen werden. Auch Umstände und Gegebenheiten des Alltagslebens sind Chancen, auf dieses Gebot zu verweisen: »Du sollst von ihnen reden, wenn du zu Hause sitzt und auf der Straße gehst.« Der Hebräer trägt das Gebot am Handgelenk, als Schmuck zwischen den Augen, am Eingang zum Haus der und zur Stadt (in der *Mezuzah* – einer Röhre, die ein Stück Pergament halten kann).
Die Antwort auf Gottes Erwählung gibt der Glaubende durch seine Liebe zu Jahwe. Alle seine natürlichen Kräfte soll er für diese Liebe einsetzen, alle Situationen des Tages sollen ihm Anlass sein, Jahwe zu lieben.

- In der *Schmone-Esre* finden sich weitere Lobpreisungen, die den Gott der Väter verherrlichen; er erhöht sich selbst und bestraft die Gewalttätigen. Die herausragende Stellung Gottes und die starke Betonung der Liebe zu ihm sind in der Liturgie und im Tagesablauf so fest verankert, dass die Forderung des »Ersten Gebotes« im Neuen Testament weniger herausgestellt wird als das der Nächstenliebe.
Mag auch das *Sch*^e*ma* – so oft rezitiert – der Abschwächung ausgesetzt gewesen sein, wie sie jede fromme Gewohnheit

erleidet: Seine Wirkung auf Geist und Leben sollte nicht unterschätzt werden. Dass es Rang und Prägekraft hatte, zeigt etwa für die spätere Zeit ein Abschnitt aus dem Talmud, der Sammlung der Gesetze und religiösen Überlieferungen des nachbiblischen Judentums. Dort ist geschrieben, wie es Rabbi Akiba (gest. wohl 135 n. Chr., offenbar während des Bar-Kochba-Aufstands der Juden gegen die Römer) ermutigt hat, aus der Liebe zu Jahwe nicht vor der Lebenshingabe zurückzuweichen:

Als man Rabbi Akiba zur Tötung abführte, war die Zeit des Sch^ema-Gebetes. Man kämmte ihm sein Fleisch mit eisernen Kämmen ab, und er nahm das Joch der Herrschaft des Himmels auf sich [d. h. er rezitierte das Sch^ema]. Es sprachen seine Schüler [um ihn zu retten] zu ihm: Unser Lehrer, bis hierher! Er antwortete ihnen: Mein Leben lang bin ich in Sorge gewesen um diesen Vers: »mit deiner ganzen Seele«, auch wenn er die Seele [nämlich das Leben] nimmt. Und ich sprach: Wann wird es mir möglich sein, es zu erfüllen? Und jetzt, da es mir möglich ist, sollte ich es nicht erfüllen?[30]

Noch durch viele weitere Gebete teilt Gott mit seinem Volk dessen Tag. Bei Aufgang der Sonne verbindet der gläubige Jude sein Lob mit der Bitte, Gott möge ihm ihre Strahlen schenken. Wenn der Regen fällt, ehrt man Gott und betet, er möge doch die Erde fruchtbar machen. Beim Waschen der Hände spricht man ein Segensgebet. Beim Grollen des Donners erflehen die Gläubigen preisend den Schutz vor Schaden und Unheil. Das tägliche Erwachen motiviert zum Lob dessen, »der die Erde über den Wassern ausbreitet«; beim Ankleiden wendet man sich dankend an den, »der für all deine

---

[30] Zitiert in: R. Schnackenburg, Die sittliche Botschaft des Neuen Testaments, München 1954, S. 58 f.

Nöte sorgt«; das Anschnallen des Gürtels um die Hüften ist begleitet von der Bitte um Schutz vor unreinen Gedanken. Nichts bleibt der Hinwendung zu Jahwe vorenthalten – das Intimste genauso wie die Großtaten an seinem Volk, der Bund und das Gesetz. »Sei gepriesen Ewiger, du König des Alls. Du hast uns nicht als Götzendiener auf die Welt kommen lassen; – Du ließest uns nicht als Sklaven geboren werden; – Du hast der Welt eine Ordnung geben; – Du lehrtest den Hahn, den Tag von der Nacht zu scheiden.«

• Zu den genannten Gedächtnisstützen für Jahwes Heilswillen und Heilstun kommt für das Kind Jesus die rituelle Kleidervorschrift: Vom dritten Lebensjahr an trägt er an seinem Mantel vier Quasten aus Wollfäden, die *Zizijot*, wie sie das 5. Buch Mose vorschreibt: »Du sollst an den vier Zipfeln des Überwurfs, den du trägst, Quasten anbringen« (Dtn 22,12).

• Anders als bei den Heiden lassen sich all die Anrufungen und Deutungen der geschaffenen Dinge nie als Zauberei verstehen; denn sie sind nie sachfixiert, sondern erheben immer neu den menschlichen Geist zu Jahwe. Beispielhaft ist etwa das jüdische Tischgebet, die *Birkat Hamason*. Von ihr heißt es: »Vor dem Gebet gehört alles Gott, durch das Gebet bekommen wir das Recht, die Güter dieser Welt zu gebrauchen.« So stellt das Segensgebet, das immer den Namen Gottes enthält, fortwährend die Verbindung mit Jahwe her.

• Prägend und motivierend ist schließlich das regelmäßige Lesen und Hören von Gesetz und Propheten bei dem Synagogengottesdienst, der seinen festen Ort im Leben jedes Hebräers hatte.

Der Grundtenor von Israels Hinwendung zu Gott war also ursprünglich frei von allen privat-persönlichen Interessen. Erst durch den Einfluss fremder Völker und Religionen wurden später selbstbezogene Bitten in ihn eingefügt. Nach Kennern sollen jedoch solche Verbindungen für das Nazareth zur Zeitenwende kaum bestanden haben. Darum kann man schlussfolgern, dass gerade der Gottesdienst, den Jesus erlebte und leitete, Gott selbst suchte und Gott um seiner selbst willen feierte. Sogenannte »Motivationsgottesdienste«, wie sie in unseren Tagen zur Bewusstseinsveränderung von Christen erfunden wurden, oder »Politische Andachten« zur Propagierung gesellschaftlicher Forderungen wären für Jesus ein Aberwitz.

3.3.3 Jesus, der Weg

Es ist Jesus von Nazareth, der uns nun auf die »Zeitenwende« verweist. Sie interessiert seinetwegen. Kontinuität und Wandel vom Alten zum Neuen Bund zu ergründen, soll dazu beitragen, dass wir uns seiner Botschaft besser öffnen. Unser Suchen musste sich dabei bislang mit sekundären Quellen zufriedengeben. Doch es gibt für seine religiöse Sozialisierung auch authentische Nachweise von noch größerer Zuverlässigkeit. Das Evangelium selbst gibt uns einige Hinweise auf den Glaubens- und Frömmigkeitsrahmen, in dem Jesus von Nazareth aufwuchs. Es liegt auf der Hand, dass er einen Großteil seines Gottesverhältnisses stark beeinflusste. Und uns gemahnt er an das, was wir beim Lesen seines Wirkens und beim Hören seiner Worte mitzudenken haben. Was ihm und seinen Zeitgenossen als Allgemeinwissen vor Augen stand, brauchte er in seiner Predigt ja nicht nochmals an- und auszusprechen.

Dreißig Jahre hindurch nahm Jesus vor seiner öffentlichen Tätigkeit durch Leben und Lernen seine Glaubenswelt auf. Sie wurde ihm zu eigen und war zur Hand, wie uns heute die gängigen Daten von Geschichte, Kultur, Wirtschaft und Politik begleiten. Religiöse Kenntnis und sohnhafte Zuwendung zu den Seinen ordneten ihn darum fest in Israels Überlieferung ein. Emotion und Intuition banden ihn an die den Vätern geschenkte Offenbarung. Trotz seiner fundamentalen Einzigartigkeit – er ist »der Sohn« – ist seinem Selbstverständnis besser nahezukommen, wenn das Gottesbild des Alten Bundes und dessen Relevanz für Jesu Beziehung zum Vater mitbedacht werden.

Frühe Kindheit

Hineingeboren wurde Jesus von Nazareth in eine Welt tiefen Glaubens, die von der Hingabe an den Willen Jahwes bestimmt ist. Ihre Dichte zeigt sich etwa an der Haltung des Nährvaters Josef. Es wurde ihm zugemutet, dass seine Verlobte ein Kind trug, dessen Vater nicht er war (Mt 1,18 f.). Dennoch wollte er sie nicht bloßstellen; er gedachte, allen Skandal zu vermeiden und sie heimlich zu entlassen. Der Evangelist begründet diese Feinfühligkeit mit dem Verweis auf sein Gottesverhältnis: Er war »ein Gerechter«. Dies Wort ist nicht umgangssprachlich zu verstehen. Es hat hohe religiöse Dichte. »Gerechtsein« reiht Josef ein in die großen Gestalten des Alten Bundes – angefangen bei Abraham, dem »Gerechten«. Der erste Psalm beschreibt seine Wesensart. Er hat »Freude an der Weisung des Herrn«, denkt über sie nach »bei Tag und bei Nacht«; er »trägt seine Frucht zur rechten Zeit« und ihm »wird alles gut gelingen«. Diese Haltung kennzeichnet den Mann, den Gott sich für seinen Mensch gewordenen Sohn als Nährvater auserwählt hat. Man kann nicht umhin zu denken, dass bei ihm Jesu »verborgene dreißig Jahre« zu einer spezifischen Glaubensschule wurden.

Fraglos sind die Verse der Evangelien über diesen Zeitabschnitt Jesu von Nazareth sehr spärlich und sie geben nur dürftige Schlaglichter. Doch schon die geschilderten Fakten und die Absicht der Autoren belegen erneut die enge Verschränkung des Alten mit dem Neuen Bund. Darüber hinaus heben sie hervor, dass die Akteure ganz und gar auf Gott verwiesen lebten.

Etwa Simeon und Anna im zweiten Kapitel des Lukasevangeliums. Die Eltern Jesu treffen auf diese beiden, als sie den Neugeborenen im Tempel zu Jerusalem dem Herrn weihen (Lk 2,22 ff.). Simeon »wartet auf den Trost Israels«, ersehnt die Erfüllung der messianischen Hoffnung und verkündet das universale Heil, das von Gott kommt. Zu Simeon tritt Anna, die als Vertreterin der weiblichen Prophetie des Alten Testaments eingeführt wird. Ihre lange Witwenschaft und ihr ständiges Verweilen im Tempel heben hervor, dass sie ganz und gar Gott gehört.

Ein letzter Hinweis des Lukasevangeliums artikuliert dann unüberhörbar Gott als die Quelle aller Heilshoffnung (Lk 2,41 ff.). In der Hinführung auf die Beachtung des mosaischen Gesetzes, die erst mit dem 13. Lebensjahr gefordert wurde, nehmen die Eltern den Zwölfjährigen mit zur traditionellen Wallfahrt nach Jerusalem. Auf dem Heimweg ist er in der Reisegesellschaft nicht zu finden. Nach drei Tagen entdecken sie ihn im Tempel. Seine Antwort auf die vorwurfsvolle Frage der Mutter ist das erste Wort aus dem Mund Jesu, das die Evangelien berichten. Und es enthüllt die Mitte seiner Persönlichkeit: »Warum habt ihr mich gesucht? Wusstet ihr nicht, dass ich in dem sein muss, was meinem Vater gehört?« Sohnesgehorsam gegenüber dem himmlischen Vater macht sein Wesen aus. Der Name, den der Engel verkündet und den ihm die Eltern gegeben haben, bedeutet ja: Es ist Gott, der erlöst.

Gotthörigkeit kann dem elterlichen Recht widerstreiten und es brechen. Jesus hat für sich selbst keinen Zweifel über Gottes Vorrang. Der Evangelist legt ihm das griechische δεῖ, das »Muss« in den Mund: Weil alles Heil vom Vater kommt, ist die totale Verfügbarkeit für ihn eine unausweichliche Verpflichtung.

Rings um den heranwachsenden Jesus tut sich in der Geborgenheit des Elternhauses und der Verkündigung der Synagoge eine ganze Welt auf, die auf Jahwe hin öffnet. Die Präsenz Jahwes wird dem »Eingeborenen« zur zweiten Natur. Sie wird ihn nicht mehr verlassen.

Gebetslehrer für seine Jünger

Die Frömmigkeit des Meisters Jesus weckte offenbar schon bald Interesse unter denen, die ihm folgen, und beeindruckte sie. Jedenfalls halten die Synoptiker fest, dass Jesu Jünger ihn nach dessen eigenem Gebet einmal ersuchten, sie zu lehren, wie man betet. Der Text verzeichnet ausdrücklich, dass sie es waren, die darum baten: »Herr, lehre uns beten!« (etwa Lk 11,1). In dem dann von Jesus mitgeteilten Gebetsmodell sind die bereits erwähnten alttestamentlichen Wurzeln klar auszumachen.[31]

Der erste Satz des Gebetes ist schlicht und schnörkellos: »Geheiligt werde dein Name!« Das ist mehr als ein übliches Lobesritual, und darum darf diese Bitte auch nicht als eine Formalität abgetan werden. Sie entspricht einmal dem jüdischen Gebetserbe des Herrn, und sie verwirklicht sich außerdem umfassend in seiner Person. Auch nach Jesu Lehre sollen sich die Betenden nicht zuerst um die eigenen Nöte kümmern, das Elend der Welt, Krankheit und Verfolgung; all das blieb ja den Anhängern Jesu fraglos nicht erspart und lag ihnen gewiss am Herzen. Nach Jesu Maßgabe steht hingegen die Verherrlichung des Vaters über allem. Der Eröffnungswunsch des Herrengebetes formuliert für die Seinen demnach das eigentliche Verlangen Jesu, gewährt gleichsam einen Blick in seine tiefste Sehnsucht. Dabei überlässt er es Gott selbst, dass dieser seine Herrlichkeit sichtbar macht – zumal Gottes Heilswille ohnehin auf nichts anderes zielt. Jesu Bitte ist demnach keine versteckte Katechese für die Glaubenden. Sie hat ihren Sinn in sich: ein an Gott gerichteter Gebetswunsch, der es Gott anheimstellt, dass seine Herrlichkeit zur Geltung kommt. »Es geht hier in großer Ausschließlichkeit und letzter Wahrhaftigkeit nur um Gott.«

---

[31] Der Exeget H. Schürmann hat 1958 (Freiburg) die Studie »Das Gebet des Herrn« publiziert, die mir für das Folgende als Quelle diente, bes. S. 27 ff.; dort auch das spätere Zitat.

Wortreichtum und dekorative Ausmalung, wie sie die Synagoge gelegentlich praktizierte, sind in Jesu Gebetsmodell gemieden. Sie würden dem kindlichen Stehen vor dem Vater nicht entsprechen. »Wenn ihr betet, sollt ihr nicht plappern wie die Heiden, die meinen, sie werden nur erhört, wenn sie viele Worte machen« (Mt 6,7). Vielmehr ist das vertrauensvolle Bitten, das dem Vater schlechthin alles zutraut, Jesu eigene Glaubenshaltung genauso wie seine Gebetsunterweisung an die Jünger.

Fraglos weiß der Realismus Jesu um die Bosheit und Sünde des Menschen, den zu erlösen er vom Vater gesandt ist. So trägt er denn auch schwer an allem, was der Heiligung des Namens Gottes Abbruch tut. Ebenso wie in der Missachtung von Gottes Willen und im Widerstand gegen das Kommen des Gottesreiches, die sich seinem Heilswerk entgegenstellen, begegnet er ja fortwährend der menschlichen Verkehrtheit. Seine Worte und Taten richten sich immer neu gegen alle Schlechtigkeit und alle Macht des Bösen. Dennoch können die ersten drei Gebetsbitten Jesu nicht als Verhaltensappelle für die Jünger und die junge Gemeinde gelten, als moralische Anweisung. Sonst würde man den klassischen Geist der Synagogengebete, der ständig um Gott kreist, verkennen. Israel erwartete den Hauptanteil beim Erreichen der erbetenen Ziele nicht vom Menschen – wie es typisch neuzeitlich ist. So gilt, dass die dreifach gleichgerichtete Anfangsaussage in ihrer Schlichtheit schon formal nur eine Absicht kennt: die Heiligung des Vaters. Die aber kann letztlich nur als Tat Gottes verwirklicht werden. »Dein Reich komme! Dein Wille geschehe!« Solche Gottesnähe bewirkt dann beim Betenden, dass irdische Last sich relativiert.

Der Sohn

Diese knappen Hinweise zeigen, dass Jesus einschränkungslos vom Vater her lebte und handelte. Sie ließen sich leicht vermehren. Das erste, uns überlieferte Wort des Jesus von Nazareth befasst sich – wie wir schon bedacht haben – mit dem Vater: »Wusstet ihr nicht, dass ich in dem sein muss, was meines Vaters ist?«, fragt er, als seine Eltern ihn im Tempel finden (Lk 2,49). Und das letzte Wort des Sterbenden betrifft wieder den Vater, in dessen Hände er seinen Geist befiehlt (Lk 23,46). Nur ganz wenige Worte dieses Vaters selbst sind im Neuen Testament aufgezeichnet. Und sie sprechen ausschließlich von dem geliebten Sohn – etwa bei der Taufe Jesu (Mk 1,11). Bei seiner Verklärung auf dem Berg weist die Stimme des Vaters auf ihn hin: »Das ist mein geliebter Sohn; auf ihn sollt ihr hören« (Mk 9,7). Wortstatistiker haben gezählt, dass der Sohn in den Evangelien Gott 170 Mal »Vater« nennt. Bei solchen Daten kann schon ein Profanhistoriker erkennen, dass sich dieser Jesus von Nazareth die Gottverwiesenheit des Frühjudentums ohne Abstriche zu eigen gemacht hatte. Und der Glaubende kann im Juden Jesus die einzigartigen Früchte ausmachen, zu denen bei ihm die alttestamentlichen Keime gereift sind: die treue Verknüpfung der entscheidenden und alltäglichen Lebensdaten mit dem Allmächtigen und eine zärtliche sohnhafte Bindung an ihn.

Gott, den der Eingeborene »Vater« nennt, ist jedoch für Jesus nicht wie für alle anderen einfachhin der »Vater«. Jesu Sohn-Verhältnis ist beispiellos. Es gehört zu seiner Einzigartigkeit: Jesus ist vom Vater »gesandt«, der hat ihm den Namen gegeben, die Ehre, hat alles in seine Hände gelegt; der Sohn ist der Bote Gottes im eigentlichen Sinn. Der Vater unterstützt seinen Weg durch die »Worte und Werke«, die der Sohn tut. Immer wieder wird das Miteinander beider durch hör- und sichtbare Zeugnisse bestätigt. Auch in der Auseinandersetzung des Sohnes mit den ungläubigen Juden ist der Vater der Garant Jesu. So tritt besonders im Johannesevangelium die liebende Verbundenheit des Vaters mit dem Sohn zutage, ihr Zusammenwirken, ihre Gemeinschaft in allen, ihr völliges Einssein; bei diesem Evangelisten finden wir sogar einen spezifischen Begriff, der deutlich macht, dass das Tun des Sohnes mit dem Willen des Vaters absolut synchron ist: ὥρα, die »Stunde« (vgl. Joh 5,17.19.30; 10,18; 14,31). So wird verkündet, dass die Sendung des Sohnes ihren Ausgangsort und ihren Zielpunkt im Vater hat.

Der Aussagekreis um die Selbstbezeichnung Jesu als »der Sohn« verbindet miteinander, was wir aus den Evangelien über den irdischen Jesus von Nazareth wissen, was sich im Glauben der Urkirche durch seine Auferstehung und die Kraft des Geistes vertiefte und was dann in unseren Glauben an seine universale Mächtigkeit mündete. Dieser Titel »Sohn« beinhaltet: Jesus ist die Offenbarung, das Bild, das Wort des unsichtbaren und den Menschen unerreichbaren Gottes in der Welt.

»Er hat Kunde gebracht«

Dank sei Gott, dass der Sohn des Vaters selbst uns ein festes Fundament hinterlassen hat, damit wir Gottes Namen »vom Boden erheben« können! Er wurde zu uns gesandt. Das Evangelium des Johannes behauptet, er allein könne die wirklich unumstößliche Antwort auf die Frage aller Fragen geben, und er habe sie gegeben: »Niemand hat Gott je gesehen. Der, der Gott ist und am Herzen des Vaters ruht, er hat Kunde gebracht« (Joh 1,18). Zunächst bestreitet diese Behauptung, dass unsere menschliche Fähigkeit die Wahrheit über Gott auch nur annähernd aufdecken kann. Damit sollen nicht all unsere Suche nach Gott und alle philosophische Antwort abgetan sein. Nicht den Suchenden, die um ihre Blindheit wissen, verweigert der Herr die Antwort. Nur wenn einer meint, ihm genüge die eigene Sehfähigkeit, wenn einer ohne sein Wort volle Kenntnis beansprucht oder gar über Gott verfügen will, dann trifft ihn Jesu Wort nach der Heilung des Blindgeborenen: Er sei gekommen, damit »die Sehenden blind« würden (Joh 9,39). Wer sich jedoch angesichts der eigenen Armut nach Gott sehnt, der findet in Jesus dann den verlässlichen Gewährsmann. Denn sein Ort und die Titel seiner Identität weisen ihn unbezweifelbar aus: Er ist der »einziggezeugte Sohn«, er »ruht am Herzen des Vaters«, er »ist Gott«.

Einmal unter den Menschen angekommen, will Christi Zeugnis nun die Welt ergreifen. Der Same seines Wortes und seiner Taten durchdringt das Erdreich und bringt neue Keimlinge hervor. Die Offenbarung lässt keinen Zweifel, dass Jesus Christus aus seinem In-Gott-Sein wie auch aus seinem Wissen um Gott kein Reservat für sich selbst machen wollte (vgl. Phil 2,6). Er suchte die Gemeinschaft mit uns Menschen. Mehr noch: Er teilte sein Wissen um Gott mit den Seinen und machte sie zu Boten Gottes und seiner selbst. Der Kernauftrag seiner Jünger ist darum das Zeugnis von Gott und das Zeugnis für ihn. Das Johannesevangelium ist durchzogen von diesem Dienst. Es benennt als Zeugen den Täufer (Joh 1,7.19 u. ö.), den Evangelisten (Joh 19,35), die Jünger (Joh 15,27), das Volk (Joh 12,17), die Samariterin (Joh 4,29).

Darum liegt es im Wesen der göttlichen Offenbarung, andere anstecken zu wollen. Wer von ihrem Wort erfasst wurde, begnügt sich nicht damit, eine Ahnung der innergöttlichen Liebe nur selbst zu verkosten – und dabei eigennützig seine bedürftigen Mitmenschen vergessend. So würde er Jesu Absicht und Tun auf den Kopf stellen. Als dieser den liebenden Gott enthüllte, wollte er ja anstecken. Er kam, um uns für sein Bild von Gott zu gewinnen; um uns einzubeziehen in sein eigenes, tiefstes Glück: seine Geborgenheit beim himmlischen Vater. Das ist die Wahrheit, die ihn geprägt hat und antreibt.

4. Dringliche Lesehilfe: Das Neue nicht ohne das Alte Testament

Ein pathetischer Seufzer ist nicht zu unterdrücken: Welch kärgliche Verkündigung, wenn die Kirche Gottes Selbstbekundung im Alten Bund und im Frühjudentum überginge! Welche Glaubensamputation, als der »Kulturprotestantismus« die alttestamentliche Offenbarung entsorgen wollte! Welch prometheischer Hochmut, bei der Ausschau nach Gott die Spekulationen menschlichen Nachdenkens seiner Selbstoffenbarung vorzuziehen! Nicht ohne Grund wurde inzwischen vorgeschlagen, für den verkannten Teil der Bibel das Adjektiv »Alt« auszutauschen. Man solle besser vom »Ersten Testament« (Erich Zenger) sprechen, um den Eindruck zu vermeiden, die Überlieferung vor der Zeitenwende sei inzwischen überholt und verzichtbar.

Wer den ersten Teil der Bibel streicht, der verwässert sogar Jesu Sendungsauftrag als solchen. Der Herr will ja Gottes Geschichte mit den Menschen, die lange vor seiner Menschwerdung begonnen hatte, erfüllen. Zur Selbstbestätigung brauchte er »Gesetz und Propheten«, die »über mich Zeugnis ablegen« (Joh 5,39), gewiss nicht; Gott offenbarte sie um unseretwillen: »Ihr habt zu Johannes geschickt, und er hat für die Wahrheit Zeugnis abgelegt. Nicht als ob ich von einem Menschen Zeugnis annähme; ich sage dies nur, damit ihr gerettet werdet« (Joh 5,31 f.). Und dennoch: Gerade weil er dieser uralten Geschichte innerlich zugehört, wird sie erst durch ihn in vollumfänglicher Weise verständlich. Er muss in dem gleichen Gehorsam, in dem er an den

Vater gebunden ist, auch die Botschaft des Alten Bundes erfüllen. Indem er die Heilsgeschichte zu Ende führt, steht er mit dem Alten Bund in vollkommener Einheit. Gottes Heilswerk wird erst in ihm ganz aufgedeckt und erst in seiner Person enthüllt es sich ganz.

Ein zweiter Grund verpflichtet uns, für das rechte Verstehen von Lehre und Sendung Jesu Christi beim Hören des Evangeliums die alttestamentliche Botschaft im Ohr zu haben. Jedem, der sich mit dem Prozess rechten Verstehens von Dokumenten und Nachrichten befasst hat, leuchtet er ein. Die Wissenschaft, die als Hermeneutik bezeichnet wird, ist solchem Denkvollzug nachgegangen. Ihr wohl verlässlichster Kenner war Hans-Georg Gadamer. Auch wenn er in seiner profunden Studie eine zutreffende Interpretation unserer christlichen Offenbarungsquellen nur streift, sind seine Erkenntnisse für das korrekte Verständnis der neutestamentlichen Autoren unverzichtbar.

Hans-Georg Gadamer schließt aus der Tatsache, dass jede Mitteilung auf eine schon bestehende Auffassung trifft, auf einen immer möglichen Grund für Missverständnisse. »Wer zu verstehen sucht, ist der Beirrung durch Vormeinungen ausgesetzt.« Hermeneutiker nennen diese Vormeinung auch »Vorverständnis«. Sie fordern darum, wer recht verstehen wolle, müsse zunächst »aus dem Bannkreis seiner eigenen Vormeinungen herausfinden«[32]. Gadamer behandelt des Näheren also das Vorverständnis als mögliche Sinnbeeinträchtigung von Botschaften. Dies darf für die Einordnung einer Nachricht keinesfalls unbeachtet bleiben. Im Verlauf seiner Untersuchung stellt er dann das »Vorverständnis« als die einer neuen Botschaft vorgängigen Inhalte heraus. Wer verstehen wolle, sei fraglos mit der vermittelten Sache schon verbunden; Überlieferung lasse sie ihn wissen. Wenn er aber des Neuen wirklich präzise gewärtig werden wolle, müsse er zunächst solche schon erkannte Inhalte

---

[32] H.-G. Gadamer, Wahrheit und Methode, 2. Auflage, Tübingen 1965, S. 252.

identifizieren. Er müsse sein eigenes Vorverständnis ausmachen und umgreifen. Er habe es »vor sich zu bringen«. Rechtes Verständnis könne nicht gelingen, »solange dieses Vorurteil beständig und unbemerkt im Spiele ist, sondern nur dann, wenn es sozusagen gereizt wird«[33].

Diese genaue Analyse des Verstehensvorgangs hat ihre Relevanz für unsere Frage. Die Offenbarung des Alten Bundes ist nicht allein zu beachten, weil sie Gottes Wort ist. Sie ist außerdem maßgeblich für das rechte Verstehen des Neuen Testaments. Gadamers Überlegungen zeigen an, dass die Botschaft Jesu sich keineswegs auf einer unbeschriebenen Tafel *(tabula rasa)* niederschlagen kann; der Same fällt auf einen bereits bestellten Acker. Die Prüfung des Hermeneutikers stellt uns verschiedene Fragen: Welches Vorverständnis fand Jesu Ankündigung des Reiches Gottes bei seinen Hörern vor? Welche Glaubenselemente brachten die berufenen Jünger, die Evangelisten und der Völkerapostel Paulus mit, als sie Jesu Wort und Tat begegneten, sie sich einprägten und sie weitererzählten, bevor sie dann aufgeschrieben wurden? Was war für ihre jüdischen Zeitgenossen das religiöse Vorurteil, welche religiösen Binsenwahrheiten trugen sie in sich – und zwar ebenso selbstverständlich wie Erziehungsmethoden oder Weisheiten der Volkskultur?

Dass solches Vorverständnis für Jesus und die Seinen um die Inhalte des Alten Testament kreiste und dass sie alle somit gleichsam imprägniert waren von Gottes Wort des Alten Bundes, ist unbestreitbar. Wer zweifelt, denke an die zahlreichen Belege im Munde des Herrn selbst. Da ist in Jesu Bergpredigt die Versicherung, er sei nicht gekommen, »um das Gesetz und die Propheten aufzuheben« – nicht »um aufzuheben, sondern um zu erfüllen« (Mt 5,17). Gleichzeitig lässt er gewiss in den »Antithesen« (Mt 5,21 ff.) erkennen, dass er nicht einfach alles

---

[33] Ebd., S. 283.

beim Alten lassen will. Nathanael, vom Herrn in die Nachfolge berufen, erhält von ihm selbst das Kompliment, »ein echter Israelit« zu sein (Joh 1,47). Und der Apostel Paulus zeigt sich zu Recht stolz auf seine außergewöhnliche alttestamentliche Formung (Apg 22,3), auch wenn er mit Macht die Neuheit des Evangeliums vertritt, indem er den »Säulen« von Jerusalem »ins Angesicht« widersteht (Gal 2,11). Obschon Apostel für die Heiden, unterlässt er es nicht, auf die Kontinuität mit der alttestamentlichen Heilsgeschichte zu verweisen: Er bezieht sich auf Abraham, um die junge Kirche in Jahwes Verheißung an ihn einzubeziehen; selbst ihre Zugehörigkeit zu Christus bezeichnet er als Erbe Abrahams: »Wenn ihr zu Christus gehört, dann seid ihr Abrahams Nachkommen« (Gal 3,29). Das Neue Testament ist durchsetzt von alttestamentlichen Zitaten; der Hebräerbrief atmet voll und ganz die Welt des Alten Bundes und macht sie dennoch auf den Neuen Bund hin durchsichtig. Obschon somit durch Jesu Ankündigung des Gottesreiches unerhört Neues in die Welt des auserwählten Volkes eingebrochen ist, blieben Worte und Ereignisse des Alten Bundes für die Hebräer der »gesellschaftliche Wissensvorrat«, aus dem das auserwählte Volk lebte. Für diesen brauchte es weder Erinnerung noch Bestätigung; alle trugen ihn wie eine Selbstverständlichkeit im Gedächtnis. Diese Beobachtung muss noch gelesen werden im Kontext heutiger Pastoral.

Mit Blick auf »Gottes geoffenbartes Wort« sind wir einem Grundzug der alttestamentlichen Orientierung nachgegangen, der die Religiosität der Juden vor 2000 Jahren dominierte: die vorrangige und umfassende Prägung ihres Bewusstseins und Lebens durch die Taten und Worte von Jahwe/Elohim. Dieses Bewusstsein wurde von der jüdischen Frömmigkeitspraxis immer wieder geweckt. Wer die Lebensweise der gläubigen Juden zur Zeit Jesu zur Kenntnis nimmt, sieht sofort, dass sie durchsättigt ist von Anrufungen ihres Gottes, von Erwähnungen und Verweisen auf ihn. Die Wahrheit über Elohim/Jahwe macht für den Hebräer eine Art von Leitmotiv aus: Der Alltag hatte in religiösen Übungen fortwährend seine Mitte. Alle Dinge und Auffassungen, die dem gläubigen Juden in Familie, Religion, Beruf und Freizeit begegnen, sind auf Gott bezogen. Und was jedermanns Leben durchdringt, kann bei allen Botschaften vorausgesetzt werden; es bedarf keiner zusätzlicher Hinweise oder Appelle.

Sobald sich nun jemand auf den Horizont jüdischen Glaubens und Fühlens zur Zeitenwende einlässt, kann er den Unterschied zum heutigen Lebensgefühl nicht länger übersehen. Ein alttestamentliches, von Gottes Gegenwart gesättigtes Selbstverständnis geht uns völlig ab. Heute nimmt die Glaubenden wie alle Zeitgenossen das säkulare Denken und Tun in Beschlag. Für die pfarrliche Alltagspastoral hat die Botschaft der Offenbarung oft ihren unbefragten Leitwert eingebüßt; sie widmet sich durchgängig Innerweltlichem und Innerkirchlichem. Wohl hat der »barmherzige Samariter« oder Jesu Gerichtsrede vom »Geringsten der Brüder« noch einen Ort im christlichen Bewusstsein. Aber nicht einmal Luthers Gottesbild, geschweige denn die Wucht von Gottes alttestamentlicher Größe sind für heutiges Christsein ein Thema.

Es liegt auf der Hand: Der heutige Christ, der auf die neutestamentlichen Botschaft trifft, leidet den Juden gegenüber unter einer großen Einbuße: Seine geistliche Sensibilität ist bedauerlich viel ärmer und eventuell auch Missverständnissen ausgesetzt, denn das Wort des Evangeliums wird sogar manipulierbar. Die »Deutschen Christen« haben solchen Mangel mit der Einordnung Jesu unter die Arier eklatant demonstriert. Subtilere Entstellungen treten nicht sofort und auch nicht so plakativ hervor. Doch selbst dort, wo aus der alttestamentlichen Entkernung der Offenbarung kein erkennbarer unmittelbarer Glaubensschaden folgt, verblasst Gottes Größe, und sie tritt in den Schatten. So musste in dieser Studie schon um Gottes willen die Wahrheit von Jahwe/Elohim, so gut es ging, ins Licht gerückt werden. Sein Glanz, seine Macht und seine eifersüchtige Liebe sind neu zu entdecken. Die alttestamentliche Offenbarung, für die Gott selbst der Garant ist, verkündet sie.

5. Gottbereites Leben: Garanten und Antipoden

> *»Deus testes habere voluit homines, ut et homines habeant testem Deum – Gott hat Menschen als Zeugen haben wollen, damit auch die Menschen Gott als Zeugen haben.«*

> Augustinus,
> In epistulam Ioannis ad Parthos, tractatus I,2

Glücklicherweise braucht eine Proklamation des Wortes und der Wirklichkeit »Gott« nicht als fromme Utopie vorgetragen zu werden – ohne Lebensbezug und ohne gewinnende Bodenhaftung. Biografien erleichtern es, sich dem Appell zu öffnen und ihm zu glauben: »*Exempla trahunt* – Beispiele motivieren«, wussten schon die Römer. In den Jahrhunderten der Glaubensgeschichte stoßen wir auf Männer und Frauen, die Gottes Existenz und Macht bezeugen. Sie können uns faszinieren, denn in ihrem Leben wird sichtbar, dass das Wort »Gott« keineswegs nur im Jargon der Apologeten zu finden ist. Der so Genannte ist Realität; er wirkt erkennbar in der Geschichte von Menschen; er mischt sich ein.

5.1 »... ich bedürfe eines geistlichen Führers, der mich verstehe« – Heilige Teresa von Ávila (1515–1582)

Gewiss hatte die Iberische Halbinsel schon im 16. Jahrhundert durch kluge Herrscher und den Reichtum aus den Kolonien ein hohes zivilisatorisches Niveau. Dennoch war das Reisen damals keineswegs ein Vergnügen. Man war Straßenräubern ausgesetzt und hatte in zweifelhaften Gasthöfen zu übernachten, suchte seinen Weg in kleinen Gruppen, nutzte Kutschen und Eselskarren. Trotz all dieses Ungemachs fasste eine Frau den Plan, ihre Gemeinschaft durch ein Netz aus Neugründungen von Frauen- und Männerklöstern zu vitalisieren: Teresa von Ávila, die den Orden der Karmeliter tief greifend erneuerte und die Kirche bewundernswert animierte. Bis zu ihrem Tode 1582 brachte sie es auf die stattliche Anzahl von 16 Stiftungen, allein nur für den weiblichen Zweig.[34]

Wenn wir uns mit Teresa befassen wollen, müssen wir eine Zeitreise bewältigen, bei der es Jahrhunderte mit ihren Wandlungen von Kultur, Menschenbild und Lebensweise zu durchmessen gilt. Wir stoßen dann auf eine Gesellschaft und auf eine kirchliche Ordnung, in der wir Heutigen uns wohl kaum mehr zurechtfänden. All diese Verständnisbarrieren mögen hinderlich sein, doch brauchen sie uns letztlich nicht den Zugang zu versperren zum eigentlichen Objekt unseres Interesses: der Geschichte Gottes mit einer Seele. Denn Gottes Zuwendung zum Menschen schwindet ebenso wenig wie der Hunger seiner

---

[34] Die hier dargelegten biografischen Angaben sind durch verlässliche Quellen belegt. Sie begnügen sich mit generellen Literaturangaben. Nur bei hervorstechenden Zitaten sind die Fundstellen eigens vermerkt. In allem stützen sich die Darlegungen auf: M. Auclair, Das Leben der heiligen Teresa von Ávila, Zürich 1953; Das große Gespräch. Teresa von Ávila, in: W. Nigg, Große Heilige, Zürich 1958, S. 201–254; G. Papàsogli, Teresa von Ávila, 2. Auflage, München/Paderborn/Wien 1961. S. Teresa di Gesù, Opere, Roma 1985.

Geschöpfe nach ihm; dieser ist vielmehr Teil ihres unwandelbaren Wesens, das sich in den Zeitläufen durchhält.

Kenner der Theologie und Spiritualität stellen fest, dass wir in Teresa dem Gipfel der spanischen Mystik begegnen. Doch nicht nur das: Der protestantische Heiligenbiograf Walter Nigg nennt sie »eine der großen Frauen der Weltgeschichte«. Sie sei ein Phänomen, wie es nicht in jedem Jahrhundert vorkomme, und eine geistliche Gestalt, der man sich nur schwer entziehen könne.

Solches Interesse sucht historische Gründe in den Fakten. Aufmerksame finden sie in vielen Briefen aus ihrer Hand, in einer Autobiografie und in zahlreichen anderen Werken. Sie wurden von der Heiligen selbst in unterschiedlichsten Situationen aus konkretem Anlass verfasst und von Zeitzeugen fraglos aufmerksam gegengelesen; denn der eine oder andere Kirchenmann sah ihren Einsatz mit nicht geringer Skepsis. Ihre Lebensgeschichte, die ihren Glaubensweg festhält, gelang ihr nicht auf Anhieb. Lange rang sie um Klarheit darüber, ob die ungewöhnlichen Eingebungen und Visionen, die sie auszeichneten, von Gott kämen oder Täuschungen des bösen Feindes seien. Sie hielt das Befremdliche in ersten Aufzeichnungen fest, die nicht mehr existieren. Die Unsicherheit quälte sie weiter. Darum bereitete sie auf Anraten ihres Seelsorgers für eine Beichte das Bekenntnis ihrer Sünden schriftlich vor und erforschte noch einmal ihr ganzes Leben. So entstand eine zweite Version der Autobiografie, aus der sich dann eine umfassende Lebensbeschreibung ergab. Als Manuskript verbreitete sie sich rasch unter Priestern, Ordensfrauen und gebildeten Laien. Nach einer langen Periode der Prüfung durch die damaligen Glaubenswächter, die Inquisition, fand es schließlich 1587 seine Drucklegung. Ihr soll zunächst die Skizze ihres Lebens entnommen werden.

Erste Abenteuer

Als Tochter des Adeligen Alonso de Cepeda und seiner Gattin Beatriz de Ahumada wurde Teresa am 28. März 1515 geboren. Sie verbrachte im spanischen Ávila eine beneidenswert glückliche Kindheit. Das Mädchen zeigte lebhafte Intelligenz und einen überraschenden Sinn für Gottes Ehre. Gedanken an Tod und Jenseits beschäftigten sie bereits in einem Alter, da sie Kinderherzen normalerweise noch fernliegen. Von ihren neun Brüdern und drei Schwestern blieb ihr Bruder Rodrigo – zwei Jahre älter als sie – immer an ihrer Seite. Sie selbst schreibt:

Meine Geschwister hinderten mich durchaus nicht, Gott zu dienen. Ich liebte sie alle, und sie erwiderten meine Liebe; einem unter ihnen aber fühlte ich mich durch besondere Zuneigung verbunden.

Mit ihm zusammmen fasst die erst Neunjährige den verwegenen Plan, das Beispiel der Heiligen und Märtyrer ganz konkret nachzuahmen: Sie wollen Heiden bekehren. Die Kinder machen sich unbemerkt zu Fuß nach Süden auf, da sie dort die islamischen Mauren wähnen. Teresa berichtet das nicht selbst, sondern einer ihrer Bekannten, Ribera, hat es festgehalten. Die Mutter, Doña Beatriz, sucht sie derweilen zu Hause verzweifelt und befürchtet schon, sie seien in einen der Brunnen gefallen. Dann findet das Abenteuer ein glückliches Ende: Onkel Francisco Álvarez begegnet den beiden, die schon eine Strecke Weges von der Stadt entfernt sind. »Wohin geht ihr?«, fragt er verwundert. Sie gestehen ihren Plan. Und er spricht ein Machtwort: »Nach Hause, marsch!« So ist ihr Traum vom Missionarsleben und Märtyrertod rasch zerstoben. Später erinnert sie sich: »Ich meine, Gott verlieh unseren jungen Herzen so viel Mut, dass wir, nach Entdeckung des Mittels, ohne Zweifel unsere Absicht ausgeführt hätten.« Selbstkritisch gegenüber ihren Beweggründen fügt sie hinzu:

Mir scheint, dass dies nicht aus Liebe zu Gott geschah, vielmehr aus dem Drang, bald jene unendlichen Freuden zu schmecken, von denen ich gelesen, sie ereigneten sich im Himmel.

Leider ließ sich jedoch die Seligkeit des Himmels so schnell nicht verdienen. Auch minderte der Lauf der Zeit den frommen Eifer. Dem Teenager fallen etwa die im Spanien der Zeit Karls V. sehr beliebten Ritterromane in die Hände. Ihre oft kränkliche Mutter liest diese mit Hingabe. Sie kommen auch Teresas romantischem Naturell entgegen und regen ihre Fantasie so stark an, dass sie sich daranmacht, auch selbst einen Roman zu schreiben. Gleichzeitig beginnt sie, auf ihr Äußeres großen Wert zu legen, pflegt sorgfältig ihr Haar und ihre Hände, bedient sich wohlriechender Parfums, nennt sich selbst in ihrer Biografie »putzsüchtig«. Dann bekennt sie auch das Ziel all dieser Mühe: Sie möchte überall beliebt sein. So genießt sie es, wenn ihr – dem hübschen, groß gewachsenen Mädchen im orangefarbenen Kleid mit gelocktem schwarzem Haar – bei einem Stadtbummel in Ávila viele hinterherschauen. Dass sie eine Schönheit war, versichern manche Quellen. Sie ist umschwärmt und erkennt ihre Gabe, die Menschen anzuziehen. Die meiste freie Zeit verbringt sie im Kreis der zahlreichen jungen Leute ihrer Verwandtschaft. Eine kleine Jugendliebe verband sie wohl mit einem älteren Vetter. Der unbekümmerte Umgang mit den Altersgenossen tat ihr jedoch offenbar nicht gut:

Ich ging auf alles ein, was ihnen Freude machte, und hörte ihnen zu, wenn sie von ihren Liebeleien und Kindereien, die keineswegs zu loben waren, erzählten. Das Schlimmste aber war, dass sich dadurch meine Seele an etwas gewöhnte, was für sie die Ursache allen Unheils wurde.

Bald entdeckt sie, dass die oberflächlichen Nichtigkeiten sie nicht sättigen können. Teresa ist etwa vierzehn oder fünfzehn Jahre alt, als sie der frühe Tod ihrer Mutter schmerzvoll aus aller Tändelei reißt. Vater Alonso muss für seine verwaiste Familie ein neues Heim finden. Die Tochter kommt zunächst im Augustinerkloster unter, wo ihre Ausbildung weitergeführt werden soll. Sie verlässt am 31. Juli 1531 das Vaterhaus. Die Klostermauern umschließen sie. Ihr widerstrebt jedoch die Vorstellung, sich für immer an eine Ordensgemeinschaft zu binden. Wohl betet sie innig um die Erkenntnis von Gottes Willen, schließt aber die Bitte an, er möge ihr das Kloster ersparen. Nur langsam nimmt ihr Widerwille gegen eine solche Zukunft ab.

Eine Krankheit zwingt sie, nach anderthalb Jahren von den Augustinerinnen ins Vaterhaus zurückzukehren. Nach ihrer Gesundung ist sie offenbar in der Lage, in der Familie die Aufgaben der Hausfrau zu übernehmen. Im Alter von zwanzig Jahren melden sich dann bei ihr hartnäckig die Gedanken an einen Klostereintritt zurück. Innere Unsicherheit und ihre häusliche Unersetzlichkeit stehen einem solchen Schritt jedoch entgegen. Dazu kommt, dass der Vater ihren Weggang unter allen Umständen verhindern will. Der innere Ruf jedoch ist nicht mehr zum Schweigen zu bringen. An die Stelle des älteren Bruders Rodrigo, der inzwischen in die Neue Welt ausgewandert war, tritt dieses Mal als heimlicher Mitwisser und Bundesgenosse ihr erst fünfzehnjähriger Bruder Antonio. Eines Morgens verlassen sie in aller Frühe heimlich das Elternhaus – Teresa flieht ins »Kloster der Menschwerdung« und der Bruder versucht es bei den Dominikanern. Die Bestürzung der Großfamilie kann man sich leicht vorstellen. Der Vater, Don Alonso, wird benachrichtigt und ist erzürnt. Dennoch beharrt die Tochter auf ihrer Entscheidung und die Ordensfrauen nehmen sie auf.

Diese abrupte Trennung vom Vater und von der Familie vollzog Teresa keineswegs erhobenen Hauptes und leichten Herzens. Später schreibt sie:

Beim Verlassen meines Vaterhauses war mir so zumute,
dass ich meinte, im Sterben kann es nicht ärger sein. Es
schien mir, alle Knochen wurden ausgerenkt; denn meine
Liebe zu Gott war nicht stark genug, mir die zum Vater
und zu den Verwandten zu nehmen. Ich musste mir sol-
che Gewalt antun, dass meine Überlegungen ohne die Hil-
fe des Herrn nicht genügt hätten, mich voranzubringen.

Ordensfrau

In den bergenden Mauern der großen Gemeinschaft von hun-
dertfünfzig Frauen hellt sich ihre Stimmung allmählich wieder
auf. Sie empfindet die neue innere Erfüllung als Belohnung dafür, sich Gewalt angetan zu haben. Ihre Behausung ist zwar
ärmlich, der Schnee fällt im Winter durch das Dach auf das
»Stundenbuch« mit den Psalmen. Im Sommer bieten die Fens-
terläden keinen Schutz vor der Sonne; man kann selbst dann
noch gut lesen, wenn sie geschlossen sind. Doch für die Novizin beginnt nach der Einkleidung ein Jahr reicher geistlicher
Freude, die getragen ist von der gemeinsamen Liturgie, vom persönlichen Gebet und der Lektüre frommer Bücher. Bei den Un-
terredungen im Sprechzimmer hat man sich kurz zu fassen; den
Novizinnen sind sie – außer bei schwerwiegenden Gründen –
überhaupt untersagt. Für Teresa ist es eine Zeit der Selbster-
kenntnis. Sie durchschaut den Grund, ihr kümmerliches Mit-
tun beim Gottesdienst zu verschleiern. »Andere Novizinnen
hätten mich wohl unterrichten können«, gesteht sie später, »aber
ich wollte sie nicht fragen, damit sie nicht merkten, wie wenig
ich wusste.« Und erst recht beim Gesang, der ihr ohne Übung
nicht gelingt. So schämt sie sich ihres Versagens, aber nicht etwa »vor dem Herrn – dies wäre ja Tugend gewesen –, sondern
weil so viele zuhörten. Aus lauter Ehrsucht war ich so verwirrt,
dass ich noch schlechter sang, als ich es konnte. Da nahm ich
mir vor, es einzugestehen, wenn ich etwas nicht verstand.«

Das geistliche Umfeld des Klosters trägt bald seine Früchte. Teresa versucht immer seltener, der Magnet für das Interesse anderer zu sein. Deren Not freilich berührt sie, und sie lernt Selbstvergessenheit. Sie berichtet aus den Jahren 1536/37:

> *Um jene Zeit lag eine Nonne desselben Klosters an einer sehr schweren und schmerzlichen Krankheit darnieder. Sie hatte offene Wunden im Unterleib, die von Verstopfung herrührten, und durch die alles, was sie genossen, wieder von ihr ging. Sie ist auch bald an dieser Krankheit gestorben. Ich sah alle vor diesem Übel schaudern; ich aber beneidete sie sehr um ihre Geduld. Ich bat Gott um Krankheit nach seinem Belieben, wenn er mir nur auch so viel Geduld verleihen wolle wie ihr. Ich fürchtete mich, wie mir scheint, vor nichts; denn es ging mir so sehr um den Gewinn ewiger Güter, dass ich entschlossen war, sie um jeden Preis zu erringen.*

Solche Worte klingen fast so, als ob unsere Novizin bereits im Zenit geistlicher Vollkommenheit angelangt wäre. In Wirklichkeit aber musste sie dazu noch einen langen Weg zurücklegen. Ihre Selbstvergessenheit hatte sich zu bewähren, und erst in der Bewährung konnte sich die Qualität der Heiligkeit herausbilden. Es stellte sich nämlich heraus, dass ihr anfänglicher Heroismus dem Alltag des Klosterlebens nicht standhielt. Ihr Herz gehörte weiterhin der Welt. Auch wenn die Klosterpforte im damaligen Spanien eng war, so nahmen die Frauen bei ihrer Durchquerung dennoch mühelos den eitlen Ballast irdischen Wesens mit. Teresa schreibt später aus eigener Erfahrung, dass Ordensfrauen zwar die Welt verlassen, um fern von deren Gefahren Gott zu dienen, sich dann aber im Kloster »in zehn Welten auf einmal befinden«. Genau diese Verflachung des Ordenslebens hatte sie selbst durchgemacht.

Klatsch im klösterlichen Sprechzimmer

Im Mai 1538 befällt die junge Ordensfrau erneut eine schwere Krankheit, von der sie sich nach einer verfehlten Kur nur sehr langsam erholt. Sie kommt ins Kloster zurück und erstrahlt wieder wie der aufblühende Frühling. Ihre wiedergewonnenen Kräfte wendet sie herzlich und mitteilsam den Nächsten zu. Doch erneut hat auch die Welt Eingang ins Klosterleben gefunden. Sie erobert es nach dem Modell der Salons der *High Society*, in denen sich im 16. Jahrhundert die feine Gesellschaft Madrids traf. So feiern auch die Ordensfrauen in den Besuchszimmern ihre Eitelkeit. Denn vor dem Konzil von Trient (1545–1563) standen trotz abgeschlossener Klausuren die Klosterpforten der bürgerlichen Gesellschaft weit offen, und alle Arten von Besuchern gingen dort ein und aus. Die außergewöhnliche Nonne Teresa avanciert bald zur begehrten Gesprächspartnerin der Gäste. Manche Zeitgenossen berichten von ihren angenehmen Umgangsformen. Ihr Benehmen ist einfach und zugleich gewinnend; sie berührt durch ihre intelligente Rede und bereichert den Besucher. Ihr Ziel ist es, die anderen zu erheitern, zu trösten und ihnen zu gefallen.

Dieser neue Lebensinhalt nimmt dann ihr Ordensleben über Gebühr in Anspruch. Aus zeitlichen Gründen und ihrer eigenen Interessen wegen verlagert sich die Aufmerksamkeit von Gott auf die Mitmenschen. Auch wenn Teresa für Himmel und Erde da zu sein hat, verdeckt der irdische Nebel zunehmend das göttliche Du. Klatsch, Kritik und Gefallsucht lassen sich eben auch durch das Gitter des Sprechzimmers nicht aufhalten. Und obwohl Teresa ihre Zunge mit einer goldenen Kette gegen üble Nachrede zu fesseln trachtet, kann sie nicht umhin, manch Böses aus Höflichkeit anzuhören. Unversehens gerät sie in eine banale Plauderei, die dem religiösen Ernst zuwider ist. So urteilt sie später selbst: »Ich fing an, mich von einem Zeitvertreib in den anderen, von einer Eitelkeit in die andere, von einer

Gelegenheit in die andere zu werfen.« Der Jahrmarkt des Lebens nimmt sie vollständig gefangen. Sie selbst bezeichnet das Jahr 1553 als den Tiefpunkt solcher Verweltlichung. Und das Schlimmste: Auch Gott entfernte sich:

> *Ich scheute mich, weiter mit Gott so vertraulich zu verkehren und mich ihm zuzuwenden, wie es beim innerlichen Gebet geschieht. Dazu kam, dass mir mit dem Anwachsen meiner Sünden an den Tugendübungen immer mehr Geschmack und Freude schwanden. Ich erkannte ganz klar, mein Herr, dass die Freude von mir wich, weil ich von dir wich. Dies war die furchtbarste Täuschung, die mir der Teufel unter dem Schein der Demut beibringen konnte: dass ich vor der Übung des innerlichen Gebetes zurückscheute, weil ich mich so verworfen sah.*

Dieses unklösterliche Leben einer Klosterfrau konnte nicht folgenlos bleiben: Teresa betet nicht mehr. Sie leidet während der vorgesehenen Gebetszeiten des Tagesablaufs, denn sie kann sich nicht in sich selbst verschließen, ohne zugleich ihren hundert Selbstgefälligkeiten zu begegnen. So vertut eine der größten Heiligen und klügsten Mystikerinnen unserer Kirche fast zwanzig Jahre ihres Lebens mit der Flucht vor Gott. Und das ständige Schaukelspiel des Auf und Nieder macht ihre Seele unendlich müde; die aufgesogene Weltlichkeit hinterlässt nichts als Leere.

Doch Gott gab sie nicht auf. Eines Tages trifft sie der Pfeil seiner Gnade. Darum bezeichnet sie auch ihre Biografie als »Das Buch von Gottes Barmherzigkeit«.

Zugriff von oben

Im »Kloster der Menschwerdung« gab es einen Gebetsraum, in dem eine Statue aufgestellt war, die Jesus Christus an der Geißelsäule darstellte. Sie wurde nur zu bestimmten Festen hervorgeholt: der Herr Jesus als Schmerzensmann in barockem Realismus herausgearbeitet, mit Geißelstriemen und bluttriefenden Wunden. Obschon diese Figur Teresa nicht unbekannt war, wurde sie eines Tages bei ihrem Anblick tief erschüttert:

Ich empfand so sehr, wie übel ich ihm diese Wunden vergolten hatte, dass mir das Herz zu brechen schien. Ich warf mich vor ihm nieder und bat ihn unter reichlich strömenden Tränen, er möge mich doch mit einem Mal stärken, damit ich ihn nicht mehr beleidige.

Dieses Erlebnis in dem abgeschiedenen Zimmer leitete eine neue Phase in Teresas Gottesverhältnis ein. Sie lernte, wie sie gestand, sich selbst zu misstrauen und ihr ganzes Vertrauen nun auf Gott zu setzen. Sie betrat das Sprechzimmer von da an immer seltener. Stattdessen versuchte sie, zurückgezogen, sich Christi Bild in ihrem Inneren vorzustellen und ihm auf diese Weise geistlich nahe zu sein. Auch griff sie zu guten Büchern, die ihre religiöse Vorstellungskraft unterstützen sollten.

So schlug sie auch die damals schon recht verbreiteten »Bekenntnisse« des heiligen Augustinus auf. Irgendwann erreichte sie den Abschnitt, in dem der Bischof von Hippo Gottes Eingreifen in sein eigenes Leben schildert. Die berühmte Gartenszene, in der der philosophische und existenzielle Wanderer mit letzter seelischer Kraft und in großer innerer Bewegung sich unter einem Feigenbaum zu Boden warf und Gott anflehte, wurde oft schon zitiert: »Und du, Herr, wie lange noch? Wie lange noch, Herr? Wirst du zürnen bis zum Ende? Ach, gedenke nicht mehr unserer Missetaten! Wie lange noch dieses ›Morgen, ja morgen!‹ Warum nicht heute? Warum nicht in dieser Stunde das Ende meiner Schmach?« Und dann diese Stimme aus dem Nachbarhaus: »Nimm es, lies es, nimm es, lies es!« Zuerst fragt sich Augustinus, ob es unter Kindern zum Spiel irgendeines Leierliedes üblich wäre, diese Worte zu gebrauchen. Doch dann erkennt er, dass die Heilige Schrift gemeint ist: »Ich ergriff es [das Buch], schlug es auf und las still für mich den Abschnitt, auf den zuerst mein Auge fiel ...«

Teresa las den Bericht des großen Mannes mit wachsender Bewegung, und es gelang ihr kaum, diese Seite zu beenden. Sie gab sich völlig den Tränen hin, in denen – wie sie fühlte – ihr ganzes vergangenes Leben dahinfloss, die Zeit der Selbstverliebtheit, der Schwäche, all der mühseligen Armut ihrer Liebe und der Mittelmäßigkeit ihres Dienens. Sie schreibt:

> *Ich verweilte lange so, in Tränen aufgelöst, inwendig voll Betrübnis und Pein.*

Die Begegnung mit dem Schmerzensmann und mit Augustinus' Lektüre wurden Teresa zur »zweiten Bekehrung«. Sie hat sie selbst als einen fundamental neuen Anfang bezeichnet:

> *Hier beginnt ein neues Buch, ein neues Leben. Bisher war es das meine. Von der Erklärung der Gebetszustände an ist es aber, wie mir scheint, das Leben Gottes in mir ... Gepriesen sei der Herr, der mich von mir selbst erlöst hat.*[35]

Es vollzieht sich in dieser Bekehrung gleichsam eine Übergabe des Ichs an Gott; und er wird für ihre Person die bestimmende Mitte. Sie ist von sich selbst befreit und kann sich vergessen. Mit dieser Erfahrung vermittelt sich der Ordensfrau auch wieder das »innere Gebet«. Unter ihm versteht sie keine geheimnisvolle Ekstase, sondern ihr ehrfürchtiges Bewusstwerden der Gemeinschaft mit Gott. Der Ewige schaut immer auf sie herab. So versucht sie, die Gegenwart Gottes fortwährend bei sich wachzuhalten. Jesus Christus scheint bei ihr nun an die Stelle

---

[35] Vgl. S. Teresa di Gesù, Opere, 8. Auflage, Roma 1985 (Vita 23, Kap 1).

getreten zu sein, an der durch die eigene Selbstvergessenheit Raum geschaffen wurde:

> *Mir erschien es, dass Jesus Christus immer an meiner Seite ging, aber ich sah ihn nicht in irgendeiner Weise, denn er war bildlos. Ich fühlte, dass er an meiner rechten Seite war, als Zeuge all dessen, was ich tat. Wenn ich nicht besonders abgelenkt war, gab es keinen Augenblick, ohne dass ich seine Nähe wahrnahm.*[36]

Die einmalige Begabung dieser Frau ist an ihrem außerordentlichen kirchlichen Werk und an der Kraft ihres geistlichen Unterscheidungsvermögens abzulesen. Wir werden von solchen Titanen der Heiligkeit freilich eher entmutigt. Trotzdem wollen wir auf sie blicken, sie bewundern, ihnen das eine oder andere abschauen und in der »Gemeinschaft der Heiligen« auf ihre Fürsprache setzen. Und was uns in jedem Fall anrühren sollte, ist dasjenige, was an ihnen geschieht; wie der an Teresa handelt, der sie so einmalig macht. Muss uns nicht frappieren, wie Gott ihr nachsetzt – hartnäckig und unablässig? Nach zwanzig Jahren Mittelmaß ist Teresa endlich bereit, ihre Selbstbewahrung ohne Vorbehalt zu opfern. Gott geleitet sie, ohne sie zu zwingen. Er hat sie befreit. Er beginnt nach all den Turbulenzen ihres Lebens mit ihr einen grandiosen Aufbruch der Kirche. Sie macht staunen über Gottes machtvolles Sicheinmischen in das Leben des Menschen und über seine langmütige Liebe.

Gott, der Jäger

Auch andere haben die unnachgiebige Beharrlichkeit Gottes schon vor Teresas Zeit erlebt und ins Wort gebracht. Zweihundert Jahre vor ihr lebte in Straßburg der Mystiker Johannes

---

[36] Ebd., 27,2.

Tauler († 1361). Er gewann seine Hörer in packenden Predigten durch ergreifende Bilder für das Du Gottes. Seine Verkündigung ist durchzogen von der Gewissheit, dass Gott den Menschen ohne Abstriche einfordert. Tauler kennt – ganz im Sinne
von Teresas jahrlangem Kampf – das Gewicht des Irdischen und
weiß, mit welcher Stärke uns Schöpfung und Mitmenschen in
Besitz nehmen können. Auch unterschlägt er nicht die Nächstenliebe als Kriterium der Gottesliebe, wie sie der 1. Johannes-
brief vor Augen hat: »Wer seinen Bruder nicht liebt, den er sieht,
kann Gott nicht lieben, den er nicht sieht« (1 Joh 4,20). Doch
er ersetzt nie die Verpflichtung Gott gegenüber durch die Liebe zum Mitmenschen – auch wenn durch das Schwergewicht
der Erde Gott gleichsam der schwierigere Anteil bei der Durch-
setzung von Gottes Besitzanspruch bleibt. Der Dominikaner
versteht das Ringen Gottes, wie es an der Karmelitin aufscheint,
als einen Grundzug von Gottes Art. Als geistlicher Hirte beschreibt er, dass dieser Gott den Menschen durch unterschiedlichste Rufe zu sich holen will: durch Mahnung und Strafe,
durch innere und äußere Fügung, durch Freude und Leid, durch
süße und harte Herausforderung. Und er hat beobachtet: Der
Mensch tut sich schwer; er sperrt sich gegen den Anruf. Im Inneren des Menschen ringen Auslieferung und Selbstbewahrung
miteinander. Irdisches Widerstreben und gläubige Erkenntnis
stoßen aufeinander, und Gottes Macht muss in das Gefecht eingreifen. Tauler sagt:

> So jagen diese beiden [scil. Glaube und Welt] gegeneinan-
> der, und dazwischen kommt Gott von oben und jagt sie
> beide, und [es kommt] ebenso die Gnade, und wo dies Ja-
> gen in der Wahrheit verstanden wird, da steht es sehr gut,
> denn alle, die vom Geist Gottes gejagt werden, das sind
> die Kinder Gottes.[37]

---

[37] Zitiert in: H. U. von Balthasar, Herrlichkeit. Eine theologische Ästhetik.
Bd. III/1: Im Raum der Metaphysik, Teil 2: Neuzeit, Einsiedeln 1965, S. 414.

Gott ist der Jäger in eigener Sache. Fürwahr, besonders staunenswert in Teresas Schicksal und Wirken ist Gottes unbändige Verfolgungsjagd. Er führt die Frau machtvoll zu dem, was Lehrer der Spiritualität – etwa Louis Lallemant SJ († 1635) – später die »zweite Bekehrung« nennen. So gibt die Kirche Teresa zu Recht den Titel: »die Große«. Ungewöhnliche Geistesgaben und gefälliger Umgang, rege Auffassung und psychologische Intuition, gedankliche Klarheit und sprachliche Kunst, Fantasie und Organisationsgabe machen sie zu einer Ausnahmegestalt. Ihre geistlichen Schriften sind bis heute eine verbindliche Messlatte, um im spirituellen Leben von Menschen und in ihrer Frömmigkeitspraxis wahre Mystik auszumachen und sie von den vielen Formen eingebildeter und vorgespielter Gottesnähe zu unterscheiden.

Bei all dieser erstaunlichen Begabung und umtriebigen Aktivität behielt sie offenbar ihre ruhende Mitte in Gott. Sie lässt solche Geborgenheit in einem Leitwort erkennen, das man nach ihrem Tod in ihrem Gebetbuch fand:

Nichts soll dich ängstigen,
nichts dich erschrecken,
alles geht vorüber,
Gott ändert sich nicht.
Die Geduld erreicht alles.
Wer Gott besitzt, dem mangelt nichts.
Gott allein genügt.

Respektvolle Intimität

Teresas Auslieferung an Gott wuchs zur innigen Vertrautheit mit ihm. Ihr Gottesbild widerspricht mit aller Schärfe dessen Verwässerung in das eines blinden Schicksals oder einer Urkraft über den Wolken. Gott war ihr ein personales Gegenüber, ein Du. Bezeichnend ist die dramatische Episode von einer ihrer vielen neuen Ordensniederlassungen.

Schon gezeichnet von der Schwäche des Alters, führte sie eine Gründerkarawane noch einmal nach Burgos in Altkastilien. Teresa berichtet davon in ihrem Tagebuch über die »Klostergründungen«. Wie immer behinderten alle möglichen Schwierigkeiten das Vorhaben. Die anderen in der Stadt schon ansässigen Ordensgemeinschaften machten wohl Einwände gegen die reformierten Karmeliten geltend und auch hatte sich jüngst bereits ein anderer Orden in Burgos angesiedelt, die »Viktorianer«. Der Stadtrat von Burgos ließ mit seiner Genehmigung auf sich warten, der Erzbischof zog seine Zustimmung zurück – nicht zuletzt weil er befürchtete, dass wegen der zahlreichen schon vorhandenen Klöster die materielle Sicherstellung eines weiteren Bettelordens ungewiss war. Nach zwischenzeitlichem Verzicht auf den Plan setzte sich die Priorin Teresa über alle Hindernisse hinweg und ging die Gründung an. Sie schreibt selbst, wie sie sich fühlte, und – was schlimmer war – dass ihr Gott offenbar keineswegs beistand. Ihre Worte: »Es schneite und war kalt. Aber am meisten Angst hatte ich wegen meiner angeschlagenen Gesundheit.« Unüberwindlich erschienen ihr dann die Erschwernisse in Pontone am Fluss Arlanzón. Am Vorabend hatte sie jemand in der Herberge über den Verlauf des Stromes informiert. Doch jetzt führte er solch beängstigendes Hochwasser, sodass sogar die Schiffsbrücken überflutet waren. Die Karawane musste entlang des Ufers einen langen Umweg machen, um überhaupt eine Stelle zur Überquerung zu finden. In den »Klostergründungen« schreibt sie:

Man konnte gar keinen Weg mehr erkennen; überall Wasser auf der einen und der anderen Seite. Es war eine Verwegenheit, dies Übersetzen: besonders mit den Karren, denn im Moment einer Abweichung von der Furt wären sie mit ihrer Ladung verloren gewesen. Einer von ihren war schon dabei unterzugehen.

Nach einer gut bezeugten Überlieferung erschien der Heiligen die Last nun wirklich unerträglich. Das genannte Buch hält fest, sie habe sich in dieser Situation mit demütiger Vertrautheit an ihren geliebten Gott gewandt und ihm den Gram ihres Herzens geklagt: »Musste, o Gott, nach so viel Schwierigkeiten auch dies noch sein?« Und Gott habe ihr geantwortet: »Teresa, das ist die Art, in der ich mit meinen Freunden umgehe.« Sie darauf: »Oh mein Gott, genau aus diesem Grund hast du so wenige!«[38]

Aus Teresas oft erwähnter frommer Schlagfertigkeit darf nicht auf Keckheit oder Respektlosigkeit Gott gegenüber geschlossen werden. Der Seelenkenner Blaise Pascal (1623–1662) sieht die einzigartige Größe dieser Frau in ihrer Demut.[39] Sie maßte sich keineswegs an, mit Gott »auf Augenhöhe« zu stehen. Ihre Umgangsform mit ihm spiegelt lediglich wider, dass Gott ihr nach jahrelangem Suchen die Auslieferung an seinen Willen geschenkt hat. Sie selbst bezeichnet die Verbindung mit Gott einfach als »Freundschaftsverhältnis« – in einer Gegenseitigkeit von selten erreichter Dichte und Gewissheit. Er selbst gewinnt gleichsam durch einen verfügbaren Menschen aktive Realität.

Lange befasste sich Teresas Frömmigkeit mit der Frage, wie Gott in angemessener Weise anzureden sei. Wohl ist sie durchdrungen von seiner Allgewalt und Größe; wenn sie ihn »Majestät« nennt, ist das Wort geprägt durch den Abstand und die Ehrfurcht, die sie in ihrem Leben schon dem irdischen König Spaniens entgegenbrachte. Aber Gott verschwindet nie in der Wolke eines unpersönlichen Schicksals. Er behält für sie in Christus ein Gesicht. Es widerstrebt ihr, sich in der Zuwendung zu diesem Gott nur gestanzter Formeln zu bedienen; sie will sich nicht an ihn mit den Worten anderer richten. Und auch die Gesprächsthemen kennen keine Schablone. Über alles konnte

---

[38] Vgl. S. Teresa di Gesù, Opere, a. a. O., Kap. 31, Nr. 16 ff., Fußnote 11.
[39] B. Pascal, Pensées. Über die Religion und über einige andere Gegenstände, Heidelberg 1978, Fragment 499.

sie sich mit dem Höchsten unterhalten. Ihre zahlreichen Aufzeichnungen lassen uns an solchem Dialog teilnehmen. Noch heute beziehen uns die Notizen ein in ihr jahrelanges Ringen, öffnen unseren Blick auf ihr Leben und reißen bei der Lektüre mit. Sie lassen ihre geheimnisvolle Berührung mit Gott in Jesus Christus erkennen. In aller Vertrautheit hat sie solche Intimität offenbar als erschütternde Wirklichkeit empfunden.

So wächst sie hinein in einen betenden Umgang mit dem Höchsten Herrn. Eine Wechselbeziehung mit ihm ist bei ihr in seltener Ausführlichkeit dokumentiert und verdient schon deshalb herausgestellt zu werden. Teresa kann wohl aus verschiedenen Gründen das Interesse unter Christen wecken: als Erneuerin des Glaubens der Kirche und ihrer Orden; als eine große Person des Heiligenkalenders, die in ihrer Begeisterung ansteckend wirkt; als wegweisende Mystikerin, auf deren Erfahrungen und Klarstellungen niemand verzichten kann. Doch hier interessiert sie vor allem durch ihre Botschaft über ihr Gottesverhältnis. Sie verweist uns auf Gott und zeigt uns sein Bild in der Art, wie er mit ihr handelt. Sie selbst versteht sich ja ganz als sein Geschenk. All ihr Sein und Tun ist die Frucht von Gottes Gnade. In Teresa scheint auf, was er aus uns Menschen machen kann und will. So werden wir ihr nur gerecht, wenn wir unsere Bewunderung ihrer Person auf den hin denken, der diese Frau gestaltete – und über Gott staunen.

Glücklicherweise wurde sie im vorgerückten Alter – sie zählte bereits 41 Jahre – von ihren geistlichen Führern immer neu gedrängt, ihren Weg mit Gott aufzuschreiben. Die Redaktionsgeschichte ihrer Lebensbeschreibung lässt erkennen, dass dieser Gott sich für das Aufzeigen des Glaubensweges der Mitmenschen bedient. Der Erste, der sie dazu aufforderte, war Gaspar Daza. Ihre verschiedenen Notizen fasste sie später im Gehorsam gegen ihren Beichtvater García de Toledo zusammen, sodass das definitive Manuskript 1565 vorlag. Die Weisungen ihrer Seelenführer trugen also maßgeblich bei zu ihrer Auslieferung an den Willen Gottes. Der Jäger bleibt aktiv, er gibt keine Ruhe. Gleichzeitig leisten ihr die Tröstungen ihrer intimen Vertrautheit mit Gott Beistand – wie etwa ein Zitat aus ihrer Autobiografie belegt: Er ist es, der sie nicht im Stich lässt, und darum auch will sie ihn fortwährend vor den Menschen bekennen.

Der Kontext dieser Worte ist die Erfahrung von tiefster Niedergeschlagenheit und großem Kummer:

> *Fünf oder sechs Stunden lang verharrte ich ohne alle Tröstung des Himmels oder der Erde, in meiner Angst Gott ausgeliefert, eine Beute der Furcht vor tausend Gefahren. Mein Gott, wie wahr ist es doch, dass Du ein starker und huldreicher Freund bist, der Du alles kannst, was Du willst, und nicht aufhörst, den zu lieben, der Dich liebt. Alle Geschöpfe loben Dich, Du höchster Herr der Welt! So muss verkündet werden, dass Du in Treue zu Deinen Freunden stehst … Mit welcher Feinfühligkeit, mein Herr, mit welch zärtlicher Anteilnahme weißt Du zu trösten.*[40]

Unheilvolle Kirchenspaltung,

Eine besonders lastende Bürde ihrer Sendung erkennt, wer sie zeitgeschichtlich einordnet. Männer und Frauen hatten im fortlebenden Christus schon während der vorausgehenden Jahrhunderte Abfall und Sünde angeprangert und zur Bekehrung aufgerufen. Etwa Wilhelm von Auxerre († 1231), der Bischof von Paris. Er nannte die Kirche die »Hure von Babylon … ein Untier von furchtbarer Ungestalt und Wildheit«, und der größte Dichter Italiens, Dante Alighieri († 1321), weist in seiner »Göttlichen Komödie« einigen ihrer höchsten Repräsentanten, Kardinälen und Bischöfen, einen Platz in der Hölle an.

---

[40] Vgl. S. Teresa di Gesù, Opere, a. a. O., Vita 25,17.

Nun ist als Gegenstoß die Reformation über Deutschland und Europa hereingebrochen. Auch Teresas scharfem Auge dürfte nicht der unaufhaltsame Rückgang des Katholizismus entgangen sein. Die Sünden in ihrer Mutter Kirche quälen sie, sodass sie nicht grundlos für ein großes Reformwerk kämpft. Wohl hat sie kaum genaue Sachkenntnis über den Anfang des Zerfalls der Einheit, der sich von Deutschland aus in anderen europäischen Ländern verbreitete, aber sie hält die Spaltung für ein großes Unglück. Im ersten Kapitel ihrer Schrift vom »Weg der Vollkommenheit« verweist sie auf die Hugenottenkriege in Frankreich und spricht von dem Unheil und dem Blutbad, das Luthers Aufbruch auch in Frankreich zur Folge gehabt habe. Die erste Aufzeichnung dieser Weisungen an ihre Schwestern geht auf das Jahr 1571 zurück. Sie teilt ihnen mit, dass sie von »dem großen Schaden« erfahren habe, der angerichtet worden sei, und von dem »Wachsen dieser unheilvollen Sekte. Ich empfand darüber einen tiefen Schmerz.«[41]

Doch in ihrer Bedrängnis lässt sich Teresa weder dazu verleiten, sich wegen der großen Gnadenerweise Gottes hervorzutun, noch ihrer Glaubensgemeinschaft den Rücken zu kehren. Die anwachsende Welle der Hochschätzung ihres eigenen Reformwerks brachte sie nie in die Versuchung, die hierarchische Ordnung herabzusetzen und die dieser vorbehaltenen Kompetenzen für sich selbst zu beanspruchen. Sie bleibt in der Kirche fest verwurzelt und vergisst keinen Augenblick, dass sie sich dieser verunstalteten Mutter voll und ganz verdankte. In demütiger Unterordnung unter ihre geistlichen Führer hielt sie der Kirche die Treue. So blieb sie auch von der *Communio* getragen. Reform hat bei ihr nicht den Geruch von »Reformation«. Und ihr Apostolat widerlegt die These, eine Vitalisierung der Glaubensgemeinschaft gelinge am besten durch den Bruch mit der Tradition.

---

[41] S. Teresa di Gesù, Opere, a. a. O., Kap. 1, Nr. 2.

Dabei wurde sie durch die Reformation keineswegs zu dem sprichwörtlichen Kaninchen vor der Schlange. Die beginnende Kirchenspaltung spornte vielmehr ihren geistlichen Eifer und ihre Tatkraft an. Als realistische Frau wandte sie sich den ihr offenstehenden Möglichkeiten zu und machte sich an die Glaubenserneuerung vor der eigenen Tür. Die Geschichte der Kirche kennt wohl die in Gott versunkenen Mystiker, die durch Heiligkeit und Gotteserkenntnis ein großer Schatz der Kirche sind. Teresa aber packte auch die Reform ihres Ordens und der Diözesen an. Sie erkannte den Auftrag, sich als Kirche und in ihr für Gott und seine Rechte zu engagieren.

Verlässliche Wegbegleiter

Warum wird diese hochgescheite, weltoffene Frau nicht vom Strom der Freiheit und Mündigkeit mitgerissen, den die Renaissance auslöste? Wir können ja unsere Augen nicht davor verschließen, dass ihr während der zwanzig Jahre im klösterlichen Sprechzimmer bis zu ihrer zweiten Bekehrung 1555 die »Neuerer« des Denkens bekannt wurden und ihre Intelligenz und Wachheit ansprachen. So war es denn wohl mitten im Zugriff des Diesseits vor allem der Schutz der Ordensgemeinschaft, der sie davor bewahrte. Näherhin wirkte sich fraglos deren gängige Gewohnheit aus, für das eigene geistliche Leben die Anweisung eines Seelenführers einzubeziehen. Geistliche Begleitung muss Teresas Leben mitten in dem neuen Klima verlässliche Glaubensorientierung gegeben haben. Aus der Zeit vor ihrer zweiten Bekehrung ist uns über solche Begleitung wenig bekannt. Später erwähnt die Heilige jedoch immer wieder den Rat solcher Priester – etwa Diego de Cetina, Juan de Prádanos, Baltasar Álvarez –, auch wenn diese nicht alle ihrer Aufgabe gewachsen waren. Ihr Gehorsam gegen sie kann dennoch als geradezu vorbildlich gelten: Der seelsorgliche Austausch mit dem heiligen Franziskaner Petrus von Alcántara, der im Jahr 1560 begann, beeinflusste sie entscheidend, gerade auch in Zeiten ihrer Hilflosigkeit und Angst. Später schreibt sie:

> *Er hatte großes Mitleid mit mir und sagte: Was ich ausgestanden hätte, nämlich den Widerspruch von Guten und Frommen, sei eines mit der größten Leiden auf Erden. Ich würde indessen noch vieles zu ertragen haben, weil ich eines geistlichen Führers bedürfe, der mich verstehe; in der ganzen Stadt aber kein solcher sei.*

Es waren die geistlichen Begleiter, die die Ordensfrau bestätigten und ermutigten. Sie gaben ihr neue Orientierung, zerstreuten ihre Bedenken und rieten ihr, stattdessen Gott zu loben und auf Gottes Geist zu vertrauen. Auch die zahlreichen Kontrollen zur Wahrung des kanonischen Rechts, denen sie ausgesetzt war, weckten in ihr keinen Unwillen gegen die Glaubensgemeinschaft. Leicht hätte sie sich ja ihretwegen isolieren können – aus verletztem Stolz oder aus Angst vor unangenehmen Nachforschungen. Sie werden hingegen immer wieder zum Grund ihrer Einbindung in die Kirche und zum Motiv, den Gehorsam zu suchen. Als etwa der General des Ordens, Pater Rubeo, 1567 aus Rom kommt, verheimlicht sie ihm weder Ängste noch Zweifel. Auch im Anschluss an ihre erste Vision im Hause des Grafen Monterrey, in der der heilige Dominikus ihr einen Auftrag erteilt, der sie mächtig irritiert, bespricht sie alles mit P. Domingo Báñez. In ihrem »Kloster der Menschwerdung« visitiert sie schließlich 1571 der Dominikaner Fernandez im Auftrag Papst Pius' V.

Glauben kann darum nur als »Mit-Glauben« recht gelingen. Teresas Weg zur Heiligkeit ist markiert von geistlichen Führern. Sie sind ihr unverzichtbare Begleiter für ihre Klarsicht, für neue Sicherheit und für Kraft zur Erneuerung der Kirche.

5.2 »Hier stehe ich, ich kann nicht anders« – Martin Luther (1483–1546)

Teresas Gram darüber, dass die kirchliche Einheit zerbrochen war, hat uns schon zur nächsten Gestalt der Kirchengeschichte geführt: Dr. Martinus Luther. Auch ihn schmerzen die »Fehler und Runzeln« der Kirche. Doch noch Wichtigeres kennzeichnet ihn: In ihm tritt uns eine Person entgegen, die mehr als andere von einem neuen Zeitgefühl durchdrungen und geprägt ist: dem Individualismus. Nach dem Urteil der Geistesgeschichtler wurde im 15./16. Jahrhundert das mittelalterliche Empfinden, in einer Gemeinschaft geborgen zu sein, von der seelischen Verfassung abgelöst, dass das Ich nicht in der Gesellschaft integriert bleiben muss, sondern ihr isoliert gegenübertreten kann. Das Gefühl der Unterschiedlichkeit jedes Einzelnen zu den anderen Zeitgenossen verbreitete sich; jeder Mensch sah sich in seiner Individualität von allen getrennt.[42] Es kann kaum überbewertet werden, wie nachdrücklich dieses neue Lebensgefühl das Selbstverständnis des modernen Menschen prägte. Einige der Auswirkungen sollen für den Initiator der Reformation aufgezeigt werden, ohne zu versuchen, seinen Einfluss auf das Christentum auszuschöpfen oder diesen gar zu werten.

Luthers Lebensgeschichte darf als exemplarisch für diese neue Geistesströmung gelesen werden: Jeder Einzelne empfindet sich als losgelöst und singulär. Martins entfremdete Beziehung zu seinem strengen Vater und die Gefühlsarmut seiner Mutter werden für sein eigenes Ich letztendlich zu einer Art

---

[42] Zu diesem Abschnitt habe ich herangezogen: M. Luther, Werke. Kritische Gesamtausgabe (»Weimarer Ausgabe« = WA), Weimar 1883–1948; W. Elert, Morphologie des Luthertums, 2 Bde. München 1952; E. Iserloh, Der gebannte Mönch, in: HdK IV, Freiburg 1967, S. 73–81; H. Bornkamm, Luther im Spiegel der deutschen Geistesgeschichte, Heidelberg 1955; E. H. Erikson, Der junge Mann Luther, Reinbek 1979; P. J. Cordes, Luther und Ignatius. Zum Problem des Einzelnen in der kirchlichen Gemeinschaft, in: IkaZ 19 (1990), S. 267–278; dort auch weiterführende Literaturverweise.

Käfig und erschweren auch später eine befreiende Öffnung auf ein Du hin. Beim Heranwachsenden verstärken prägende Ereignisse seines Lebens noch das herrschende neue, allgemeine Selbstverständnis: Jeder steht für sich allein. Zunehmend geht Martin auf, dass er ganz und gar sich selbst überlassen ist. Für geistliche Begleitung und seelsorglichen Beistand sucht man in den überlieferten Aufzeichnungen und seinen späteren »Tischgesprächen« vergeblich deutliche Hinweise. Als der junge Mann während eines Gewitters das Gelübde ablegt, Mönch werden zu wollen (1505), hat er offenbar außer der heiligen Anna niemanden, an den er sich klammern kann, um seine Angst abzuladen. Auch der durch mehrere Zeitgenossen überlieferte lautstarke Angstschrei im Chor des Augustinerklosters in Erfurt – er ist damals Anfang oder Mitte zwanzig – wurde anscheinend von keinem Mitbruder geistlich aufgefangen. Er selbst erwähnt ihn später nie wieder, und es liegen keinerlei sichere Aufzeichnungen oder Notizen vor, dass er Thema einer Aussprache gewesen wäre. Der Ordensobere Dr. Johann von Staupitz, dem Luther wie einem Vater zugetan war, hat kein Verständnis für die Sündennot dieser empfindsamen Seele. In einem Brief belächelt dieser die Skrupel seines Beichtkindes und schreibt ihm, Christus interessiere sich nicht für solche Lappalien; Frater Martinus solle doch vielleicht warten, bis er einmal einen saftigen Ehebruch oder Mord zu beichten hätte. Der Gequälte leidet indessen unter seiner Isolierung, er fühlt sich – nach seinen eigenen Worten – »wie eine tote Leich«[43].

Allein gelassen

So muss Luther seinen quälenden inneren Kampf ohne Ansprache durchstehen. Er fleht: »Wie kriege ich einen gnädigen Gott?« Auf beziehungslosem Weg gelangt er – knapp resümiert – einsam

---

[43] E. H. Erikson, Der junge Mann Luther, a. a. O., S. 171.

zu der ihn erlösenden Einsicht in der Turmstube des Wittenberger Klosters. Allein mit Gott wird ihm – so berichtet er später – die unerträgliche Not von seinem Gewissen genommen. Die genaue Datierung seiner Erkenntnis ist nicht auszumachen; Angaben der Historiker schwanken zwischen den Jahren 1515 und 1518. Auch sind sich die Forscher nicht einig darüber, ob es sich um eine blitzartige Erleuchtung oder um eine nach langem Forschen gewonnene Klarheit gehandelt habe. Der Römerbrief des Apostels Paulus ist ihm der Schlüssel: »Gerechtigkeit Gottes aus dem Glauben an Jesus Christus, offenbart für alle, die glauben« (Röm 3,22). Persönliche Glaubensgewissheit wird dem Zweifelnden nun zur uneinnehmbaren existenziellen Festung.

Zugleich tritt ein kennzeichnendes Kriterium für sein Verständnis von Gott und Erlösung zutage: Gott gegenüber ist ein jeder auf sich allein zurückgeworfen. Die Einsamkeit der Wittenberger Studierstube ist demnach nicht nur eine Ortsbestimmung. Sie hat eine Bedeutung. Der Reformator ist menschlich-geistlich nicht vernetzt, als er aus seiner großen seelischen Last befreit wird. Erlösung wird ihm zuteil, als er sich ohne den Beistand eines Nächsten in seinem Arbeitszimmer dem Wort der Schrift hingibt. Der Schluss liegt für ihn nahe, dass er sich selbst genügt. Wozu auf andere setzen?

Doch hier tut sich ein Irrweg auf. Schon unsere menschliche Wahrnehmung aller Wirklichkeit braucht die Offenheit der Sinne und vermittelnde Zuträger. Korrekte Anthropologie widerspricht daher entschieden aller Einkapselung des Ichs. Verlässliche Erkenntnis gewinnt der Mensch nicht dadurch, dass er sich beziehungslos unter der individualistischen Käseglocke verkriecht. Eine jüngst erschienene Studie von zwei international renommierten Denkern – Hubert Dreyfus, Philosoph in Berkeley/USA, und Charles Taylor, vielfach ausgezeichneter Soziologe (Kyoto-Preis 2008) aus Montreal/Kanada – macht einsichtig, dass wir unser Wissen von anderen übernehmen; ja, dass unsere Überzeugungen sogar auf der Basis eines oft

vorbegrifflichen Kontaktes zur Realität entstehen. Die genannten Wissenschaftler wenden diese ihre Beobachtung ausdrücklich auch auf so epochale Neuanfänge des Denkens an, wie sie
etwa Sokrates, Descartes oder Kant zugeschrieben werden. Deshalb mache es sich jemand zu einfach, wenn er eingebürgerte
Traditionen oder äußere Autoritäten schlichtweg ablehne. Für
die Erkenntnis der Wirklichkeit könne sich darum niemand auf
sein isoliertes Urteilsvermögen zurückziehen, sondern er solle
dem Dialog den Vorrang vor dem Monolog geben.

*Manchmal ist es wirklich der Fall, dass sich eine Einzel-
person im Kampf gegen einen falschen Konsens hervortut;
und Fälle dieser Art werden in unserer neuzeitlichen Kultur des Abendlandes tendenziell hochgehalten ... Aber
selbst der innovativste Schritt, der unserem historischen
Repertoire etwas Neues hinzufügt, kommt nicht aus dem
Nichts. Vielmehr baut er auf längst etablierten Formen
auf, und selbst ein besonders heldenmütiger Neuerer muss
zunächst durch Schulung und Sozialisation lernen, ehe er
seinen Kampf führen kann.*[44]

Solche Gesetze gelten schon für die natürliche Erkenntnis. Um
wie viel weniger kann dann christliche Sozialisierung ohne religiöses Netz gelingen! Wir übernehmen Glaubensinhalte, bevor unser Verstand sie in Begriffe fasst. Und wenn sie uns als
Gottes Wort ansprechen, erreichen sie uns in einer dialogischen
Begegnung des Boten mit dem Hörer; der Überbringer der
Nachricht hat diese immer auch zu erläutern. So verdankt sich
das erlangte Glaubensfundament anderen und einer tragenden
Gemeinschaft. Durch sie kann die Gottesbeziehung in einem
wechselseitigen Prozess entstehen, der nie ohne Bedeutung sein

---

[44] H. Dreyfus/Ch. Taylor, Die Wiedergewinnung des Realismus, Berlin 2016,
S. 194 f.

kann und daher auch nie vergessen werden darf. Luther hat ihn ausgeschlossen, denn er genügte sich selbst. Anders als die Heilige von Ávila brauchte er keinen Glaubensbegleiter.

Fraglos wurde der Glaube dieser beiden berühmten Persönlichkeiten durch Welt und Umwelt nur noch wenig gestützt. Der ausgeprägte Gemeinschaftssinn des Mittelalters war ja bereits zerbrochen, und dieser Prozess affizierte dann auch die Christen. Sie haben nicht länger in der Kirche ein unbefragtes Fundament und sicheren Anker gefunden. So kann denn auch der Ordensmann nicht mehr vorrangig auf seine Einbettung in die Brüdergemeinschaft zählen. Der Ort der Glaubensverankerung musste sich verlagern: Schöpfung und erlebte Gemeinschaft treten als seine Quellen zurück, werden unwichtig und scheinen verzichtbar. Ja, die sichtbaren Dinge können sogar hinderlich sein, weil sie den Vorrang von Äußerlichkeiten nahelegen. Religiosität reduziert sich auf eine Ich-Du-Beziehung zwischen »Gott und der Seele«. Folglich tritt auch beim Reformator nirgends ein Dank an Mitglaubende hervor. Er übersieht, dass ihm all sein religiöses Fundament von der Familie, dem Orden und der Kirche gegeben wurde.

Jesu Vorwurf

Für den Mönch aus Wittenberg liegt das Kriterium des Glaubens in der inneren Gewissheit vom eigenen Heil. Gott ist »Gott für mich«; er wird mir gegenwärtig im subjektiven Heilsereignis. Der »feste Punkt«, den der griechische Philosoph Archimedes suchte, »um die Welt zu bewegen«, ist für den Glaubenden in seiner Souveränität das »mündige Ich«. Dieses Ich hat für die Gottesbeziehung die ausschließliche Zuständigkeit. Begegnungen mit Weggenossen, ihre Zeugnisse und Behauptungen sind unwichtig oder werden fragwürdig.

Martin Luther war nicht der Erste, der der Glaubenszusicherung seiner Mitmenschen nicht traute. Klassisch für solche

Skepsis ist die Gestalt des »ungläubigen Thomas« aus dem Johannesevangelium (Joh 20,24 ff.): Als der Herr nach seiner Auferstehung am »ersten Tag der Woche« den Jüngern bei verschlossenen Türen erschien, war dieser Apostel nicht unter ihnen. Selbstverständlich haben die anderen ihm anschließend die überwältigende Begegnung berichtet: »Wir haben den Herrn gesehen.« Doch er lässt sich nicht ein auf ihr Zeugnis.

Seine Entgegnung mutet wie der Einwand des modernen Empirikers an: »Wenn ich an seinen Händen nicht die Wundmale der Nägel sehe und wenn ich meinen Finger nicht an die Stelle der Nägel und meine Hand nicht in seine Seite lege, glaube ich nicht.« Da sind die prüfbaren Einzelheiten naturwissenschaftlich aufgezählt. Zudem kommt hier die eigene Zuständigkeit in Religionsdingen mit Schärfe zum Ausdruck: Nicht das Wort anderer ist in der Lage, den Glauben zu sichern. Die Überzeugung selbst vertrauter Gefährten reicht nicht mehr hin. So widerspricht Thomas jedem Einfluss anderer auf seine Sicht Jesu und formuliert seinen detaillierteren Anspruch auf ein eigenes Erlebnis.

Solche Selbstbezogenheit zeigt freilich andererseits, dass er sich von dem geistlichen Grund und Boden der Gemeinschaft abgesetzt hat. Er beansprucht ein Sonderrecht. Darum ist die abschließende Erklärung, mit dem der Auferstandene den Zweifler mahnt, gewiss zunächst eine Seligpreisung aller Nachgeborenen: Denn sie sind gläubig, ohne das Glück bestätigenden Prüfens zu kennen. Aber Jesu Wort enthält auch eine Missbilligung derer, die sich – wie viele mit Martin Luther – über gemeinschaftliche Wahrheit unter Berufung auf ihr eigenes Gewissen hinwegsetzen.

Glauben hat als wesentliches Fundament das »Mitglauben«. Für die höchste aller Glaubenswahrheiten, das Wunder von Christi Auferstehung, ist das nicht nur dem Johannesevangelium zu entnehmen. Es kommt auch bei dem Evangelisten Markus

in seinen wenigen nachösterlichen Hinweisen zum Ausdruck. Dort heißt es ausdrücklich: »Später erschien Jesus auch den Elf, als sie bei Tisch waren; er tadelte ihren Unglauben und ihre Verstocktheit, weil sie denen nicht glaubten, die ihn nach seiner Auferstehung gesehen hatten« (Mk 16,14). Wer diese Grundregel missachtet und sich der Überzeugungsgemeinschaft verschließt, riskiert den »Holzweg«.

Kein Treuhänder – sondern Eigentümer

Erst recht trübt Egozentrik den Reformator bei einem weiteren epochalen Schritt seiner Umwälzung. Er ruft aus: »*Sola scriptura* – die Heilige Schrift allein.« Mit ihr will er das neue Fundament seiner Glaubensgewissheit legen. Diese seine Losung wurde dann zu einer unentbehrlichen Säule für die Struktur des Protestantismus. Doch inzwischen brachten die bibelwissenschaftlichen Forschungen ans Licht, dass diese schon in sich selbst labil ist.[45] Darüber hinaus verkennt Luther mit diesem Posaunenstoß, dass nicht er selbst der Autor, Garant oder Herr von Gottes Heilswort ist. Als Erbe des Christentums, nicht als dessen Eigner müsste er sich verstehen, denn er hat die Heilige Schrift von der Glaubensgemeinschaft empfangen. Es ist die Gemeinschaft der Kirche, die Gottes Wort bewahrt hat. Die Offenbarung fiel ihm ja nicht vom Himmel aus zu.

Die Verfasser der kanonischen Schriften haben das zunächst mündlich verkündete Wort der Gemeinden später schriftlich

---

[45] Die exegetische Untersuchung der Offenbarung hat die Brüchigkeit des *Sola scriptura* in der Neuzeit zutage gefördert. In dem Maß, in dem die historisch-kritische Methode den Geschichtsprozess aufdeckte, der bei der Verschriftlichung der Offenbarung ablief, schwand die Verlässlichkeit dieses Prinzips. Fachvertreter der Exegese behaupten darum heute, die Heilige Schrift könne ohne ein ihr *vorausliegendes* Vorverständnis keinen Glauben wecken; ohne die Prämisse des Glaubens bliebe sie für die Offenbarung Gottes dunkel. Der Bibelwissenschaftler Marius Reiser schreibt dazu treffend: »Es gibt keine vorurteilslose Lektüre, kein *sola scriptura*« (in: »Der hermeneutische Zirkel ist kein Teufelskreis«, *Frankfurter Allgemeine Zeitung* vom 21. Dezember 2016).

festgehalten, oder sie haben als Geist-Delegierte in Briefen Gottes Wort an die Gemeinden gerichtet. Verantwortliche kirchliche Hirten haben nach mühevoller Unterscheidungsarbeit herausgefunden, welche Bücher des Alten und Neuen Bundes zum Kanon der Heiligen Schrift gehören und damit verbindlich sind. Für das Neue Testament ist der evangelische Exeget Martin Hengel diesem Prozess des kirchlichen Lehramtes akribisch genau nachgegangen.[46] Er erhellt, dass das Neue Testament höchstens sekundär als jedermanns Eigentum gelten kann. Das erste *Copyright* der Heiligen Schrift hält die Kirche. Auch wenn die Bibel heute auf dem Buchmarkt von jedem gekauft werden kann und in den Zimmern der großen Hotels ausliegt, so bleibt sie doch die Gabe der Glaubensgemeinschaft, der sie zu verdanken ist. Sie ist kein herrenloses Gut, auf das man sich nach Belieben berufen könnte – vielleicht sogar um den Eigner zu zerstören.

Vorbildlich ist, dass Luther in Gottes Wort den endgültig bindenden Maßstab des Glaubens sieht. Doch indem er es sich im Handstreich zu eigen macht und ganz unbekümmert vereinnahmt, interpretiert er es ohne die Kirche als dessen Autorin. Die Heilige Schrift und sein Gewissen sind für ihn der Schlüssel zum Glauben. Er beansprucht, ihn zu besitzen; doch es ist der Schlüssel zu fremdem Eigentum.

Sendungsbewusst

Die neuzeitliche Verinnerlichung der Gottesbeziehung verursachte nicht zuletzt das Drama der »Gottvergessenheit«, weil für viele die gesellschaftliche oder kirchliche Umwelt entfiel, die Gott bislang in Erinnerung gerufen hatte. In seinem Ringen um einen »gnädigen Gott« bleibt Luther nur die Heilige Schrift. Sie erleuchtet ihn, denn sie lässt ihn erkennen: Angesichts von

---

[46] Vgl. M. Hengel, Die vier Evangelien und das eine Evangelium von Jesus Christus, Tübingen 2011.

Gottes Wort sei es »der Glaube allein« *(sola fides)*, der rettet. Der Glaube soll den so intensiv gesuchten »gnädigen Gott« sichern. Ohne Zweifel muss Luthers heftiges Ringen gerade heute beeindrucken. Ihn beschwert das Gewicht unserer Sünde, schreckt die Majestät Gottes und quält die Furcht vor dem ewigen Verderben. Er hat den Himmel nicht aufgegeben. Selbst wenn Gott auch aus Welt und Gesellschaft verdrängt war, so hat er ihn doch in seinem Herzen gefunden. Und sein ehrlicher Eifer wie der hohe Wert des Gewinns bleiben beachtlich.

Doch zählt es für ihn augenscheinlich, dass sich gerade ihm – in privater Lektüre geschriebener Texte ohne fremde Hilfe – solche Erkenntnis erschloss. Hier mag er seine spezifische Erwählung sehen, die sein Selbstvertrauen stimuliert. Zunehmend versteht er sich als der Verteidiger dieser Wahrheit und greift dann als sehr entschiedener Mann ein in die Geschichte der Kirche und das Denken der Menschheit. Nach weit mehr als tausend Jahren menschlicher Heilssuche nimmt er für sich in Anspruch, den alles erneuernden, definitiven »Stein der Weisen« des Christseins gefunden zu haben – eine Ambition, bei der der nachdenkliche Beobachter wohl den Atem anhält. Und wirklich: Der Abgesandte der respektablen Neuentdeckung führt die Glaubensgemeinschaft in eine leidvolle Spaltung.

Ein spektakulärer Vorfall wirft diesbezüglich ein Licht auf den Reformator und sein Selbstverständnis: das Verhör durch den Kaiser und die Reichsstände. Luther wird von Karl V. nach Worms beordert und soll ca. zwanzig in seinem Namen erschienene, kirchenkritische Publikationen widerrufen. Er erhält einen Tag Bedenkzeit. Am 18. April 1521 wird er erneut gefragt und lehnt ab mit Bezug auf die Heilige Schrift und sein Gewissen. Legendär ist seine Selbstverteidigung mit den Worten: »Hier stehe ich, ich kann nicht anders.« Historisch ist stattdessen sein Ausspruch: »Denn gegen das Gewissen zu handeln, ist beschwerlich, unheilsam und gefährlich. Gott helfe mir.

126

Amen.«[47] Wieder weiß sich der Mönch ganz auf sich allein gestellt. Der Gewissensspruch entsteht selbstbezogen – ohne die
Lehre und Rückbindung an die Glaubensgemeinschaft. Der entscheidende Satz, der seine Überzeugung formuliert, gibt dem
uneingeschränkten Subjektivismus der Moderne recht. Er ist in
der Einsamkeit eigener Erkenntnis herangewachsen. In der Voll-
gewalt der eigenen Glaubens- und Schriftauffassung tritt er der
Kirche entgegen. Sein äußerer Bruch mit ihr vollzieht, was in
der individuellen Loslösung angelegt war.

Ohne Mariens und der Heiligen Beistand

Evangelische Theologen nennen Luthers Satz »Wie bekomme
ich einen gnädigen Gott?« das »Urerlebnis des Luthertums«.
Aus ihm spricht fraglos Luthers allergrößte Ernsthaftigkeit.
Dennoch verbleibt solche Sehnsucht in der absoluten Ichbezo-
genheit. Der Fragende sieht sich allein, ohne ein geschöpfliches
Du an seiner Seite.

Nicht nur während der Gewitterangst, die ihn ins Erfurter
Kloster trieb, sondern auch noch dreißig Jahre später fehlen ihm
menschliche Glaubensbegleiter. 1534 deutet er als Lehrer in seiner Vorlesung den Psalm 90: »Mitten in dem Leben sind wir
vom Tod umfangen …« Die Sätze sprechen von der tiefen Düs-
ternis, die sein Gemüt umgibt. Er hat seine eigene Verderbtheit
vor Augen und kann einem hereinbrechenden Tod nicht entflie-
hen. Das erfüllt ihn mit lähmendem Grauen. Er sucht nach
Glaubensaussagen, die jedenfalls ihm persönlich den Weg zum
Heil weisen. »Wie bekomme ich einen gnädigen Gott?« Der Ver-
zweifelte findet keinen Trost. In seiner kraftvollen Sprache gibt
er dem Problem seine dramatische Spitze:

---

47 E. Iserloh, Der gebannte Mönch, a. a. O., S. 80.

Wir sind alle zum Tod gefordert, und es wird keiner für den anderen sterben, sondern ein jeglicher muss geharnischt und gerüstet sein, für sich selbst mit dem Teufel und Tode zu kämpfen ... Es muss ein jeglicher auf seine Schanz [Kampfplatz] selbst sehen und sich mit den Feinden, mit dem Teufel und dem Tod selbst einlegen und allein mit ihnen im Kampf liegen; ich werde dann nicht bei dir sein und du nicht bei mir (WA 10, II,1 ff.).

Weder Christus selbst noch die Gemeinschaft der Heiligen zählen für diese entscheidende Stunde. Wohl hat er das »Ave Maria« gekannt. Doch mit welchen Gedanken mag er gebetet haben: »Bitte für uns in der Stunde unseres Todes«? Sein Albtraum angesichts des Scheidens hat die Gottesmutter völlig ausgeblendet. Die Heiligen – in seiner Not während des Gewitters 1505 hatte er noch die heilige Anna angerufen – sind ihm nicht länger Helfer. Angst tilgt alles Vertrauen auf Beistand durch den mystischen Leib Christi – auch nicht in der Gestalt von irdischen Weggefährten. Angesehene evangelische Theologen gestehen die sektorielle Blindheit des Reformators ein. Und sie benennen eine schlüssige Folgerung: Mussten Luthers Schlüsselerlebnisse des Alleinseins und der Einsamkeit ihn nicht notwendig zum Zerstörer von Gemeinschaft und auch von Kirche machen? Hat er nicht der Kirche als »überindividueller Einheit« den Todesstoß versetzt – auch wenn er das gewiss nicht wollte?, fragt der protestantische Theologe Werner Elert.[48]

Ein wundes Gott-Bild

Zutiefst beängstigend ist schließlich, dass Dr. Martinus das Bild Gottes amputiert hat. Für ihn ist Gott eine unergründliche Majestät, die dem Menschen Furcht und Schrecken einjagt: »Er

---

[48] W. Elert, Morphologie des Luthertums, Bd. I, a. a. O., S. 224–227.

schlingt einen hinein, mit großem Eifer und Zorn ... er ist ein verzehrend, fressiges Feuer.«[49] Wie vor diesem »Keltertreter« bestehen? Der Reformator hat seine Antwort: Es ist der nackte Glaube, der rechtfertigt. Nicht die Liebe ist die Gott zukommende Bewegung des menschlichen Geistes und Herzens:

> *Vor Gott sollen wir nicht handeln denn allein mit dem Glauben ... Das sei nun von einem Gang des Evangeliums gesagt, von dem Glauben und Werk, dass der Glaube [in den Menschen] hinein und [zu Gott] hinaufgehe, die Werke herunter und heraus* (WA 10, III, 223 f.).

Die Liebe soll sich ausschließlich auf den Mitmenschen richten. Das Gebot, Gott zu lieben, ist »ganz und gar in die Liebe zum Nächsten [hinein-]gezogen«; den »schlüpfrigen und fliegenden Geistern« ist somit »gewehrt und das einmal gesteckt« – sie, »die Gott allein in großen herrlichen Dingen suchen, nach seiner Größe trachten und durch den Himmel bohren und meinen, ihm zu dienen und ihn zu lieben« (WA 17, II, 99). Der Aufruf gegen solche Gottesliebe wird mehrfach wiederholt. Nur noch einer sei angefügt, der sich direkt gegen seine katholischen Gegner richtet:

> *Auf diese Weise ziehen sie die Liebe dem Glauben vor und schreiben die Rechtfertigung nicht dem Glauben, sondern der Liebe zu* (WA 40, I, 422).

Dann zieht er mit schockierender Wucht die Quintessenz:

> *Maledicta sit caritas – verdammt sei die Liebe* (WA 40, I, 642).

---

[49] Zitiert bei H. Bornkamm, Luther im Spiegel der deutschen Geistesgeschichte, a. a. O., S. 330.

Wirkungsgeschichte

Die Neuzeit hat uns alle für ihre Anthropologie gewonnen: Der Einzelmensch ist gemeinhin das letzte Kriterium und Ideal aller philosophischen und theologischen Einsicht. Luthers dezidierter Individualismus bestimmt die heutige Mentalität. In seiner Ichzentrierung wird der Reformator bei vielen Zeitgenossen zum erstrebenswerten Prototyp auch für das Christsein. Ferner verstärkt sich der Einfluss, den ein Weltverständnis »ohne Gott« auf den Glaubenden hat; naturwissenschaftliches Denken bestimmt gemeinhin unser Urteil. Weil die religiöse Tradition starb, säkularisierte sich die Sicht von Leben und Handeln mehr und mehr. So erschlaffte auch die Gottesbeziehung – ohnehin verkürzt auf die innere, seelische Befindlichkeit. Dem sekundierte Luthers energisches Verbot, Gott zu lieben, sowie sein wundes Gottesbild vom »Keltertreter«. Beides verdunkelte das Gottesbild. Bei nicht wenigen Epigonen verschwinden dann zusätzlich alle Transzendenzbezüge im Christsein; es wird horizontalisiert, und vom Doppelgebot der Gottes- und Nächstenliebe bleibt nur der zweite Teil.[50] Der Zauber, der von Jesu Verkündigung des Vaters im Neuen Testament ausgeht, ist verloren; Jesu eigene Intimität als Sohn zählt nicht mehr, und die Botschaft von dem uns alle sehnsuchtsvoll erwartenden Vater (Lk 15,11 ff.) ist verhallt. Solche Entkernung der christlichen Botschaft verbreitet sich nicht zuletzt wegen der allgemeinen Gottvergessenheit auch in der Kirche.

Martin Luthers *splendid isolation* hat demnach für die Glaubenserkenntnis und -weitergabe ihre überaus schädliche Auswirkung. Ihr ist entgegenzutreten durch die Proklamation Gottes in der Kirche als *Communio*: Die Kirche ist von ihrer Gründung her Gottes Haus als Gemeinschaft des ewigen Heiles.

---

[50] Vgl. etwa E. Brunner, Das Gebot und die Ordnungen, 4. Auflage, Zürich 1939; R. Bultmann, Das Evangelium des Johannes, 15. Auflage, Göttingen 1957; F. Gogarten, Was ist Christentum?, Göttingen 1956.

Diese Wahrheit haben in der Kirchengeschichte die großen geistlichen Erneuerer trotz all ihrer Kämpfe und Gegner geglaubt und verbreitet.

Die Religionssoziologie ist mit ihrer Methode auch dem Werden und Wirken der Kirche nachgegangen. Beeindruckend ist das fünfbändige Werk des amerikanischen Soziologen österreichischer Herkunft Werner Stark.[51] In der Studie *The Universal Church* untersucht er die Notwendigkeit und die Versuche, die Kirche zu erneuern, Fehlentwicklungen sowie Irrtümer zu korrigieren und neue Kraft zu gewinnen. Er stellt sich also dem Problem, das auch Martin Luther bewältigen wollte. Konkret beschreibt er das Entstehen und Handeln einiger Aufbrüche, die uns heute als religiöse Ordensgemeinschaften geläufig sind: Benediktiner, Franziskaner, Passionisten und Redemptoristen. Er nennt sie »Protestbewegungen«. Ihre Geschichte verlaufe immer nach einem fast gleichen Muster: Da würden Einzelne oder kleine Gruppen vom Religionsvollzug der Mitchristen abgestoßen und sie zögen sich aus deren Gesellschaft zurück, um sich tiefer der geoffenbarten Glaubensmitte zu widmen. Es forme sich ein neuer Geist, und sie gewännen ein neues Sendungsbewusstsein mit der Absicht, mit neuem Feuer die alte Welt anzustecken und zu verändern.

Jedoch gebe es zwischen den Ordensanfängen und Luthers Protest einen fundamentalen – Stark nennt ihn einen »alles entscheidenden« – Unterschied. Die Abwendung der anderen Protestler sei niemals eine vollständige gewesen und nach zeitweiligem Ausscheiden sei wieder die Rückkehr in die Gemeinschaft erfolgt. Sie hätten den Abstand gebraucht, »*pour mieux sauter* – um besser zu springen«[52].

---

[51] W. Stark, The Sociology of Religion, I–V, New York 1966 ff. Stark lehrte in New York an der Fordham University. In einem Nachruf stellte die »Kölner Zeitschrift für Soziologie und Sozialpsychologie« (38 [1986], S. 197 f.) die hohe Qualität seiner Forschungen heraus und bedauerte seine unzureichende europäische Rezeption.

[52] W. Stark, The Sociology of Religion, Bd. III, a. a. O., S. 250.

Papst Benedikt XVI. belehrt uns in demselben Sinne, ohne Bezug zu nehmen auf Luther. In der ersten öffentlichen Äußerung, die nach seiner Emeritierung bekannt wurde, gab er den Glaubenden einen generell gültigen, beachtenswerten Hinweis:

Glaube ist einerseits eine höchst persönliche Berührung mit Gott, die mich ins Innerste hinein trifft und mich ganz unmittelbar dem lebendigen Gott gegenüberstellt, sodass ich ihn anreden, ihn lieben, mit ihm in Gemeinschaft treten kann. Aber dieses höchst Persönliche hat doch zugleich untrennbar mit Gemeinschaft zu tun: Zum Wesen des Glaubens gehört es, dass er mich in das Wir der Kinder Gottes, in die Weggemeinschaft mit den Brüdern und Schwestern hineinnimmt. Die Begegnung mit Gott bedeutet immer zugleich, dass ich selbst geöffnet, aus meiner Verschließung herausgerissen und in die lebendige Gemeinschaft der Kirche hineingenommen werde.[53]

Der Augustinermönch Martin Luther hat sich über diese Wahrheit des Glaubens hinweggesetzt. Für Schwester Teresa von Ávila war sie innerhalb des Karmels zuweilen eine undeutliche, wurde später aber – vor allem durch ihre Seelenführer – zur maßgeblichen Leitschnur ihres Lebens. Dem namhaften Lehrer der anglikanischen Hochkirche, John Henry Newman, wurde sie zum Wendepunkt des Lebens.

---

[53] In: *Die Tagespost* vom 22. März 2016, S. 5.

5.3 »Führ liebes Licht, im Ring der Dunkelheit führ du mich an« – Seliger John Henry Newman (1801–1890)

Wen die Gnade einer »zweiten Bekehrung« erreicht und wer sie annimmt, bei dem dringt Gott offenbar bis in die Seelenspitze vor. Beschenkte suchen das in Worte zu fassen:

> *Das ist ein Genuss, der hat viele Adern; er strömt aus dem fließenden Gott zu jeder Zeit in die arme, ausgedörrte Seele mit neuer Erkenntnis und in neuer Schau und in besonderem Genuss der neuen Gegenwärtigkeit,*

schreibt die heilige Mystikerin Gertrud von Magdeburg († 1302) in ihrer Aufzeichnung »Das fließende Licht der Gottheit«. Gottes Wohlwollen drängt dann den Erwählten dazu, in das Zerbrechen aller Selbstbezogenheit einzuwilligen. Ein in sich verkrümmtes Ich und ein in Angst eingeschnürtes Herz verkümmern in ihrer Absonderung. Die Jungfrau von Nazareth lässt uns die Alternative sehen. Ihr verkündet der Engel Gabriel, sie solle Mutter des Erlösers werden. Diese wahrhaft verstörende, gewaltige Botschaft verleitet sie nicht zu weltvergessener, vielleicht gar selbstgenügsamer Isolierung. Das Argument des Engels hat sie an das mitmenschliche Netz erinnert, dem sie verbunden ist. Sie macht sich »eilends auf« zu der erwähnten Cousine Elisabeth (Lk 1,39). Und Gott beantwortet ihre Verfügbarkeit mit neuer Glaubensgewissheit. Die Verwandte bestätigt das unfassbare Geschehen und lässt Maria jubeln.

Den freien Atem des Austauschs erlebter Gottesnähe und die Bestätigung durch Brüder und Schwestern der Glaubensgemeinschaft finden wir auch bei vielen anderen Heroen des Geistes. Der Engländer John Henry Newman, der im 19. Jahrhundert lebte, war einer von ihnen. Sein Glaubenshorizont ist gleichfalls erleuchtet von der Maßgabe göttlicher Offenbarung. Auch sein

Ich verkapselt sich nicht; er liest die Bibel im Licht des reichen kirchlichen Erbes und öffnet sich der Theologie der frühen Kirche mit ihren wegweisenden Lehrern. Er vertieft sich voller Eifer in die Probleme vergangener und gegenwärtiger Glaubens-, Frömmigkeits- und Gesellschaftsgeschichte. Gerade wegen seines klugen Weitblicks und seinem seelischen Hunger nach Gott bleibt die präzise Genauigkeit seiner Prüfung bewundernswert und beispielhaft.[54]

Frühe Glaubensgewissheit

John Henry Newman wurde am 21. Februar 1801 in der Innenstadt von London geboren. Dank seiner zahlreichen hinterlassenen Publikationen, Briefe und Notizen wissen wir viel über seinen Lebenslauf und seine geistig-seelische Entwicklung. Schon mit sieben Jahren wurde er von seiner Familie getrennt, und er begann seine Ausbildung in einem anglikanischen Internat. Nur bedrückt willigte er ein in den Abschied von den Seinen. Seine damalige Frömmigkeit nennt er später kraftlos; er habe wohl tugendhaft, aber nicht religiös sein wollen. Auch habe er nicht eingesehen, welchen Sinn es haben könnte, Gott zu lieben.

Fraglos fehlt allerorten eine effiziente Methode, den Kinderglauben während der Pubertät über die Zeit zu retten. Auch Newman erklärt, bis zum Alter von 21 Jahren habe sich seine

---

[54] Die nachfolgenden Zitate und Überlegungen stützen sich auf J. H. Newman, Tract 85, Chapter 2: The Difficulties of Latitudinarianism (im Internet abrufbar unter http://www.newmanreader.org/works/arguments/scripture/lecture2.html); R. Aubert, Le problème de l'acte de foi, Louvain 1950; J. H. Newman, Apologia pro vita sua, New York 1956; I. Ker, Newman and the Fullness of Christianity, Edinburgh 1993; J. Ratzinger, Coscienza e Verità, in: G. Borgonovo (Hrsg.), La Coscienza, Città del Vaticano 1996, S. 17–39; J. Splett, Denken vor Gott. Philosophie der Wahrheitsliebe, Frankfurt 1996; P. J. Cordes, Tuet Gutes allen, Paderborn 1999, S. 29–32; G. L. Müller, John Henry Newman begegnen, Augsburg 2000; I. Ker, John Henry Newman. A Biography, Oxford 2010. – Evtl. Übersetzungen der Fundstellen stammen, falls nicht anders vermerkt, von mir.

Gottesbeziehung zunächst beträchtlich gelockert. Lange Zeit lebte er sein Christsein, ohne dass es herausgefordert wurde. So näherte er sich auf einem weiten Weg einem zweiten Entscheidungsschritt, der den Namen »Bekehrung« gleichfalls verdient. In dieser Phase entdeckt er bislang unbekannte Länder und fremde Völker. Er hat abenteuerliche Reisen, schwere Krankheit und dramatisches Missgeschick zu bestehen. Gleichzeitig füllt ihn bildungshungriges Studium der Kirchengeschichte und vor allem die Theologie der »Kirchenväter« aus. In all dem eröffnet das fortdauernde Gespräch mit gläubigen Freunden eine neue Sicht für seine innerliche Glaubensverankerung. Manches Gewusste wird erst dadurch für ihn »wirklich, real [real]«. Und das fortgesetzte, mühevolle Ringen führt den wohlbestellten Professor und berühmten Prediger 1845 aus der anglikanischen Kirche heraus und schließlich zum Eintritt in die katholische Kirche.

Viele Aspekte seiner Lebensgeschichte sind bemerkenswert. Seine Aufzeichnungen können den Leser für ihn vereinnahmen. Publikationen von ihm und über ihn werden bis heute gedruckt. Wir begegnen den Höhen und Tiefen eines empfindsamen Menschen und sehen mit seinen wachen Augen die Stolpersteine, die auf jedem Glaubensweg liegen und die jeden behindern können. Er stellt sich ihnen, analysiert sie und nimmt dabei ebenso exakt wie schonungslos sich selbst unter die Lupe. Besonders ergreift den Leser bei all seinen Beobachtungen das unersättliche Begehren, zu Gott und zu Jesus Christus zu gelangen, zum Ziel seiner Sehnsucht. So vermittelt seine Biografie manche Merkpunkte für den Weg zur Hingabe an Gott. Mehr noch: Sie hat eine besondere Aktualität in ihrer Kirchenbezogenheit.

Beschädigtes Selbstvertrauen

Nicht »Liebe auf den ersten Blick« motiviert Newman bei seiner Hinwendung zum Katholizismus und auch keine Schwärmerei trübt seine Klarsicht für dessen Schattenseiten. Eine Reise etwa nach Italien bis zur Insel Sizilien zeigt deutlich die Wunden dieser Glaubensgemeinschaft. Zusammen mit Richard Hurrell Froude und dessen Vater geht er per Schiff am 8. Dezember 1832 auf See. Sie passieren Portugal und Gibraltar. Am 20. Dezember sind sie in Algier. Zu Weihnachten erreichen sie Malta. Korfu bringt eine erste Begegnung mit der griechisch-orthodoxen Kirche. Und das griechische Meer weckt Erinnerungen an den Dichter Homer und an die Odyssee. Briefe an Verwandte und Bekannte, Zeitschriftenartikel und Gedichte beschreiben seine Eindrücke, die die unbekannten Orte und fremden Leute auf ihn machen. Die Seekrankheit verschont ihn nicht. In Malta werden die Reisenden zu einer Quarantäne genötigt, während derer ihm die schrecklichen Reisestrapazen des Apostels Paulus (etwa 2 Kor 11,25 ff.) durch den Kopf gehen.

Im Rückblick stellt er sich seinen Erfahrungen: »Ich denke, für einen weltverlorenen Menschen ist es gut zu reisen, nicht so sehr zur Bekanntschaft mit der Welt, sondern damit er die Grenzen seiner eigenen Kraft erkennt.« In der Tat lernte er durch die Widerfahrnisse, sein Selbstvertrauen infrage zu stellen und seiner Selbstsicherheit zu misstrauen. Der Mensch ist nicht wie ein Kokon, in den man sich einspinnt, um sich dann aus eigener Kraft in einen Schmetterling zu verwandeln. Das Ich ist ohnmächtig, wenn es allein bleibt. Doch wem sich zuwenden? Die römischen Katholiken stoßen ab.

Newmans kritische Distanzierung ist unzweideutig. Sie ist schon einem Brief aus Malta zu entnehmen, in dem er sich darum kümmert, dass das *British Magazine* seine Reiseberichte veröffentlicht. Die eigene Ablehnung des Katholizismus sei entschiedener als die pragmatische Sicht seines Reisebegleiters Froude, schreibt er. Diesem gegenüber hält er daran fest, die römische Kirche sei »wirklich der Antichrist«. Solche Zurückweisung schwächt sich kaum ab, als er am 2. März über Neapel die Stadt Rom selbst erreicht. Er nennt diese Metropole selbst »eines der vier Tiere« der johanneischen Apokalypse (Offb 13).

In seinem Tagebuch steht dann: »Solange Rom ist, was es ist, ist eine Vereinigung mit ihm unmöglich; sie ist ein Traum … Ich bin sicher, ich habe in Rom Personen gesehen, die mich beeindrucken – obwohl sie schon die Bezeichnung [›anglikanisch‹] wie ein Übel ausstoßen. Bei ihnen ist so viel Liebenswürdigkeit und Freundlichkeit … dass ich Mitleid empfinde mit denen, die mit einer eisernen Kette gebunden sind, die ihre Tatkraft lähmt und – so mag einer denken – ihre Frömmigkeit lau macht.«[55]

Inneres Licht

Anfang April trennt er sich dann von seinen Begleitern und fährt über Neapel nochmals nach Sizilien. In dem ortskundigen Führer Genaro findet er glücklicherweise einen dienstwilligen Begleiter. Doch auf der Insel verhindern Schirokko und heftige Fieberanfälle die geplanten Besichtigungen von Catania und Syrakus. Schließlich ist in Leonforte kein Weiterkommen mehr. Die gesundheitliche Krise wandelt sich in eine tiefe Depression. »Sind das erste Anzeichen der Cholera?«, geht es ihm durch den Kopf. Selbstzweifel und Vorwürfe plagen ihn. Er quält sich mit dem Vorwurf, ob er gegen sein »inneres Licht« gesündigt habe. Sein seelischer Schmerz kostet ihn viele Tränen. Doch trotz all der Misere verfällt er nicht gänzlich in Mutlosigkeit. Das Elend treibt ihn an, seinen inneren Kompass neu zu justieren. Ahnendes Spüren weist ihm den Weg. Er kommt zu der Einsicht, dass noch wichtige Arbeit vor ihm liegt. Mit Macht drängt es ihn wieder nach Hause, und er bereitet die Rückreise vor. In Palermo sitzt er morgens am Bettrand: Ich »weinte bitterlich und alles, was ich sagen konnte, war, dass ich sicher war, Gott hatte für mich ein Werk in England zu vollbringen«[56].

Fast drei Wochen muss er auf die Abfahrt eines Schiffes warten. Seine Ungeduld besänftigt er durch Kirchenbesuche. Wohl

---

55 I. Ker, John Henry Newman. A Biography, a. a. O., S. 66 ff.
56 Ebd., S. 78.

wusste er – wie er später in seiner Verteidigungsschrift nach der Bekehrung zum Katholizismus (*Apologia pro vita sua*, London 1864) einräumt – nichts von der Gegenwart des eucharistischen Herrn dort. Aber die kühlen Kirchen schützen ihn vor den heißen, staubigen Stadtstraßen und bieten ihm ruhige Einkehr.

Am 13. Juni verlässt das Schiff endlich den Hafen Richtung Marseille. Schon bald darauf verfasst er das Gedicht *Lead, kindly light*, das als eines der berühmtesten in englischer Sprache gilt. Es richtet den Blick neu auf sein inneres Licht und vertraut sich fremdem Geleit an.

Führ liebes Licht, im Ring der Dunkelheit
führ du mich an.
Die Nacht ist tief, noch ist die Heimat weit,
führ du mich an!
Behüte du den Fuß; der fernen Bilder Zug
begehr' ich nicht zu sehn: Ein Schritt ist mir genug.

Ich war nicht immer so, hab' nicht gewusst
zu bitten: Du führ an!
Den Weg zu schauen, zu wählen war mir Lust –
doch nun: Führ du mich an!
Den grellen Tag hab ich geliebt und manches Jahr
regierte Stolz mein Herz, trotz Furcht: Vergiss, was war!

So lang gesegnet hat mich deine Macht,
gewiss führst du mich weiter an,
durch Mohr und Sumpf, durch Fels und Sturzbach,
bis die Nacht verrann
und morgendlich der Engel Lächeln glänzt am Tor,
die ich seit je geliebt und unterwegs verlor.[57]

---

[57] Die Eindeutschung erstellte Ida Friederike Görres und ist entnommen: G. Biemer/D. Holmes (Hrsg.), Leben als Ringen um die Wahrheit. Ein Newman-Lesebuch, Mainz 1984, S. 305.

Newman sieht sich gelenkt. Er nennt diese Orientierung »liebes Licht«. Es erreicht ihn in seinem Herzen, ist aber nicht mit seinem Ich identisch. In dessen Helligkeit bleibt sein Glauben nicht länger allein, und er erfährt seine eigene Geschichte und die umgebende Welt neu. Sähe jemand jedoch nach den durchlittenen leiblichen und seelischen Qualen nun einen Newman vor sich, der jetzt auf Emotionen baut, so irrte er sich. Seine Glaubensschritte bleiben nach wie vor unter sorgfältiger intellektueller Kontrolle. Er beachtet sein Leben lang, was er später in seiner »Zustimmungslehre« (*Grammar of Assent*, London 1870) darlegte.

> *Wir lieben unsere Eltern als unsere Eltern, wenn wir wissen, dass sie unsere Eltern sind. Wir müssen um Gott wissen, bevor wir Liebe, Furcht, Hoffnung fühlen oder Vertrauen in ihn. Verehrung muss ihren Inhalt haben; wenn übernatürliche Inhalte nicht durch materielle Zeichen unseren Sinnen gegenwärtig gemacht werden, müssen sie durch Benennung vor unseren Geist treten. Die Formel, die für einen Theologen ein Dogma umschließt, weist den Beter leicht auf einen Inhalt hin.*[58]

Das Wirken von Gefühlen geht immer mit Verstandesarbeit einher, obschon er davor warnt, »Religion« – wie er sagt – einfach der Welt von Worten und von Logik anzuvertrauen. Auch für die Annäherung an Gott ist

> *gewöhnlich das Herz berührt, nicht durch den Verstand, sondern durch Bilder, durch direkte Eindrücke, durch das Zeugnis von Tatsachen und Ereignissen, durch Geschichte, durch Beschreibung. Personen wirken auf uns ein, Stimmen erweichen uns, Blicke bezwingen uns, Taten entzücken uns.*[59]

---

[58] I. Ker, Newman and the Fullness of Christianity, a.a.O., S. 14.
[59] I. Ker, John Henry Newman. A Biography, a.a.O., S. 211.

Darum behauptet er mit Nachdruck, nicht bereit zu sein, sich
durch einen Syllogismus (scil. einen logischen Schluss) zu bekehren.

> *Will jemand, ich solle diese Argumente zur Bekehrung des*
> *Nächsten gebrauchen, so erkläre ich kategorisch, ich müh-*
> *te mich nicht, seine Intelligenz zu besiegen, sondern sein*
> *Herz. Nicht Intelligenzler bekümmern mich, sondern Su-*
> *chende … Zu was dient das Christentum einem Mann,*
> *der ihm gegenüber weder das Bedürfnis noch die Sehn-*
> *sucht gespürt hat?*[60]

Den Prozess der Glaubenserkenntnis versteht nur der, der ihn
als personale Beziehung denkt. Folglich sieht der Denker be-
zeichnenderweise in der Liebe die große Führerin zum Glauben: »Wir glauben, weil wir lieben.« Darum auch erkennt der
göttlich-erleuchtete Geist in Christus den wirklichen Gegenstand, den er lieben und anbeten möchte.[61]

Autorität

Am 9. Juli 1833 ist er in Oxford zurück. Dort sind die anglikanischen »Vordenker« in Aufruhr. Die Frage entzweit die Ge-
müter, ob die eigene neue Kirche auf protestantischer Grundlage steht oder ob sie ein Zweig der alten katholischen Kirche aus
der Väterzeit ist. John Keble, eine Koryphäe als Professor, hatte in der dortigen Universitätskirche eine scharfe Predigt gehal-
ten, die sich gegen die Unterwerfung der anglikanischen Kirche
unter den Staat wandte. Seine Worte kamen unter der Über-
schrift »Nationale Apostasie« in Umlauf, und der Prediger wurde von liberalen Kreisen des Verrats bezichtigt. Andere identi-
fizierten sich jedoch mit der gewählten Stoßrichtung. Aus deren

---

[60] R. Aubert, Le problème de l'acte de foi, a. a. O., S. 343 f.
[61] I. Ker, John Henry Newman. A Biography, a. a. O., S. 262.

Zusammenschluss entstand dann die sogenannte »Oxford-Bewegung«. Bald wurde der zurückgekehrte Newman ihr führender Kopf. Zusammen mit seinen Mitstreitern verfasste er theologische Traktate, die auf der Basis der Heiligen Schrift geprüfte Glaubenswahrheiten unter die Leute bringen sollten. Scharfsichtig und scharfzüngig trug der neue Inspirator seine Auffassungen vor und kämpfte gegen lauwarmen Liberalismus.

Einmal zielt er auf die Tatsache, dass die Glaubenswahrheit vorgegeben ist. Sie wird nicht vom Menschen in der Seele gefühlt oder fortwährend erfunden, sondern wir begegnen ihr in Gottes Offenbarung; und diese liegt uns abgeschlossen vor. Denen, die das übersehen, hält er im *Tractatus 85* entgegen: Wenn das Christentum »keine festgelegte Wahrheit beinhaltet, kein Credo, keine Offenbarung, kein System, ... überhaupt nichts, was zum Subjekt des Glaubens gemacht werden kann«, könne man diese Glaubensvorstellung kaum ernst nehmen. »Warum sollte Gott sprechen, ohne zu meinen, etwas zu sagen? Warum sollte er es sagen, ohne dass er meinte, wir sollten hören?« Wenn es aber eine Offenbarung gäbe, dann müsste »irgendeine wesentliche Lehre für unseren Glauben dadurch vorgelegt worden sein ...«

Besonders beißend reagierte er gegen die Unart, eindeutige Begriffe und klare Formulierungen zu umgehen. Er nennt sie einen Trick, durch Vernebelung alle Christen für die Inhalte verständnisvoll zu stimmen.

> *Gegenwärtig ist trüber Dunst die Mutter der Weisheit. Jemand kann ein halbes Dutzend allgemeiner Vorschläge machen, die sich nur deshalb nicht widersprechen, weil sie zu Gemeinplätzen verwässert wurden ... er behauptet niemals eine Wahrheit, ohne sich vor dem Verdacht zu hüten, er schlösse das Gegenteil aus ... das ist der Mensch außer Gefahr und die Hoffnung der Kirche; das sei, was die Kirche wünsche – keine Parteilichkeit, sondern*

einfühlsame, maßvolle, nüchterne, klarsichtige Personen.
Die sollen sie führen durch den Kanal der Sinnlosigkeit,
zwischen Skylla und Charybdis von Ja und Nein.[62]

Newman hat keinen Zweifel, dass für den Glaubensinhalt auch ein irdisches Organ zuständig sein muss. In seiner Publikation »Über die Entwicklung der Glaubenslehre« (Littlemore 1845) gibt er schon vor dem Eintritt in die katholische Kirche seine Begründung. Gottes Offenbarung steht und fällt mit einem Garanten. Sie braucht eine »Autorität, die entscheidet, was zu dem Gegebenen gehört«. Deshalb muss eine unfehlbare Instanz existieren, die einer Billigung all der unterschiedlichen Meinungen entgegensteht, wie sie in der Kirche von England gegenwärtig kursieren. Und er nennt einige solcher Thesen, die falsch sind und Verwirrung stiften:

... dass eine Lehre so gut ist wie die andere; dass der Lenker der Welt unser Ringen um die Wahrheit nicht erwartet; dass wir Gott wohlgefällig sind, wenn wir dies glauben statt jenes; dass niemand für seine Auffassung geradestehen muss; dass diese von Notwendigkeit oder Zufall abhängt; dass es genügt, wenn wir halten, was wir versprechen; dass unser Verdienst im Suchen liegt, nicht im Besitzen ...[63]

Solche Behauptungen weist Newman ausdrücklich zurück.

---

[62] J. H. Newman, Tract 85, Chapter 2: The Difficulties of Latitudinarianism, http://www.newmanreader.org/works/arguments/scripture/lecture2.html.

[63] I. Ker, Newman and the Fullness of Christianity, a. a. O., S. 39 ff.

Studierstuben-Einsichten

Die langen Sommerferien verbringt Newman während des Jahres 1839 allein in Oxford. In der Bibliothek befasst er sich erneut mit den theologischen Problemen des 5. Jahrhunderts. Er hatte 1832 an einer Schrift über die Irrlehre des Arianismus gearbeitet und will nun die Studie nochmals in Angriff nehmen. In der Bibliothek geht er der damaligen Auseinandersetzung um die Gottheit Christi nach und wartet dabei »andauernd auf die Mäuse, die es miteinander in meinen Papieren und hinter der Tapete rascheln lassen«. Während seiner Forschungen zur Geschichte der Kirche wachsen die Zweifel an der Verlässlichkeit des Anglikanismus. Ende Juli gesteht er sie einem Bekannten, den er zufällig auf der Straße trifft. Ende August sieht er sich in dieser Unsicherheit »ernsthaft alarmiert«. Sein ganzes Interesse konzentriert sich auf die Frage: »Was sagten die Kirchenväter?«

Bald hat er das Gefühl, es käme in seinen Tagen zu einer Neuauflage der theologischen Auseinandersetzungen des 5. Jahrhunderts: Die Protestanten heute würden – wie die Arianer damals – die Gottheit Christi missachten; die Evangelikalen ignorierten – wie der zeitgleiche Irrlehrer Eutyches – Christi Menschheit; nur Rom habe damals besonders in der Gestalt des Papstes Leos des Großen († 461) am wahren Glauben festgehalten.

Aktuelleres stürzt auf ihn ein. Im August 1839 hatte der katholische Bischof Nicholas Wiseman überraschend wieder auf die afrikanische Irrlehre des Donatismus aufmerksam gemacht und dass diesem damals der heilige Bischof Augustinus energisch entgegengetreten war. Parallele Fehlentwicklungen in der anglikanischen Kirche seien nicht zu übersehen. Newman bespricht Wisemans Aufsatz mit einem Freund. Dabei stoßen sie auf einen bedeutungsvollen Satz des Augustinus: »*Securus iudicat orbis terrarum* – weil es der kirchliche Erdkreis ist, der das sichere Glaubensurteil hat, haben nicht die die Wahrheit, die sich in irgendeinem Winkel des Erdkreises von diesem Erdkreis abtrennen.« Das sind Worte, die etwas formulieren, was trotz ihrer lokalen Entstehung in Afrika weit über die dortige Auseinandersetzung hinausreicht.

In seiner späteren »Apologie« kommentiert er seine Einsicht und kommt wieder auf die genannte Maxime des Augustinus zu sprechen.[64] Bei deren Deutung schreibt er:

> [Sie] entscheiden Kirchenfragen auf einfachere Weise als durch Befragung des Altertums. Nein, der heilige Augustinus war eine der ersten Autoritäten des Altertums; hier entschied das Altertum gegen sich selbst. Welch ein Licht fiel dadurch auf jede Auseinandersetzung in der Kirche!
> – Nicht, dass die Menge in ihrem Urteil für einen Augenblick nicht fehlgehen könnte,
> – nicht dass im arianischen Sturm unnennbar viele Bischofssitze seiner Raserei erlagen und vom heiligen Athanasius abfielen,
> – nicht dass die Menge orientalischer Bischöfe während des Aufruhrs nicht hätte unterstützt werden müssen durch die Stimme und das Auge des heiligen Papstes Leo,
> sondern dass das überlegte Urteil, in dem die ganze weite Kirche ruht und sich beruhigt, eine unfehlbare Weisung und ein endgültiger Urteilsspruch gegen solche ihrer Teile ist, die protestieren und abfallen. ... Als einfacher Satz trafen mich die Worte des heiligen Augustinus mit einer Kraft, wie ich sie nie vorher von Worten erlebt hatte.

Dann vergleicht auch er die Sätze mit dem »Nimm und lies!«, die nach Augustins »Bekenntnissen« diesen zur Bekehrung

---

[64] I. Ker, John Henry Newman. A Biography, a. a. O., S. 182 f.

führten; sie sind für Newman der gleiche umwerfende seelische Stoß, wie er uns schon bei der großen heiligen Teresa begegnet ist.

Fast gleichzeitig verschärften sich durch Newmans Äußerungen die schwelenden kirchenpolitischen Spannungen mit seiner eigenen Glaubensgemeinschaft. 1841 veröffentlicht der Professor in der Reihe seiner fortlaufenden Stellungnahmen eine Kommentierung der anglikanischen Bekenntnisschriften *(Tractatus 90)*. Er greift einen Schritt der Kirche von England auf, durch den sie gemeinsame Sache machte mit den Protestanten. Zusammen mit den Anhängern der Reformation aus dem Preußen des Königs Friedrich Wilhelm IV. beabsichtigte sie, ein anglikanisches Bistum in Jerusalem zu errichten – außerhalb des englischen Territoriums und ohne dass es dort anglikanische Christen gab. Newman protestierte entschieden: Wenn die anglikanische Kirche die Verantwortung für Anhänger einer Häresie, nämlich des Luthertums und des Calvinismus, übernähme, ohne dass diese ihre Irrtümer widerrufen hätten, so würde sie deren Irrlehren anerkennen. Newmans Text findet bei den anglikanischen Bischöfen keine Billigung; einer nach dem anderen verurteilt die Thesen als unzulässige Annäherung an die katholische Kirche Roms.

Zweifach waren demnach die Impulse, die den Sucher aus Oxford vorantrieben: selbst erlebte kirchengeschichtliche Fakten und sein intensives Studium der Vergangenheit. Sie zeigen einen Mann, der ganz geöffnet ist für seine Glaubenstradition und ihr dabei mit intellektueller Forschung auf den Grund geht. Auf dieser Basis will er auch anderen die Wahrheit des Glaubens vermitteln. Er findet jedoch seine Argumente im Streit nicht in Einzelheiten frühchristlicher und apostolischer Aussagen. Auch die theologischen Wurzeln für das Papsttum geben ihm keine Einsicht. Die definitive Antwort kommt ihm aus der Zusammenschau von Forschung und Leben. Sein brillanter Verstand kann sich ihr nicht entziehen: Was der anglikanischen

Kirche fehle, sei die Universalität. Der Begriff »Katholizität« bestimmt seine Hermeneutik. Ende 1844 ist der Professor praktisch sicher, dass die Kirche von England weit davon entfernt ist, ein Zweig der katholischen Kirche zu sein; dass sie vielmehr im Schisma lebt. Diese Einsicht gibt ihm dann Gewissheit über das unverzichtbare Zueinander von Offenbarung und Kirche.

Seine Erwägung: Ihm steht die große Vielfalt der christlichen Gemeinschaften vor Augen, die sich seit der Zeit der Apostel gebildet haben. So fragt er sich, in welcher dieser Gemeinschaften es von der Zeit der Apostel an eine wirkliche Stetigkeit der Lehre gebe. Er widerspricht der Auffassung, die Bibel genüge als Glaubensbasis für das Christentum. Eine Fülle von Deutungen habe durch die Zeit hin zu ganz unterschiedlichen kirchlichen Zusammenschlüssen geführt. Schon die Verschiedenheit der Ausformungen zeige, dass es dieser Grundlage an Eindeutigkeit mangele. »Schrift braucht Vervollständigung«, schreibt er. Eine Fülle von verschiedenen Auslegungen habe zu unterschiedlichen Auffassungen von Gottes Wort geführt. Daher müsse es – vorausgesetzt, man gehe mit ihm von einer objektiv wahren Offenbarung aus – für ihre Verbindlichkeit eine Instanz geben, um den Entwicklungen auch Gültigkeit und Bestätigung zu geben.

> *Man sagte uns, Gott habe gesprochen. Wo? In einem Buch? Wir griffen zu ihm, und es enttäuschte uns; dieses so heilige und gesegnete Geschenk enttäuscht uns – nicht aus eigener Schuld, sondern weil es gebraucht wird für Zwecke, für die es nicht gegeben war … Die Kirche übernimmt diese Aufgabe [scil. das Siegel der Autorität zu setzen], sie tut, was sonst niemand tun kann, und das ist das Geheimnis ihrer Macht.*[65]

---

[65] I. Ker, Newman and the Fullness of Christianity, a. a. O., S. 114.

Konversion

Offenbarung droht verwässert zu werden, wenn niemand über ihren Inhalt wacht. Sie braucht eine »oberste Autorität« zum Vermeiden von falschen Interpretationen. Denn ohne ein verbindliches Lehramt zerfällt das Glaubensgut in unterschiedlichste Meinungen. Nun aber stellt sich keine andere Glaubensgemeinschaft dieser Notwendigkeit als die römische Kirche. Wohl haben sich in der ganzen Welt wieder und wieder Andersdenkende und nicht katholische Gruppen von der Kirche abgesetzt. Aber sie können der katholischen Kirche diese Wächterfunktion nicht nehmen; dem widersprechen ihre oft nur eine kurze Zeitspanne dauernde Existenz, ihre je beschränkte regionale Verbreitung und nicht zuletzt ihre Wirkungsgeschichte: dass sie vom Geist der Welt ausgehöhlt und von politischen Strukturen vereinnahmt wurden. All das bringt Newman zur Überzeugung, die römische Kirche als die »Kirche Christi« zu erkennen.

Die dem Forscher eigene Folgerichtigkeit drängt ihn zum Übertritt in die katholische Kirche. Einige seiner Freunde haben sich bereits zu diesem Schritt entschieden. Andere scheinen auf Newman gewartet zu haben. Dieser wählt nun für seine Bekehrung eine völlig unspektakuläre Art. Ein Passionisten-Pater aus Italien, Domenico Barberi, war schon seit 1824 katholischer Missionar in England. Newman schätzte ihn sehr als theologisch gebildeten und heiligmäßigen Priester. Er kam am 8. Oktober 1845 abends nach fünfstündiger Kutschenfahrt bei strömendem Regen in Littlemore an. Später schreibt der Gast über die Begegnung:

Ich setzte mich gleich an den Kamin, um meine Kleider zu trocknen. Da trat Herr Newman ein, warf sich mir zu Füßen, verlangte meinen Segen und bat mich, seine Beichte anzuhören und ihn in die Kirche aufzunehmen.

All das vollzog sich am nächsten Tag. Im November empfing der Konvertit dann auch die katholische Priesterweihe.

Newmans Motiv für die »zweite Bekehrung« ist nicht in den Faktoren seines Umfelds zu suchen. Nicht Enttäuschung über die Repräsentanten der anglikanischen Kirche und auch nicht das äußere Erscheinungsbild der katholischen Kirche bewegen ihn. Sein suchendes und glaubendes Ich öffnet sich für die universale Glaubensgemeinschaft als *Communio*. In seiner *Apologia* von 1864 geht er nochmals den Gründen für das Verlassen der anglikanischen Kirche nach und schreibt mit seiner typischen Präzision:

> *Wenn ich mich nicht irre, ist mein Hauptgrund, warum ich einen Übertritt ins Auge fasse, die tiefe, unwandelbare Überzeugung, dass unsere Kirche sich im Schisma befindet und dass mein Heil von der Vereinigung mit der katholischen Kirche abhängt (8. Mai 1843).*[66]

Das Gewissen

Sein intellektueller Durchblick und die Herausforderung seiner theologischen Gegner nötigen den katholischen Konvertiten zur Frage nach der ihm verbleibenden Eigenverantwortung: Hat er mit dem Übertritt seinen Selbststand vor Gott an die katholische Kirche abgegeben? Er weist eine solche Unterstellung von sich und formuliert Bemerkenswertes über Tatsache und Wirken des Gewissens.

Der Wissenschaftler aus England dient bis heute vielen als Zeuge, um den Vorrang menschlicher Freiheit vor aller Autorität zu begründen. Bekannt ist sein Wort:

---

[66] Ebd., S. 107.

*Gewiss, wenn ich genötigt bin, in einem Trinkspruch die
Religion zu rühmen ..., werde ich, wenn sie möchten, auf
den Papst trinken – nichtsdestoweniger auf das Gewissen
zuerst und dann auf den Papst.*

Wer genauer hinschaut, erkennt jedoch, dass Newman trotz allem nicht als Kronzeuge für die Ungebundenheit des Gewissens taugt. Er kritisiert sogar ausdrücklich, dass bei vielen Zeitgenossen an die Stelle des Gewissens dessen Fälschung *(counterfeit)* getreten sei, nämlich »das Recht auf die Selbstbestimmung«[67]. Gewiss hätte Martin Luther von ihm etwas lernen können. Denn der englische Theologe widerspricht nachdrücklich dem modernen Subjektivismus, der sich mit Berufung auf das Gewissen über bindende Gebote hinwegsetzt. Bei seiner Erhebung zum Kardinal sagt er öffentlich, er habe sein ganzes Leben lang gegen derartigen Liberalismus gekämpft. Er hatte sich ja mit nicht geringer Mühe aus der Bewegung der Evangelikalen gelöst, denen nicht eine objektiv vorgegebene Wahrheit, sondern die innere Überzeugung als letzter Maßstab genügte.

Zu seinem Angelpunkt des Denkens ist hingegen die Wahrheit geworden, die allem theologischen Argumentieren vorausliegt.[68] Diese enthüllt Gott dem vorurteilsfreien Menschen in dessen Innerem. Er schenkte uns ein eingegossenes Organ, nämlich einen inneren Widerwillen gegen das Böse und eine innere Anziehung durch das Gute, das als Anlage unbestreitbar ist. Doch Gottes Offenbarung und die Lehre der Glaubensgemeinschaft müssen es erleuchten; auch kann es vom menschlichen Willen und von bösen Taten verbogen werden.

Durch den Spruch dieses erleuchteten Organs, den Spruch seines Gewissens, findet der Mensch den gottgefälligen Weg.

---

[67] Vgl. I. Ker, John Henry Newman. A Biography, a. a. O., S. 689 f.
[68] J. Splett hat dieses Fundament der Theologie und Pastoral *en détail* und überzeugend aufgewiesen in: ders., Denken vor Gott. Philosophie der Wahrheitsliebe, a. a. O., S. 175–196.

Sein Ich lässt sich von Gott erfüllen. Bezeichnend ist der Vers, den Newman 1833 bei seiner Reise durch Sizilien formuliert. Er zeigt auf, wie sein Blick sich aus der selbstverschlossenen Suche auf Gott hin öffnet und seine Lebensperspektive sich dadurch umfassend ändert:

> *Es gefiel mir [bislang], meinen Weg selbst zu wählen und zu verstehen. Jetzt aber bete ich: Herr, führe Du mich!*

Nur wer beachtet, dass die Wahrheit in der Offenbarung vorgegeben ist und dass Gott sie dem Menschen in seinem Inneren bestätigt, der kann Newmans Begriff des Gewissens verstehen. Das Gewissen ist für ihn »die wahrnehmbare und machtvolle Gegenwart der Wahrheit im Subjekt selbst; das Gewissen ist die Überwindung der schlichten Subjektivität, wenn sich die Innerlichkeit des Menschen und die Wahrheit, die von Gott kommt, treffen«[69].

Gegen subtile »Zielverschiebung«

Newmans Welt- und Selbstbeobachtung sind von solcher Genauigkeit, dass man sich seiner Argumentation kaum verschließen kann. Gleichzeitig widersteht er der Versuchung, allein der eigenen Reflexion zu vertrauen. Er warnt vor deren Verabsolutierung. Denn sie ist für ihn eine Falle kränklicher Selbstbezogenheit. »Ein Rationalist macht sich selbst zur Mitte, nicht aber seinen Schöpfer.« Er sehe, wie »diese enge und egoistische Sinnesart« sich unter den Christen verbreite. Und sie habe schlimme Folgen:

> *Statt unseren Blick aus uns hinaus zu richten und zu versuchen, flüchtige Eindrücke von Gottes Wirken zu erhaschen, ganz gleich, wo wir sind – und uns auf ihn zu*

---

[69] J. Ratzinger, Coscienza e Verità, a. a. O., S. 27.

stürzen und auf ihn zu warten, sitzen wir zu Hause und ziehen alles zu uns, unterwerfen es unserem eigenen Urteil und weigern uns, etwas, was uns nicht demonstrativ zwingt, als wahr zu akzeptieren.

Auf diese Weise verliere aber die Religion ihr Geheimnis und auch ihre Allgemeingültigkeit. Und dann zeigt der Analytiker eine Gefahr auf, die noch beängstigender ist: Solches Suchen verleite dazu, dass wir unsere Blickrichtung änderten. Religion interessiere dann nur noch in sich und als solche. Statt auf Christus, richte sich unser Interesse allein auf sie. Damit aber ist sie nicht mehr eine Botschaft, die über sich hinausweist. Oder anders: Weil sie unsere Habe zu sein scheint, vergessen wir ihren Geber, den Herrn – in seiner Gottheit und seinem Erlösungswerk; wir verbleiben bei uns selbst.[70]

Newman mag dies der theologischen Forschung seiner Zeit zugerufen haben. Heute könnte er dasselbe mit gleichem Recht den Verbesserern des Kirchensystems ins Stammbuch schreiben. Bei dem fortdauernden Bemühen, der kirchlichen Struktur größere Effizienz zu verleihen, kommt es nur zu oft zu dem, was die Soziologie als »Zielverschiebung« (Amitai Etzioni) bezeichnet hat: Kirche wird als solche zum Zentralobjekt der Sorge; dass ihr Sinn aber darin besteht, die Offenbarung zu verkündigen, tritt zurück und gerät ins Abseits. Newman zeigt die Falle auf, in die die Rechtfertigungslehre der Evangelikalen ihn gelockt hatte. Vor dieser sollten sich aber auch all jene in Acht nehmen, deren Sinn sich vorwiegend um Gemeinde und Kirche dreht und denen die Worte Gott, Jesus Christus, Sünde und ewiges Leben höchstens noch als Dekoration von den Lippen kommen. Was heute als Religion hervortritt und immer neu verteidigt wird, sind nur noch sogenannte religiöse Werte, die für sich selbst stehen.

---

[70] Vgl. I. Ker, John Henry Newman. A Biography, a. a. O., S. 122 f.

*Wahrer Glaube ist wie etwas Farbloses wie Luft oder
Wasser. Aber er ist das Medium, durch das die Seele Christus sieht; und die Seele nimmt es so wenig wahr und betrachtet es so wenig wie das Auge die Luft. Wenn sich
dann Menschen daranmachen, es [so wie es ist] in Händen zu halten und es neugierig untersuchen und analysie-
ren, ... dann müssen sie es färben und verdicken, sodass
es gesehen und berührt werden kann. Das heißt, sie ersetzen es durch das eine oder andere, ... das sie darüberle-
gen und dem sie verfallen sind. Sie haben eher Experimen-
telles im Sinn ... als DEN, den solches nicht hergibt.*[71]

Bewundernswert und von seltener intellektueller Brillanz sind
Newmans geistig-geistliche Überlegungen. Der Sucher öffnet
sich allem und jedem in Vergangenheit und Gegenwart, in Nähe und Ferne, geschichtsweit und weltweit. Er verkriecht sich
nicht, sondern sucht vielmehr die Nähe anderer. Auch füllen
ihn Reisen und Studien aus. Seinen Predigten lauscht die Elite.
Seine Reiseberichte und seine Gedichte sind Gesprächsthemen
der Gesellschaft. Er hat den Stand, die Fähigkeiten und den
Charme eines »Mannes von Welt« *(gentleman)*. Er ist authen-
tisch »katholisch«. Aber die Welt macht ihn nicht satt. Weder
Abenteuerlust noch die Bibliotheken noch der öffentliche Ap-
plaus sättigten seinen Hunger nach Wahrheit, noch verstellen
ihm Sachergebnisse seine menschliche Sehnsucht. Newmans
tiefster Impuls zeichnet in allem eine personale Färbung aus.
Das »freundliche Licht«, das er auf der Rückfahrt von seiner
großen Reise besang, zeigt sich ihm als das gewinnende Gesicht
eines Du.

So berührt sich für ihn das Wissen um den Glauben mit
der Liebe als der Kraft des Herzens. Noch als anglikanischer
Professor legt er in seinen hochgeschätzten Oxford-Predigten

---

[71] I. Ker, Newman and the Fullness of Christianity, a. a. O., S. 29.

seine Sicht der menschlichen Glaubensfähigkeit dar. Im Mai 1839 stellt er fest, dass die Glaubenszustimmung von der Herzensverfassung dessen abhängt, der Gottes Botschaft hört. Menschen können eine spontane Sehnsucht fühlen und geistige Erwartungen haben. Unglaube kritisiere den Aufweis des Glaubens lediglich, weil er ihn nicht liebe. Unglaube hänge in gleichem Maß von Mutmaßungen und Vorurteilen ab wie der Glaube. Was darum dem Glauben Geburt gebe, sei die rechte Verfassung des Herzens. Noch einmal: »Wir glauben, weil wir lieben.« Der vom göttlichen Licht erhellte Geist »sieht in Christus das wirkliche Gegenüber, das er zu lieben und zu verehren wünscht, das Gegenüber, das seiner eigenen Zuneigung entspricht«[72].

Gottinnige Hingabe

Der englische Selige und Kardinal war fraglos ein Gigant des Wissens, der Kultur seines Jahrhunderts und nicht zuletzt der Theologie. Er brach aus seiner Studierstube aus und machte die Erfahrung der Fremde. Beeindruckend ist sein geschriebenes Erbe: Über seine »Selbstverteidigung« und die anderen autobiografischen Texte hinaus sind uns von ihm 20 000 Briefe erhalten. Die geplante Gesamtausgabe, die die »Tagebücher« und unveröffentlichten Aufzeichnungen umfassen wird, ist auf vierzig Bände geplant. Das beeindruckt, aber entmutigt auch, wollte jemand eine Synthese seines Lebens formulieren.

Dennoch zeigt seine geistige Hinterlassenschaft, dass auf den Wegen und Irrwegen seiner Erdentage sein Interesse sich zunehmend auf eine letzte Wahrheit hin durchrang: die liebende Gemeinschaft mit dem trinitarischen Gott. Diese Sehnsucht nach dem Dreifaltigen bestimmt ihn mehr und mehr. Und schließlich erfasst ihn dieses Ziel voll und ganz. Immer aufmerksamer trachtet er danach, sich auf den Weg der Vereinigung mit

---

[72] I. Ker, John Henry Newman. A Biography, a. a. O., S. 262.

diesem Gott bringen zu lassen. Er sieht ein, dass abstrakte Theologie nicht ausreicht, und darum betont er die »religiöse Einbildungskraft« *(religious comprehensiveness)*. Diese hat – davon ist er überzeugt – wohl einen lebendigen Halt an diesseitigen Wahrheiten, liegt jedoch nicht schon an deren Oberfläche und klingt auch in den sachlichen Formulierungen der Theologie nur an. Erst die religiöse Einbildungskraft kann den suchenden Menschen wahrhaft ergreifen und ihn dazu bringen, aus der verwickelten Unordnung seiner Welt eine Ahnung Gottes zu gewinnen, die schlüssig und lichtvoll ist.

In diesem Sinn versucht der Hirte und Katechet 1870 einen Neuentwurf der Glaubensmitteilung *(Grammar of Assent)* – nicht nur für katholische Christen. Er möchte allen Zeitgenossen den Glauben an den dreifaltigen Gott nahebringen. Er will diejenigen weiterführen, die sich mit einer kühlen, reservierten »Gottgläubigkeit« begnügen; die bei ihrer Hinwendung zum Allerhöchsten nicht ihre Einbildungskraft einbringen; deren Herz tot bleibt und deren Gemüt nicht berührt wird von der erhabensten aller denkbaren Wahrheiten. Gegenüber mathematisch-sachlicher Demonstration, erst recht gegenüber Lehrern, die solche Distanz zu Gott mit geschickten theologischen Worten (»Sekundärursachen«, »absolute Transzendenz«) verbreiten, setzt er angesichts Gottes auf »eine lebhafte Zustimmung«. Er will dazu anleiten, mit persönlichem Wissen und innerer Anteilnahme in das bislang bloß Gewusste einzudringen.

Zur Erläuterung wählt er das wohl größte Geheimnis unseres Glaubens; er wagt sich an die Lehre von der Dreifaltigkeit und benennt damit also eine Wahrheit, die dem Religionspädagogen eher als ungeeignet zum Wecken seelischer Beteiligung gelten möchte. Er aber wählt sie aus, damit das Herz des Glaubenden angerührt wird. Er macht wieder und wieder Anstrengungen, dieses Geheimnis trotz seiner stark reflektierten Abstraktheit für die menschliche Einfühlung zu öffnen. Als Weg zur heiligen Dreiheit geht er dem Wortlaut des *Credo* nach, das in der anglikanischen Kirche an bestimmten Festtagen zur Morgenliturgie gehörte. Newman freilich versteht die Sätze nicht allein als begriffliche Schärfung der Glaubenswahrheit, die Verstand und Gedächtnis festzuhalten haben. Er stellt den Text in die Reihe der großen Gebete der Heilsgeschichte. Gleich den Psalmen wird ihm das Sprechen des Glaubensbekenntnisses zur Gottesbegegnung, und er bezeichnet es darum auch als den *Psalmus Quicumque*. Ihn interessiert eben das betende Verweilen bei den einzelnen göttlichen Personen, das Schauen auf ihre Heilstaten und Eigenschaften. Vergleiche von besonderem Pathos sollen dem Hörer helfen, die Rezitation nicht als eine bloße Routine abzuleisten, sondern die Worte vielmehr mit Leben zu erfüllen. So nennt er die nüchterne theologische Definition des Glaubens einen

> *Hymnus des Preisens, des Bekennens, einer tiefen, demütigen Huldigung, ähnlich den Lobgesängen der Auserwählten der Apokalypse ... Kriegsgesang des Glaubens, mit dem wir zuerst uns selbst ermahnen, dann einer den anderen und dann alle, die innerhalb seiner Hörweite sind, in Hörweite der Wahrheit: Wer unser Gott ist und wie wir ihn anbeten müssen ...*[73]

Solcher Lobpreis des Dreieinigen ist sich selbst genug. Die Trinität vereinnahmt den Beter umfassend. In einer Predigt zum Dreifaltigkeitsfest des Jahres 1837 hatte er zunächst geäußert, dass dieser Tag gegenüber den anderen Festen des Kirchenjahres einen Ausnahmecharakter habe, da wir an diesen generell unserer Erlösungstat durch Christus gedächten. »Aber heute feiern wir kein Werk der Barmherzigkeit Gottes uns gegenüber.« Das Fest solle die Christen nicht erinnern an das Gute, das Gott

---

[73] J. H. Newman, Grammar of Assent, Kap. 5; abrufbar unter http://www. newmanreader.org/works/grammar/.

uns erwiesen habe; es solle nicht unser Heil erneuern durch das Gedenken an seine Wohltaten. An diesem Tag gehe es nicht um unsere Erwählung und Rettung:

Vielmehr vergessen wir uns selbst und schauen lediglich auf Ihn, in Ehrfurcht und Schauer, und preisen doch voller Freude die Wunder – nicht Seiner Werke, sondern die Seiner eigenen Natur. Wir erheben Herz und Augen zu Ihm und sprechen von dem, was Er in sich selbst ist. Wir wagen von seinem ewigen und unbegrenzten Sein zu sprechen; wir betrachten direkt ein Geheimnis, das tiefe und unaussprechliche Geheimnis der Dreifaltigkeit in Einheit.[74]

Es wundert nicht, dass ein Intellektueller wie der Selige bei solcher Hingabe an das Geheimnis nicht in affektiven Nebel abgleitet. Trotz seiner emotionalen Auslieferung behält er die Wahrheit über das Du klar im Blick. Er verfällt nicht in eine konturlose »Naturmystik«, wie sie vielen Religionen zu eigen ist: dass Göttliches nicht in Worte zu fassen sei und Gott selbst in geheimnisvolles Dunkel verschwindet. Es ist ja gerade das offenbarte Wunder »Gott«, das er im Auge behält. Auf diese Weise kann er dann auch zu einem zweiten, fundamentalen Schritt ansetzen: zu der Anregung, bei unserer Gottesbegegnung allein auf das Du zu schauen und das eigene Ich gar nicht zu beachten – kennzeichnet es doch den Liebenden, angesichts des Geliebten immer weniger an sich selbst zu denken. Wie er es gelegentlich an den Heiligen, Robert Bellarmin und Ignatius von Loyola, klarmacht: Sie stünden nicht wie eine Wolke zwischen ihm und dem Schöpfer, sondern öffneten den Weg zu Gott. Wieder ist erkennbar, dass seine Seele die Annäherung an Gott selbst ersehnt. *Solus cum solo* ist das ihn treibende Ziel. »Der

---

[74] J. H. Newman, Fifteen Sermons Preached before the University of Oxford between A. D. 1826 and 1843 (Oxford 1845), Sermon 23.

156

Befehl, der mich praktisch überwältigte, war: ›Mein Sohn, gib mir dein Herz!‹«[75]

Solch unstillbaren Hunger nach dem Du Gottes formuliert der selige John Henry Newman mehrfach in den Mediationen, die seinem Nachlass entnommen und 1893 – drei Jahre nach seinem Tod – veröffentlicht wurden.[76] Eine von ihnen soll seine Darstellung abschließen:

> *O mein Gott, rückhaltlos will ich mich ganz in Deine Hände geben. Wohlstand oder Not, Freude oder Kummer, Freundschaft oder Verlassenheit, Ruhm oder Erniedrigung, Ansehen oder Missachtung, Trost oder Trauer, Deine Gegenwart oder Dein Verhülltsein – alles ist gut, wenn es von Dir kommt. Du bist die Weisheit und die Liebe – was kann ich mehr verlangen? Du hast mich geführt nach Deinen Ratschlüssen und hast mich gar herrlich aufgenommen. Was kann ich auf Erden suchen und im Himmel wünschen außer Dir? Mein Fleisch ermattet und mein Herz verzagt, Du aber bist der Gott meines Herzens, Deiner werde ich teilhaftig in Ewigkeit.*

Das Erlösungswerk durch Jesus Christus hat uns die Sicht auf Gott selbst freigegeben und uns die Liebe geoffenbart, die er in sich selbst ist. Darum zu wissen, mag Gottsucher derart gefangen nehmen, dass sie ihr Ich hinter sich lassen. So haben die Meister des geistlichen Lebens schon lange vor Kardinal Newman im Gott-zugewandt-Sein des Herzensinneren einen hohen Wert und ein wichtiges Ziel gesehen – etwa die Franziskaner-Theologen des 13. Jahrhunderts.[77] Heute sind sie neu zu entdecken, denn allseits fördert ja unvermeidliche Werbung unsere Eigenliebe,

---

[75] J. H. Newman, Apologia pro vita sua, a. a. O., S. 285.
[76] Deutsch: Gebete, hrsg. von W. Reich, Zürich 1957.
[77] Vgl. den Artikel »Selbstvergessenheit« von M. Laarmann, in: Historisches Wörterbuch der Philosophie, IX, S. 545–551.

und selbst religiöses Engagement wird – etwa in einigen christlichen Sekten oder bei *Scientology* – egozentrisch vernutzt.

Selbstvergessenheit steht also nicht hoch im Kurs. Gerühmt wird stattdessen Selbstbezogenheit. Sie darf alles Gebotene auf dem Altar der eigenen Person opfern. Entdeckung und Wertschätzung des Individualismus prägen die heutige Mentalität. Ein Blick in das Werk und Leben eines der größten Genies deutscher Zunge ist hierbei aufschlussreich.

5.4 »… und ich schwebe / Über Wasser, über Erde, / Göttergleich« – Johann Wolfgang von Goethe (1749–1832)

Im Leben Martin Luthers hatte sich gezeigt, dass außergewöhnliche intellektuelle Fähigkeit und hartnäckige Wahrheitssuche oft mit stark ausgeprägter Selbstbezogenheit und mangelnder Empathie für andere einhergehen. Herausragende Begabung kann offenbar bewirken, dass sich jemand egozentrisch abkapselt und sich dann zum Maß der Dinge macht. Das Genie mag sich dann selbst genügen. Als isoliertes Ich steht es allein und wird vielleicht sogar verleitet, sich der Mitmenschen und der Welt zur Selbststeigerung zu bedienen. Obschon von hoher intellektueller Begabung, war John Henry Newman jedoch anders. Er behielt stets suchende Augen und ein fragendes Herz. Solche Offenheit schenkte ihm, dass er auf einem langen Weg der bergenden Glaubensgemeinschaft der katholischen Kirche immer sicherer wurde. Seine Ausnahmegestalt tritt für den noch besser ins Licht, der ihn neben einen anderen Heroen des Geistes stellt: Johann Wolfgang von Goethe. Lediglich einige wenige Beobachtungen zu den Religionsvorstellungen dieses deutschen »Geistesfürsten« seien mit denen des Engländers verglichen.

Nicht nur, weil beide fast zur gleichen Zeit sich im philosophischen Strom der »Aufklärung« sowie des theologischen

Liberalismus bewegten; nicht nur, weil beide nicht-katholischen Glaubensgemeinschaften entstammten: Der eine fand seinen Glauben bei den Evangelikalen, der andere fühlte sich als Protestant; nicht nur, weil beide nach Italien reisten und dort ihr eigenes Weltverhältnis prüften – nach dem englischen Kardinal zu Goethe überzuwechseln, macht vor allem auch deshalb Sinn, weil dadurch Kardinal Newmans theologische Einsichten, ihre Leuchtkraft und Aktualität, noch besser hervortreten. Und weil der Deutsche zumindest in seinem Land das Religionsverständnis der Gebildeten bis heute stark beeinflusst oder sogar zum Ausdruck bringt. Dabei soll lediglich versucht werden, einen Zug seiner Sicht – den der Transzendenz – einzukreisen. Nur das ist hier beabsichtigt. Eine umfassende Abhandlung zu Goethes Weltanschauung wäre zu ambitioniert. Es ist sogar einzuräumen, dass selbst in der fälligen Begrenzung der Versuch gewagt bleibt, eine so facettenreiche und so oft gedeutete Persönlichkeit wie die des berühmten Dichters darzustellen.

Denn wer Goethe kommentiert, spricht von einer Gestalt mit einer äußerst bunten, variablen und schillernden Religionsauffassung. In seinem Leben wechseln miteinander Perioden der Frömmigkeit und Phasen kategorischer Ablehnung alles Jenseitigen ab, ja sie überlagern sich gelegentlich im gleichen Zeitabschnitt. Keinesfalls ist Goethes Leben durch eine durchgängige Orientierung an dauerhaften Denkkategorien bestimmt. Seine changierenden Wahrnehmungen, wechselnden Empfindungen und Beobachtungen zur Weltsicht lassen sich nicht in ein Lehrsystem fassen.[78]

---

[78] Meine Darstellung Goethes nutzt folgende Studien: R. Guardini, Das Ende der Neuzeit, Würzburg 1950, 46 ff.; F. Götting, Art.: Goethe, in: RGG II, Tübingen 1958, 1668–1675; H. U. von Balthasar, Goethe. Mitte als Widerstand, in: Herrlichkeit. Eine theologische Ästhetik. Bd. III/1: Im Raum der Metaphysik, Teil 2: Neuzeit, Einsiedeln 1965, S. 682–748; und besonders R. Safranski, Goethe. Kunstwerk des Lebens, München 2013. In den genannten Untersuchungen finden sich auch die nachfolgend eingefügten Zitate Goethes.

Der »uralte, Heilige Vater«

Der anfangs befragte »Religionsmonitor« der Bertelsmann-Stiftung machte das Zentrum des Religiösen in der Frage nach Gott oder auch nach etwas Göttlichem fest. Für Goethe dagegen ist offenbar Übernatürliches als solches ohne Relevanz; er thematisiert es nicht, und es bleibt in der Orientierung seines Lebens höchstens marginal. Ihm genügt das Diesseits. Für ihn ist es die »Reinheit und Schönheit des Universums, darin sich die Gottheit offenbart«; oder er äußert, dass dem Ganzen des Weltgebäudes »eine Idee zugrunde liegt, wonach Gott in der Natur, die Natur in Gott von Ewigkeit zu Ewigkeit schaffen und wirken möge«. Der Kosmos bleibt wohl von einem *Divinum* durchzogen. Doch obwohl Goethes Wortwahl bei der Beschreibung der Mutter Erde gelegentlich Gottes Wort oder das der Liturgie nutzt, erkennt er keinen die Schöpfung überragenden, jenseitigen Gott an. Das Göttliche ist im Irdischen geheimnisvoll anwesend. Sein Gottesbild ist pantheistisch:

> *Gott und Satan, Himmel und Hölle – was sind diese Begriffe anders als Konzepte, die der Mensch von seiner eigenen Natur hat?*

Dabei verbleibt dem Dichter freilich eine religiöse Ahnung. Missbilligend bemerkt er über Friedrich Schiller, den anderen von ihm durchaus geschätzten Dichterfürsten:

> *Durch Schillers alle Werke geht die Idee der Freiheit ... Was hilft uns ein Überfluss von Freiheit, die wir nicht gebrauchen können! ... Nicht das macht frei, dass wir nichts über uns erkennen wollen, sondern eben, dass wir etwas verehren, was über uns ist.*

Er spricht stattdessen wohl von dem »uralten, Heiligen Vater«, der »Mit gelassener Hand / Aus rollenden Wolken / Segnende

Blitze / Über die Erde sät« und dessen »letzten Saum seines Kleides« er »küsst«, »Kindliche Schauer / treu in der Brust«.

Auch weiß er sich von einer übergeordneten Macht abhängig und erwähnt in diesem Zusammenhang das Schicksal sowie den, der Gott genannt wird:

> *Was die Menschen bei ihren Unternehmungen nicht in Anschlag bringen und nicht bringen können, und was da, wo ihre Größe am herrlichsten erscheinen sollte, am auffallendsten waltet – der Zufall nachher von ihnen genannt –, das eben ist Gott, der hier unmittelbar mit seiner Allmacht eintritt und sich durch das Geringfügigste verherrlicht.*

Ein »Befestigungszeichen«

Solche unscharfe Intuition von etwas Jenseitigem bewahrte ihn offenbar einmal davor, sich titanisch vollends zu überschätzen. Jedenfalls mag man das herauslesen aus einer mysteriösen Selbstprüfung, der er sich stellt. Eines Tages will er ergründen, wie ihm ein irgendwie gefühlter mächtiger Weltenlenker gesonnen ist. Er will es in einem Abenteuer erkunden, das er vor anderen sorgfältig mit dem Schleier der Geheimhaltung bedeckt.

Ende November 1777 hat sich Herzog Karl August von Weimar, bei dem er nun seit zwei Jahren im Dienst steht, nach Eisenach begeben. Goethe signalisiert ihm, »auf einem kleinen Umweg« nachzukommen. Gegenüber der Dame seines Herzens, Frau von Stein, deutet er eine »Wallfahrt« an. Er will den Harz besteigen, ist mit dem Pferd unterwegs, bewegt sich *inkognito* und gibt sich den Namen »Maler Weber«. Hagelschauer und Winterstürme begleiten ihn; er nimmt sie unbeeindruckt in Kauf. Später erwähnt er in seinem Bericht als Ziele die Baumannshöhle, die Stadt Goslar, verschiedene Gruben und den Besuch bei Viktor Plessing, einer eher gescheiterten Existenz, der gegenüber er verbliebene Schuldgefühle tilgen will. Das wichtigste Motiv liegt jedoch in einer Art von Orakel über sich selbst: allein und im Winter den Gipfel, den »Brocken« (mit 1141 m Höhe), zu erklimmen und dadurch eine Bejahung seiner Person durch etwas Göttliches herauszufordern.

Über diesen letzten Sinn des Unternehmens hält er für den 10. Dezember in seinem Tagebuch fest:

Früh nach dem Torfhause in tiefem Schnee. 1 viertel nach 10 aufgebrochen von da auf den Brocken. Schnee eine Elle tief, der aber trug. 1 viertel nach eins droben. Heitrer herrlicher Augenblick, die ganze Welt in Wolken und Nebel und oben alles heiter …

Rüdiger Safranski ist in seiner großartigen Goethe-Biografie den Einzelheiten dieser seltsamen Erkundung nachgegangen. Er argumentiert, dass es dem Dichter bei der Besteigung des Gipfels kaum auf die Kletterleistung ankam. Dieser suchte vielmehr im Gelingen oder Nichtgelingen dieser ungewöhnlichen Unternehmung ein »Befestigungszeichen« seiner eigenen Kraft und des waltenden Schicksals. Würde ihm die waghalsige Eskapade gelingen, hätte er – so deutet der Interpret – mit dem Engagement in Weimar den richtigen Weg eingeschlagen. Goethe suchte göttliche Bestätigung. Und das schwierige, lange unveröffentlichte Gedicht »Wandrers Sturmlied« verkostet wohl hymnisch seinen eigenen Triumph und wird zu einer Art von Selbstapotheose.

Wen du nicht verlässest, Genius,
Wird dem Regengewölk
Wird dem Schloßensturm
Entgegensingen,
Wie die Lerche
Du da droben …

Den du nicht verlässest, Genius,
Wirst ihn heben übern Schlammpfad
Mit den Feuerflügeln.
Wandeln wird er ...
Ihr umschwebt mich und ich schwebe
Über Wasser, über Erde,
Göttergleich.

Für Frau von Stein schildert er anschließend brieflich den verdeckten Aufstieg zum Brocken: Am Fuße des Berges habe er den Förster beim Morgenschluck angetroffen. Der habe auf ihn eingeredet, bei diesem Schnee und Nebel sei an eine Besteigung nicht zu denken; obschon ortskundig, habe er das selbst noch nie gewagt. Goethe reagiert mit einer innerlichen, überraschenden Gebetsanwandlung; er scheint sich seiner Abhängigkeit bewusst zu sein.

Ich war still und bat die Götter, das Herz dieses Menschen zu wenden und das Wetter, und war still. So sagt er zu mir: Nun können Sie den Brocken sehen. Ich trat ans Fenster, und er lag vor mir klar wie mein Gesicht im Spiegel. Da ging mir das Herz auf und ich rief: Und ich sollte nicht hinaufkommen! Haben Sie keinen Knecht, niemanden – und er sagte: Ich will mit Ihnen gehen. – Ich habe ein Zeichen ins Fenster geschnitten zum Zeugnis meiner Freudentränen und wär's nicht an Sie, hielt ich's für Sünde zu schreiben. Ich hab's nicht geglaubt bis auf der obersten Klippe. Alle Nebel lagen unten, und oben war herrliche Klarheit ...

Als er die Prüfung bestanden hat, schreibt er stolz in das Tagebuch:

Mit mir verfährt Gott wie mit seinen alten Heiligen.

Neue Selbstgewissheit ist ihm geschenkt worden. Er brauchte und suchte sie; nun füllt sie ihn aus.

»Welche Religion?«

Trotz seiner Regierungsaufgabe am Hofe zu Weimar sieht er sich beim Herzog Karl August zunächst zum Dichter berufen. Der Dichter ist es, der Himmel und Erde verbindet und der im Rausch erfährt, dass der Urquell des Schaffens in der Natur und im Herzen des Genies liegt.

> *Wer hat, wenn du willst, Götter gebildet, uns zu ihnen er-*
> *hoben, sie zu uns herniedergebracht, als der Dichter? …*
> *Wenn die andern träumen, … so lebt er den Traum des Le-*
> *bens als ein wachender … Wie einen Gott hat das Schick-*
> *sal den Dichter über dieses alles hinübergesetzt.*

Er weiß sich als Bote der »Weltsinnigkeit«. Das Genie ist der »Gesalbte Gottes«, der »Heilige«.

Zur Erfahrung des Göttlichen genügt dem Dichter das An-schauen von Pflanzen und Steinen; er braucht nur das Irdische:

> *Ihm ziemt's, die Welt im Innern zu bewegen, /*
> *Natur in sich, sich in Natur zu hegen.*

So trägt er dazu bei, die reine Menschlichkeit zu fördern; er hat solches Heil zu schaffen, statt auf ein Jenseits zu schielen.

> *Schwerer Dienste tägliche Bewahrung /*
> *Sonst bedarf es keiner Offenbarung.*

Zweifellos hat seine Empfindsamkeit für Natur und Men-schen einen selten hohen Grad. Aber gelingt es ihm, in dieser Hinwendung den Bannkreis seines Ichs zu verlassen? Das

Privat-Individuelle macht seine Welt aus. In keinem seiner großen Dramen öffnet sich die global-weltweite Perspektive auf die
Geschichte und das Universum – wie sie etwa Shakespeare in
seinen Königsdramen oder Schiller in seiner Wallenstein-Trilo-
gie vorlegt. Sogar Frau von Stein dient vor allem seiner Selbst-
findung. Seine Liebesfähigkeit scheint narzisstisch verklemmt.
Es bleibt ein fortgesetzter Rückbezug auf das Eigeninteresse:
die Geliebte als Muse, und das Liebeserlebnis als Stimulus für
die Dichtung.

Heute ist alles herrlich; wenn's nur bliebe! /
Ich sehe heut durchs Augenglas der Liebe.

Eros ist Genuss, und mögliche Liebesenttäuschung bekommt ihren Sinn in dem dichterischen Ausdruck, in den sie sich wandelt.

Hier in meinem Herzen ist /
Das Allerheiligste.

Wählt er eine christliche Sprechweise, so gewährt sie ihm wohl
eine Verstärkung der eigenen Lebenswonne. Ohne Zweifel ver-
zaubert uns seine Poesie über die Liebe, und deren Charme
sucht fraglos ihresgleichen. Auch reihen sich seine amourösen
Episoden wie eine Kette aneinander und säumen seinen Lebensweg. Doch selbst die Liebe zur Frau – gelegentlich besungen in
religiöser Sprache – ist nicht davor geschützt, selbstbezogen vernutzt zu werden:

Wie ich mich selbst anbete [sic!], seitdem sie mich liebt.

Der Leitgedanke der »Ehrfurcht«, die ihn immer bewegt – wie
er in »Wilhelm Meisters Wanderjahre« (1821) sagt –, ist »Ehrfurcht vor sich selber«.

So kommt denn die Frage auf, ob er sein vergöttertes eigenes
Ich je hintansetzen konnte. War er dazu jedoch unfähig, wäre

er – menschlich gesprochen – erst recht schlecht geeignet für eine Glaubensübergabe an Gott gewesen. Wer nicht Menschen zu lieben gelernt hat, kann sich Gott nicht schenken, sagt die Heilige Schrift (1 Joh 4,20). Die Bekenntnisse zu Religion und Glaube klingen bei diesem herausragenden Genie der Sensibilität und der Sprachkraft denn auch überraschend nichtssagend, banal. Viel augenscheinlicher als bei Luther kränkeln sie an der Verkrümmung der Sprechenden in sich selbst.

Mit dem »Ursprung aller Dinge« kommuniziert er nicht durch das Gebet, sondern allein durch eine ihn erfüllende Hochachtung vor seiner eigenen Ergriffenheit. Der irdische Jesus bleibt ihm »ein wahrer Philosoph« und ein »göttlicher Mann« im Sinne antiker Geistesgrößen: Sollte der Nazarener uns wirklich etwas voraushaben, so hat seine Person dennoch keinen Anspruch auf unser besonderes Interesse. Ungeniert beutet ihn der Dichter für sich aus:

Wir glauben, dass die ewige Liebe darum Mensch geworden ist, um uns das zu verschaffen, wonach wir uns sehnen.

Lediglich für kleine Geister mag Transzendenz einen Sinn haben:

Wer Wissenschaft und Kunst besitzt,
Hat auch Religion;
Wer jene beiden nicht besitzt,
Der habe Religion!

Er selbst braucht zur Deutung von Natur und Dasein nicht die Offenbarung oder die Glaubensüberzeugungen Dritter. Seine persönliche Heilsgeschichte reicht ihm, und er berauscht sich an seinem eigenen inneren Sensorium.

An konfessioneller Bindung anderer nimmt er Anstoß. So tadelt er trotz aller Appelle zur Toleranz scharf die Konversionen einiger Bekannter zum Katholizismus wie etwa die von Friedrich Leopold zu Stolberg, Friedrich Schlegel, Zacharias Werner. In seinem Werk »Wilhelm Meisters Wanderjahre« nimmt er sich nichts Geringeres heraus, als selbst das Bekenntnis zur Allerheiligsten Dreifaltigkeit im Handstreich zu vereinnahmen; von dem großen Glaubensgeheimnis bleiben lediglich weltliche Applikationen:

Der erste Artikel [Vater] ist ethnisch [d. h. er lehrt die Ehrfurcht vor den heidnischen und vor der jüdischen Religion]; der zweite [Sohn] christlich; der dritte [Geist] zuletzt lehrt eine begeisterte Gemeinschaft der Heiligen [d. h. »der im höchsten Grad Guten und Weisen«, also der angesehenen Großen des Geistes].

Was hier bleibt, sind pragmatische Sachaussagen. Der Gott in drei Personen dient weltlicher Orientierung; nicht eine von ihnen ist dem Menschen ein Du. Im Vergleich zu Kardinal Newmans jubelnder Feier der göttlichen Dreieinigkeit zeigt sich, wie blutlos eine abstrakte Spekulation über Gott ist, weil sie auf die personale Gottesbeziehung verzichtet.

In Erinnerung an den Besuch der Herrnhuter Brüdergemeine im September 1769 erwähnte er in einem Brief an Ernst Theodor Langer seine eigene »Erweckung« mit den Worten: »Mich hat der Heiland endlich erhascht.« Auch erinnerte er sich mit liebevoller Dankbarkeit (*Wahrheit und Dichtung*, VIII) der Förderung, die er von einem religiös gesinnten Manne in Leipzig während seiner gesundheitlichen Schwäche empfangen hatte. Doch solche Impulse verdunsten später. In der Mitte seines Lebens schließt er Christus in seinen gesteigerten Hass gegen das Christentum mit ein: »Jeglichen Schwärmer schlagt mir ans Kreuz im dreißigsten Jahr ...« Später im Leben ordnet er dann diesen Jesus unter die Weisen und Menschenfreunde ein. Er ist vom Dichter gleichsam entgöttlicht worden. So heißt es im »West-östlichen Divan«:

Jesus fühlte rein und dachte
Nur den einen Gott im Stillen;
Wer ihn selbst zum Gotte machte,
Kränkte seinen heil'gen Willen.

Was von Jesus bleibt? Ein »wahrer Philosoph« und ein »göttlicher Mann«.

In seinem berühmten Gedicht »Prometheus« spottet er in einem aufsässigen Lebensabschnitt sarkastisch über alles Göttliche an den Göttern. Kindisch sei ihre Verehrung.

Ihr nähret kümmerlich
Von Opfersteuern
Und Gebetshauch
Eure Majestät
Und darbtet, wären
Nicht Kinder und Bettler
Hoffnungslose Toren.
…
Hast du's nicht alles selbst vollendet,
Heilig glühend Herz?
Und glühtest, jung und gut,
Betrogen, Rettungsdank
Dem Schlafenden da droben?
Ich dich ehren? Wofür?

Das große Werk gelingt den Menschen ohne fremdes Zutun; die ihnen eigene Kraft genügt vollends.

Es ist folgerichtig, dass für Goethe später das Gebet nicht mehr zählt. Durchgängig ist Gott zu sehr All-Inbegriff des Daseins, als dass man ihm in Gebeten zu nahetreten sollte. Er sieht sich selbst nicht als ein Geschöpf Gottes. Er ruft diesen Gott nicht an. Es reicht ihm das Bewusstsein, vom Sein im Ganzen einen geordneten Teil auszumachen. »Am Sein erhalte dich beglückt! Das Sein ist ewig.« Gebet formuliert sich bei ihm als ichbefangener Enthusiasmus, als selbstbezogene Emotion. Noch viel weniger entdeckt er ein göttliches »Du«. Er lässt es nicht zu, dass Gottes Allmacht mit ihrer Liebe ihm als Antlitz entgegenkommt. Ob er sich fürchtet, sich in Liebe überhaupt jemandem zu öffnen und sich zu riskieren?

Auf Lavaters Prüfstand

Goethes Religiosität wurde durch seine Verbindung mit einem viel gerühmten Zeitgenossen, Johann Caspar Lavater (1741–1801), in eine entlarvende Krise geführt. Dieser Mann war evangelischer Theologe und Schriftsteller. Er hatte als Prediger an St. Peter in Zürich großen Einfluss auf gebildete evangelische Mitchristen, die sich durch ihn auch zu einer sogenannten »Christentumsgesellschaft« zusammenschlossen. Er war viel unterwegs und verstand es, Kontakte für seine pastorale Arbeit zu knüpfen. Man nannte ihn einen »Menschenfischer«. Seit 1773 stand er im Briefwechsel mit Goethe, dem dessen Publikation zur schlichten »Herzensfrömmigkeit« in die Hände gefallen war. Goethe scheint ihm gegenüber gleich zu Beginn klar Position bezogen zu haben: »Ich bin kein Christ«, hat er ihm wohl bald in einem ersten Brief bekannt. Doch Lavater übersah das Geständnis und räumte seinerseits ein, er wolle ihn nicht bekehren, nicht »schikanieren« und keine »Parteisache machen«.

Auf der Reise zu einer Kur in Bad Ems kehrt der Prediger 1774 bei Goethe in Frankfurt ein. Goethe ist bereit, mit Porträts und Beschreibungen von Glaubensgestalten dem Missionar behilflich zu sein. Eine Woche bleibt Lavater im Haus am Hirschgraben, hält dort Audienzen ab, und die Menschen strömten ihm in großer Zahl zu.

Zwei Jahre später treffen die beiden erneut zusammen, als Goethe auf seiner Reise durch die Schweiz in Zürich Station macht. Er lernt dessen Freunde kennen und fühlt sich wohl in ihrer Gesellschaft. Lavater gilt ihm als ein glaubwürdiger und verehrter Apostel des rechten Lebens. So sucht er ihn 1779 erneut in Zürich auf, zusammen mit einer kleinen Gesellschaft und vor allem mit dem jüngeren Herzog von Weimar, um dessen Erziehung er sich sorgt: Lavaters natürliche Autorität und sein Charisma sollen sich gut auf den Heranwachsenden auswirken; sie sollen dessen ungestümes Wesen besänftigen. »Lavatern zu sehen und ihn dem Herzog näher zu wissen ist meine große Hoffnung«, schreibt er an Frau von Stein. Und sein Plan geht offenbar auf. Denn nach der Rückkehr erscheint der Herzog irgendwie geläutert: Goethe selbst kommt er »gut wie ein Kind« vor.

Doch allem Anschein nach will der Dichter lediglich die Früchte von Lavaters religiöser Ausstrahlung ernten; vom Baum, an dem sie wachsen, hält er sich in deutlicher Berührungsangst fern. Der Abstand gleicht fast einer Phobie. Der Prediger war aufrichtig gläubig, und alle Bücher der Bibel waren ihm heilig. Sie besaßen für ihn lebensverbindliche Kraft. Der Dichter hingegen schätzt die Heilige Schrift nur als große Poesie. Er sieht die Offenbarung nicht theologisch, sondern ästhetisch. Wohl redet auch er von Gott. Doch dass Gott eine Heilsgeschichte wirkt für Menschen und Welt, entgeht ihm. Ihm reicht seine eigene Schicksalsmacht als Gott; diese fühlt er und erhofft deren gnädige Lenkung für sich persönlich.

Eine solche Gottesmacht ist notwendig gesichtslos. Auch kann man sie niemandem nahebringen oder werbend ans Herz legen. Darum gesteht Goethe auch freimütig dem Geistesmann Lavater, er solle nicht hoffen, man werde irgendwann auf der Ebene des Glaubens übereinstimmen. Er wird noch deutlicher, als der »Menschenfischer« ihm den von ihm selbst verfassten Kommentar zur »Geheimen Offenbarung des Johannes« mit dem Titel »Jesus Messias, oder die Zukunft des Herrn« schickt. Goethe äußert sich positiv über die ansprechende und gekonnte Ausdrucksweise. Aber als Glaubensbotschaft erreicht ihn diese

Darstellung nicht. Lavaters Erläuterung hilft in keiner Weise, dass sich ihm der Inhalt des biblischen Buches erschließt oder dass er ihn gar glaubend annähme. Goethe ist sich sicher, ohne fremden Einfluss hinreichend von sich selbst geleitet zu sein.

Nach einiger Zeit sieht er sich veranlasst, schärfere Geschütze gegen die Glaubenswelt des Gottesmannes aufzufahren. In verletzender Art demütigt er Lavaters Jesus-Liebe: Es sei ja herrlich, »dass aus alten Zeiten uns ein Bild übrig blieb, in das du dein Alles übertragen, und, in ihm doch bespiegelnd, dich selbst anbeten kannst«. So zeiht einer, dessen Selbstbezogenheit trotz aller Liebeseskapaden fraglos außergewöhnlich ist, den Prediger Lavater boshaft der heimlichen Selbstanbetung!

Die Welt des Glaubens bleibt Goethe verschlossen. Schließlich kommt es zum Bruch. Als der Missionar ihn in Weimar nochmals aufsucht (1786), hat man sich nicht mehr viel zu sagen. »Kein herzlich, vertraulich Wort ist unter uns gewechselt worden und ich bin Hass und Liebe auf ewig los.«

Unfähig zur Selbstvergessenheit

In seinem Harz-Abenteuer der Brocken-Besteigung mag man Goethes Ahnung von Transzendenz sehen. Doch sie bleibt anonym. Noch weniger gewinnt sie das Gesicht eines Du. Die bestandene Probe kann also seine Selbstgenügsamkeit nicht aufbrechen. Vielmehr dient sie eher zu deren Verfestigung, und er bleibt in sie eingekapselt. Hier liegt bei all seiner viel gerühmten Humanität eine bemitleidenswerte Kümmerlichkeit.

Offenbar spielt es für die Bereitschaft zur Selbsthingabe eine wichtige Rolle, ob die Botschaft des Glaubens personale Konturen bekommt. Erst die Offenheit für ein Du kann den Willen zur Auslieferung wecken. Solange wir uns von einer übermenschlichen Göttlichkeit ohne Antlitz beherrscht meinen, bleibt uns lediglich Respekt oder auch Angst. Solches *Divinum* wirkt als schicksalhafte Bestimmung und handelt nach unberechenbarem

Belieben. Goethes berühmter Satz »Im Islam leben wir alle« aus seinem Brief an Adele Schopenhauer (19. September 1831) spiegelt nichts anderes wider als die wörtliche Bedeutung des Begriffs »Islam«: unterworfen dem Willen des fernen Allah, der nicht liebt und schon gar nicht Liebe ist.

Deshalb muss Gott als personales Du dem Dichter verborgen bleiben. Erst recht kann Selbstvergessenheit für ihn nur ein Fremdwort sein. Beim Rückblick auf Kardinal Newmans Predigt zum Dreifaltigkeitssonntag 1837 tritt der Gegensatz zwischen beiden mit Schärfe zutage: »… wir vergessen uns vielmehr selbst, schauen allein auf Ihn und verkünden mit Ehrfurcht und Schauer und doch voll Freude die Wunder – nicht Seiner Werke, sondern Seiner eigenen Natur.«

Goethes Religionsvorstellung hat Epoche gemacht, und es wundert daher nicht, dass sie sich trotz ihres Gegensatzes zum christlichen Gottesbild heute bei so vielen Zeitgenossen wiederfindet – ob nun als sein geistiges Erbe oder bedingt durch die moderne Weltsicht. Bei dem bereits zitierten Religionsmonitor war ja zutage getreten, dass nur noch eine verschwindende Minderheit der deutschen Getauften Gott als ein personales Du wahrnimmt und an seine Stelle bei Katholiken, Protestanten und Konfessionslosen ein pantheistisches Religionsmuster getreten ist. Goethe beeinflusste also nicht nur unsere Kultur, sondern der große Dichter gilt mittlerweile auch für viele Zeitgenossen als Ahnherr oder zumindest als Repräsentant ihrer eigenen »Religiosität« – selbst wenn sie vielleicht nur seinen Namen kennen.

5.5 »Warum ich kein Christ bin« – Kurt Flasch (* 1930)

Mag Johann Wolfgang von Goethes Religionsvorstellung höchstens ein Zerrbild des Christentums gewesen sein, so scheint zweihundert Jahre später selbst von einer solchen »Gottgläubigkeit« nichts mehr übrig zu sein. Jedenfalls befindet ein Intellektueller unserer Tage, dass die Zeit des Christentums nun endgültig abgelaufen sei: der Philosoph und Historiker Kurt Flasch. Er hat sich über Jahrzehnte hin mit der Ideengeschichte des Christentums befasst und wurde für seine Forschung und Lehre mehrfach ausgezeichnet (u. a. Sigmund-Freud-Preis, Hannah-Arendt-Preis, Lessing-Preis). Sein Spezialgebiet ist die Philosophie der Spätantike und des Mittelalters. So trug er zur Deutung etwa von Meister Eckhart († 1327) oder Nikolaus von Kues († 1464) bei. Schon bei diesen Geistesgrößen begrenzte der Autor in seiner Darstellung allerdings deren Aussageabsicht auf innerweltlich-philosophische Belange. Er presste sie in ein modernes Daseinsverständnis ohne jeden Himmel. Es wundert daher kaum, dass sein Versuch, der Forschung und Lehre dieser beiden Mystiker allen transzendenten Aussagewillen abzusprechen, auf den Widerspruch ausgewiesener Kenner gestoßen ist.[79]

Jüngst zog der inzwischen 87-Jährige gleichsam die Summe seines Lebens und warf der Christenheit mit überlegener Geste seinen Fehdehandschuh hin. Dabei fügte er sich nicht in die Reihe zeitgenössischer, oft schriller Gottesleugner ein, sondern outete sich vielmehr als enttäuschter Agnostiker. Dennoch will er letztlich mehr, als nur seine eigene Glaubensunfähigkeit öffentlich machen. Es geht ihm in seiner Streitschrift – wie er eigens betont – nicht um die Darlegung seiner privaten Position,

---

[79] Vgl. etwa B. McGinn, Die Mystik im Abendland, Freiburg 2010 ff., Bd. IV, S. 190 ff., S. 719 ff.

173

sondern darum, beim Leser Zweifel an Gott zu wecken, wenn auch weniger im Gewand von Behauptungen als vielmehr durch die Infragestellung theologischer Daten. Auch mehrfache Verweise auf Johann Wolfgang von Goethe sollen Zustimmung für seine eigenen Auffassungen wecken. Dabei entgeht ihm allerdings des deutschen Dichters gefühlte Gewissheit, bei einer anonymen Allmacht geborgen zu sein. Wohl aus diesem Grund spricht er dem Dichter – *en passant* – Religiosität als solche einfach ab.

Kurt Flasch will das Christentum schlechthin des Irrtums bezichtigen. Folgerichtig gibt er seiner Publikation trotz konzilianter Argumentation den eindeutigen Titel »Warum ich kein Christ bin«[80].

Wer Flaschs Publikation mit seinen früheren Arbeiten vergleicht, entdeckt zunächst eine unerwartete und erst in jüngster Zeit aufgetretene Selbstbeschränkung des Autors: Mit den Darlegungen der Weltsicht und Religion etwa seiner Favoriten Meister Eckhart oder Nikolaus von Kues beschäftigt er sich nun nicht mehr. Er beginnt seine Kritik am Christentum lange nach deren Lebzeiten und datiert den Anfang der »Unvernunft der Christentümer« auf das 18. Jahrhundert. In der Moderne seien der Christenheit endgültig »die metaphysischen Felle weggeschwommen«. Auch wenn in der Studie deren Autor passagenweise als genereller »Religionsverächter« (F. Schleiermacher) in Erscheinung tritt, so finden sich in ihr doch durchaus auch lesenswerte Bemerkungen und kluge Hinweise, sodass kein Grund

---

[80] München 2013. Vgl. dazu auch seinen Artikel in der *Herder Korrespondenz Spezial* »Gottlos? Von Zweiflern und Religionskritikern«, April 2014, S. 30–33. Es überrascht, dass trotz des Anspruchs dieser Zeitschrift der Autor ohne Gegenrede bleibt und und dass es in dieser Sondernummer überhaupt an prophetischen Stimmen fehlt, die der modernen »Gottesfinsternis« einige Lichter aufstecken könnten. Solcher Mangel fällt sofort ins Auge beim Vergleich mit dem Heft *Merkur* vom Sept./Okt. 1999 »Nach Gott fragen. Über das Religiöse«, das zudem in einem weltanschaulich neutralen Verlag erschien.

besteht, die Publikation einfach als unwichtig beiseitezuschieben.

Versachlichung im Prokrustes-Bett

Das Schwert des Kämpfers erweist sich allerdings als stumpf. Die Untersuchung irrt sich in ihrem Ansatz. Sie verkennt nämlich die Grundlegung des Christseins selbst: Der Autor übersieht, dass zur Begründung des Glaubens ein göttliches Ich ein menschliches Du anredet. Christsein hat in einer personalen Gottesbeziehung sein Fundament. In den Fußstapfen Goethes bleibt ihm schon die Mitte der Offenbarung – des seligen Newmans *cor ad cor* – verhüllt. Doch damit nicht genug. Flasch ist noch bedauernswerter als der Dichter; der Säkularismus hat ihm selbst die letzten Rest-Bezüge zu Goethe'scher »Weltsinnigkeit« und bergender »Allmacht« verhüllt. Geblieben ist ihm allein der »dunkle Himmel« des russischen Astronauten Gagarin.

In seiner Abstraktionsfreude nähert sich der Philosoph der geoffenbarten Heilswahrheit, indem er sie in das rationalistische Bett des Prokrustes legt. Er seziert anatomisch verschiedene Glaubensaussagen heraus und stellt sie als Einzelpräparate vor den Zuschauer hin. Sie sind wie die »Abgaben« von Muskeln, Sehnen oder Adern beim Präparierkurs in den Anfangssemestern des Mediziners. Auf diese Weise präsentiert der Autor aus einer Liste allgemein zugänglicher Lehrmeinungen des Christentums das Ereignis unserer Erlösung als eine tote Weltanschauung.

Verhängnisvoll wirkt sich aus, wenn Gottes Heilsgeschichte als Anatomiepräparat dargeboten wird. Als der Schöpfer der Welt in biblischen Berichten sein erlösendes Wort an die Menschen richtete, herrschte nicht die abgeklärte Atmosphäre empirischer Forschung. Seine Botschaft traf im Alten Bund Gottes Volk als Erschütterung oder als Glückserfüllung. Sie hatte die Kraft, die Grundfesten menschlicher Existenz aufzurütteln, und die Hörenden wären panisch geflohen, wenn sie nicht vom

Sprechenden selbst daran gehindert worden wären. Immer wieder zeigt uns das Alte, aber auch das Neue Testament das Zurückweichen des Geschöpfs vor dem Aufprall der Göttlichkeit: etwa in der Gottesoffenbarung am Sinai (Ex 34,8); beim Propheten Elias, der sich verhüllte (1 Kön 19,13); bei Jesaja, der sich für verloren hielt (Jes 6,5); bei Ezechiel, der mit dem Antlitz auf den Boden fiel (Ez 1,28); bei Daniel, der im Geist erdrückt wurde und ohnmächtig auf die Erde sank (Dan 7,15 und 10,9); bei den Aposteln auf dem Berg Tabor, die von großer Furcht ergriffen wurden (Mt 17,6), und bei Paulus, der zu Boden geworfen und geblendet wurde (Apg 9,4.9). Gott gibt sich zu erkennen mit umwerfender Wucht, die niederschmettert, nicht in den trocknen Thesen eines Lehrgebäudes. Noch Teresa von Ávila oder John Henry Newman sahen sich durch Gottes Geist einer Macht ausgesetzt, der sie sich nicht entziehen konnten.

Beim Lesen der Offenbarungsquellen verleitet den deutschen Professor dann sein aufklärerischer Eifer erneut zu einem Missgriff: Sie werden von ihm als beliebige historische Dokumente gelesen. »Ich sah mich ermutigt, Weltauslegungen eigenwillig-distanziert zu untersuchen … Ich argumentiere überprüfbar, philologisch.« Der Kritiker kehrt das Schicksal der zitierten Zeugen und die weltweite, bis heute andauernde Wirkungsgeschichte einfach unter den Tisch. Er missachtet außerdem den spezifischen Charakter der Glaubensquellen. Hans-Georg Gadamer († 2002) macht darauf aufmerksam, dass ein biblischer Text »nicht als ein bloßes historisches Dokument aufgefasst werden« darf, »sondern er soll so verstanden werden, dass er seine Heilswirkung ausübt«. Das war die Absicht, in der der Text aufgeschrieben wurde. Wer die Heilige Schrift in distanzierter Kühle kontrolliert, muss scheitern, weil »das Verstehen nicht so sehr eine Methode ist, durch die sich das erkennende Bewusstsein einem von ihm gewählten Gegenstand zuwendet und ihn zu objektiver Erkenntnis bringt, als vielmehr das *Darinstehen* in einem Überlieferungsgeschehen zur Voraussetzung hat«[81]. Zwangsläufig muss Offenbarung daher dem verschlossen bleiben, der Glaubensdokumente nur befragt, um die Unsinnigkeit ihres Inhalts zu beweisen. Der magistrale Anspruch Flaschs steht auf schwachen Füßen. Und es verwundert, dass er sich mit dem von Hans-Georg Gadamer erwähnten »Vorverständnis« zum Deuten theologischer Texte etwa eines Rudolf Bultmann, einem der wichtigsten Kenner der Schriftinterpretation, nicht einmal befasst: Nach diesem ist die Bedingung für das rechte Verständnis der Offenbarung abhängig vom Lebensverhältnis des Interpreten und dessen vorgängigem Bezug zur Sache.[82] Mit anderen Worten: Wird der Glaube bei einer Textinterpretation von vornherein ausgeschlossen, kann er auch niemals gefunden werden. Die Posaune des Historikers und Philosophen Kurt Flasch kann demnach den Abgesang des Christentums nicht ankündigen.

Wege und Holzwege der Apologetik

Gott nicht länger personal zu denken, wurde in unserer Zeit stark gefördert von einer weitverbreiteten Akademisierung der Glaubensinhalte – sofern mit dieser Religiöses zur Diskussionsmaterie reduziert wird. Die Zusicherung einer Beziehung – »Ich glaube an Gott« – wird umgewandelt in die Feststellung einer Tatsache: »Es gibt einen Gott.« Was das *Credo* der Kirche benennt, erinnert Zeitgenossen dann nur noch an allgemein geläufige Fakten der Vergangenheit. Man zählt sie zwar gegebenenfalls auf, kann aber innerlich genauso unbeteiligt bleiben wie beim Benennen von Ereignissen versunkener Geschichte. Ihre Einzelheiten aufzuzählen, kann höchstens ausnahmsweise für jemanden noch Anstoß sein, sein Herz zu öffnen. Wie sollte die bloße Erwähnung von Dogmen einen Menschen dazu bewegen, sich zu Gott hinzuwenden wie zu einer Person, wenn

---

[81] H.-G. Gadamer, Wahrheit und Methode, a. a. O., S. 292 f.
[82] Vgl. ebd., S. 314.

ich Gott nicht als meinen Vater erkenne, der mir diese wunderbare Schöpfung zugedacht hat; der mir seinen eigenen Sohn zum Bruder gab; dessen Worte und Wunder seine Zeitgenossen und mich heute gleichfalls meinen; der für mich den schändlichen Tod erlitt und in seiner Auferstehung auch mich sieghaft sein lässt; dessen Heiliger Geist mich mit pfingstlicher Dynamik ansteckt; dessen Mutter und dessen Apostel mit mir auf dem Weg sind? All das würde mich kaum erwärmen, wenn nur mein kühler Verstand um solche Geschehnisse wüsste; sie träfen mich aber bei meiner Suche nach menschlicher und geistlicher Orientierung nicht. Die Offenbarung hätte sich – wie heute nicht selten zu beobachten – auf eine Skala von Werten für gelingendes Zusammenleben und die Ordnung der Gesellschaft verdünnt: auf Solidarität, Gerechtigkeit, Freiheit, Friede und Bewahrung der Schöpfung.

Niemand wird bestreiten, dass die kirchliche Glaubensverteidigung gelegentlich versucht hat, Gottes Heilsruf auf ein System von objektiven Thesen zu kondensieren. Es gab in ihrer Geschichte bekannte Lehrer, für die die Offenbarung plausibel und für alle demonstrierbar werden sollte wie ein mathematischer Beweis. Sie zielten darauf, dass sie durch Sachargumentation überzeugte, und wollten sie gar mit Logik anderen aufzwingen, wie etwa der Franzose Ambroise Gardeil O.P. († 1931).[83] Unter der Voraussetzung, dass der Mensch das Gute sucht, bleibt für diesen Theologen von der geoffenbarten Wahrheit nur ein System ableitbarer Folgerungen – wie es exakten Wissenschaften zu eigen ist. Er interessiert sich allein für die natürlich einsehbaren Faktoren der Theologie, nimmt aber dadurch der Glaubenswahrheit alles Geheimnisvolle und Personbezogene. Mit strenger Konsequenz baut er für hinreichend Begabte eine Argumentationskette auf, der jeder zustimmen muss, und für Christen ohne ausreichendes Denkvermögen lässt er sich schließlich

---

[83] Zum Folgenden vergleiche R. Aubert, Le problème de l'acte de foi, 2. Auflage, Louvain 1950, S. 395–450.

dazu herab, ihnen eine außerordentliche Erkenntnishilfe Gottes zuzugestehen, damit selbst solche Minderbegabte zum ewigen Heil gelangen könnten.

In Deutschland kursierten gleichfalls solche Versuche, der Heilsbotschaft eine unbezweifelbare Plausibilität zu verleihen. Ohne sie hier darzustellen, sei nur auf den Titel einer Publikation hingewiesen, die aus dem Jahre 1920 stammt. Sie macht aus der Selbstoffenbarung des liebenden Vaters eine blutarme Verteidigung von Sachwahrheiten, und schon ihr Titel spricht für sich: »Klipp und klar. Apologetisches Taschenbuch für jedermann.«

Die pastorale Absicht solcher Vorschläge war fraglos gut gemeint. Dennoch zeichnet sich gegenwärtig nicht ab, dass die theologische Schubkraft eines Denksystems manche Zeitgenossen für Christus entzünden könnte; an entsprechenden Institutionen fehlt es ja heute wirklich nicht. Denn der Glaubensakt bedarf vor allem eines Impulses für den Willen. Hier ist an Kardinal Newman zu erinnern. Und schon der große heilige Augustinus hatte erkannt, dass der Wille sich nicht an die intellektuellen Strebungen binden lässt. Er formulierte den weisen Satz: »Unsere Füße sind nämlich auf dieser Reise [scil. zu Gott] unsere Gefühle. In dem Maß seiner Affekte, in dem Maß seiner Liebe nähert sich jemand Gott oder entfernt er sich von ihm.«[84]

Der Prozess der Gott-Annäherung knüpft eben bei allen seelischen Kräften des Einzelnen an. Kurt Flasch kann damnach das Christentum nicht als Dummheit entlarven. Bei all seinem Scharfsinn entgeht ihm der personale Ansatz der Offenbarung, der eben in einer Ich-Du-Beziehung liegt. Versachlichung – so sinnvoll sie ist – nimmt den Glaubensinhalten ihre ansprechende Wärme und ihren gewinnenden Charme. Christsein würde zu einem müden Erkenntnisprozess zusammenschrumpfen; das Herz wäre nicht gefragt. Schon der selige John Henry Newman

---

[84] Augustinus, Enarr. in ps. 94,2: CCL 39, 1331.

hatte dargelegt, dass solche Deutungsangebote die Mitte meines Lebens nicht berühren – so wie ich völlig unbeteiligt in der
Mathematik vom »Zweier- zum Zehnersystem« wechseln kann
oder in England dem Linksverkehr folge.

Flaschs Scheitern ist beklagenswert. Dennoch trägt es beim
fälligen Bedenken von »Garanten und Antagonisten« für die
Gottsuche durchaus zu einem Erkenntnisgewinn bei. Dieser besteht in einem lauten Mahnruf, Gottes Erlösungstat nicht nur
als vergangenes Faktum anzusprechen, sondern sie heute als die
Liebesgeschichte des himmlischen Vaters mit jedem Menschen
neu zu verkünden. Der heilige Bonaventura († 1274) vermerkte, dass Sachaussagen über Gott nur ein Anfang sind. Er schreibt:
Glauben beinhaltet mein *tendere in Deum*, d. h. mein Ich räumt
dem geglaubten Gott gegenüber ein, dass ich ihm mit meiner
Person anhänge und gleichsam meinen inneren Schwerpunkt
auf sein Du hin verschiebe. Der »ungläubige« Thomas hat solcher unbegrenzten Übergabe in seinem Christus-Bekenntnis den
höchsten und exemplarischen Ausdruck gegeben: »Mein Herr
und mein Gott« (Joh 20,28). Erst nach einer solchen Übergabe – also erst sekundär – wird dann auch die philosophisch-ra-
tionale Prüfung zu ihrem Recht kommen. Wobei solcher Kopf-
sprung des Glaubens unbedingt von der rationalen Prüfung liebenden Erkennens abgesichert sein will. Diese Einsicht bezeugt
auch unser letzter Garant.

5.6 »Ich liebe unseren Herrn Jesus Christus – wenn auch mit einem Herzen, das mehr und besser lieben möchte« – Seliger Charles de Foucauld (1858–1916)

Émile Durkheim († 1917), ein wichtiger Kopf der Soziologie,
versteht Religion und ihre Inhalte als Auffassungen und Aussagen

einer in sich stehenden Gesellschaft. Er hat beobachtet, dass bestimmte Gruppen in ihr die religiösen Erfahrungen gleichsam kondensieren, als Überzeugungen festhalten und sie dann weitergeben; so bildet sich ein System von Vorstellungen, die das Irdisch-Greifbare übersteigen. Die Relevanz solcher Daten für die öffentliche und private Meinung schlägt selbstredend nicht notwendigerweise bei allen Menschen und in allen Situationen zu Buche, sondern nur eingeschränkt je nach Kulturkreis, Lebensweg und gesellschaftlichem Umfeld.

Und eine weitere Begrenzung ist vorzunehmen: Auch wenn die Inhalte solcher Festlegungen gemeinhin nicht bestritten werden, so beeinflussen sie doch keineswegs fortwährend alles Denken und alle Entscheidungen der Menschen. Man kann sie in diesem Punkt einfach gleichsetzen mit anderen Umgangsformen. Die Regeln der lateinischen Grammatik etwa betreffen normalerweise mein Privatleben nicht; dass Christopher Kolumbus Amerika entdeckte, lässt mich für gewöhnlich kalt. Und genauso können auch religiöse Behauptungen Sachaussagen beinhalten, die mir gleichgültig sind. Sie beginnen aber, mich zu beschäftigen, wenn sie den Nerv meines Lebens berühren. Die Übersetzung eines alten Textes oder eine Reise in die USA können mich veranlassen, meine distanzierte Gleichgültigkeit gegenüber einem Latein-Lehrbuch oder den Angaben über die Neue Welt aufzugeben.

Auch meine religiöse Aufgeschlossenheit kann durch Lebensumstände geweckt werden und mich auf das Feld der Religion drängen. Gegenwärtig gibt etwa der Strom islamischer Flüchtlinge Beobachtern Anstoß, religiöse Themen aufzugreifen. Auch Fragen der Ethik oder kultureller Gewohnheiten führen zu solchem Interesse. So wird stärker über das nachgedacht, was das Greif- und Messbare übersteigt. Nach einer Zeit der Diskreditierung oder Tabuisierung von Metaphysik und Religion gewinnt die Transzendenz auch im öffentlichen Raum wieder Aufmerksamkeit. Die Weltreligionen sowie Anfänge und Ausbreitung des Christentums finden Beachtung in den Medien. Die Kirchen und kirchlichen Gemeinschaften mühen sich, der Wissbegier entgegenzukommen und ihren Gliedern bessere theologische Kenntnis zu vermitteln – etwa durch Akademien, Vorträge, Seminare, Studienhäuser und den schulischen Religionsunterricht.

Solch religiöse Bildung ist für Christen fraglos eine Chance, ja unabdingbar für einen soliden Glauben und seine Verbreitung. Gründliche Kenntnis theologischer Wahrheiten über Gott und Jesus Christus stützt wirksam das Leben nach Gottes Willen und gelingendes Menschsein. Doch der Jakobusbrief des Neuen Testaments warnt diejenigen, die sich mit bloßen Gedankenspielen über Gottes Existenz begnügen: »Das glauben auch die Dämonen und sie zittern« (Jak 2,19). Die Weitergabe von Glaubenswissen wird demnach zum Irrweg, wenn Glaubensinhalte sich – etwa mit Kurt Flasch – auf Sachaussagen beschränken oder zur Diskussionsmaterie werden. So nötigt die Heilige Schrift – positiv gewendet – zu der Frage: Wie öffnet sich Glaubenswissen für eine persönlichen Beziehung zu Gott, zu seiner existenziellen Nähe?

Zwei Lebensbilder, die der heiligen Teresa von Ávila und des seligen John Henry Newman, zeigten einen Weg. Nach ihnen soll nun noch Charles de Foucauld sein Zeugnis geben, ein französischer Forscher und Missionar. Auch er ist eine Ausnahmegestalt, wie sie uns selten begegnet. Doch kann er vielleicht gerade deshalb jemanden unruhig machen, der sich mit der Frage nach Gott befasst.

Vorweg sein Steckbrief: In einer ersten Phase seines abenteuerlichen Lebens rang er damit, seine innere Leere mit den Angeboten der Welt zu füllen. Die frühkindliche Eingliederung in die Kirche durch die Taufe sagte dem Heranwachsenden bald nichts mehr. Verprassen des Vermögens im Umgang mit Dirnen sättigte nicht sein tiefstes Verlangen. Doch der himmlische Vater gab ihn nicht auf und bewahrte ihn vor dem endgültigen Glaubensabfall. Foucauld kehrte um und machte sich auf den Weg nach Hause zurück.

Im Oktober 1886 fand er heim und wandte sich dann Gott rückhaltlos zu. Seine Bekehrung wühlte ihn bis ins Innerste auf. Den Beobachter erinnern die späteren Niederschriften zu diesem Eingriff Gottes an den Satz des seligen John Henry Newman: »Wir glauben, weil wir lieben.« Von solcher Liebe bewegt, setzte der stolze und angesehene Aristokrat alles daran, auf demütigenden und verborgenen Straßen mit äußerster Gewissenhaftigkeit und in wachsender Selbstvergessenheit Gottes Willen für sich zu erkunden. Er wusste: Das Wohlwollen des so innig Geliebten wächst im Maß meiner Aufmerksamkeit und meines Gehorsams ihm gegenüber.

Fast alle, die seine Biografie verbreiteten, verschweigen für den ersten Teil seiner Biografie gewiss nicht seine skandalösen Extravaganzen. Doch schrumpfen die abenteuerlichen Verrücktheiten meistens zu einer eher kurzen, unangenehmen Episode. Allein es macht Sinn, auch diese Lebensphase genau anzuschauen, weil seine »Kehre« ihn nicht einfach für ein anständiges bürgerliches Leben zurückgewann. Sie war eine Umkehr im biblischen Sinne. Foucauld findet demnach zuerst den Weg zurück in gesellschaftliche Normen. Ihm wird aber dann geschenkt, den steilen Aufstieg zum Selbstverzicht zu bewältigen. Anfangs waren ihm Geldverschwendung und Luderleben von seinem grenzenlosen Geltungsdrang eingegeben worden. Dann kehrte er ihnen den Rücken, und es hungerte ihn erst recht danach, sich spektakulär hervorzutun, um Ansehen zu gewinnen; seine Familie und auch die Öffentlichkeit sollten endlich etwas von ihm halten. Es war dieser gebieterische Trieb, der ihn dazu brachte, Marokko zu erforschen – ein herausragendes und gefährliches Unternehmen. Er folgte seinem Ehrgeiz in unersättlichem Drang nach Selbstbestätigung.

Und dann geschieht das Irritierende: Sein unbändiges Ich verliert in der Begegnung mit Gott die Dominanz; es zählt immer weniger. Er unterwirft sich in umfassendem Gehorsam einem geistlichen Führer, der ihm zur genaueren Erkenntnis von

Gottes Willen verhilft. Seine Biografie fesselt ohne Frage wegen der ihm geschenkten mystischen Nähe zu Jesus, die seinen Aufzeichnungen zu entnehmen ist. Aber genau so beeindruckt sie, weil durch Gottes Macht aus einem sturen, in sich verkrümmten Egomanen ein Du-bezogener Liebender wurde. Er lernte es, sich ganz an Jesus Christus abzugeben. Einzelheiten zu seinem Leben können das aufdecken.[85]

Verwöhntes Waisenkind

Am 15. September 1858 wird Charles de Foucauld in Straßburg im Elsass geboren.

Er ist der einzige Sohn des Grafen Armand de Foucauld de Pontbriand, der als Beamter im Forstwirtschaftsministerium tätig ist. Der familiäre Stammbaum reicht tausend Jahre zurück und weist Persönlichkeiten auf, die in Kirche und Staat seit der Zeit Kaiser Karls des Großen wichtige Stellungen innehatten. In dem adeligen Haus sind Glaubenselemente fester Bestandteil des Alltags. Noch lange nach der Kindheit (1898) kommen dem Sohn die Gebete in den Sinn, die er mit der Mutter abends vor dem Schlafengehen sprach. Er erinnert sich der Besuche in der Kirche vor allem zu Weihnachten und im Monat Mai sowie eines kleinen Altars in seinem eigenen Zimmer.

---

[85] Aus der großen Anzahl der Publikationen von und über Charles de Foucauld habe ich mich besonders bezogen auf P. Lesourd, Pater de Foucauld. Soldat, Forscher, Mystiker, Freudenstadt 1948; R. V. C. Bodley, Der Mönch der Sahara, Wien-Berlin-Stuttgart 1954; Père de Foucauld – Abbé Huvelin. Correspondance inédite, Tournai 1957; J.-F. Six (Hrsg.), Itinéraire spirituel de Charles de Foucauld, Paris 1958; J.-F. Six, Vie de Charles de Foucauld, Paris 1962; Ch. de Foucauld, Immer der letzte Platz, München-Zürich-Wien 1975; Charles de Foucauld, Lettres à un ami de Lycée, Paris 1982; Charles de Foucauld, hrsg. von J.-F. Six, Freiburg 1981; A. Mandonico, Nazaret nella spiritualità di Charles de Foucauld, Padova 2002. – Die Übersetzung der fremdsprachigen Texte stammt von mir. Nur für die wichtigsten Verweise habe ich aus der hier angeführten Literatur die Belege ausdrücklich festgehalten.

Erst sechs Jahre zählt er, als seine Mutter infolge einer Fehl-
geburt stirbt. Fünf Monate später erliegt sein Vater der Tuber-
kulose und Charles ist Vollwaise. Die Vormundschaft über-
nimmt sein Großvater mütterlicherseits, Colonel de Morlet, der
auch in Straßburg lebt. Dieser hat schon bald seine Vorstellungen und Pläne, wie sein Enkel in seine eigenen Fußstapfen treten könnte. Allerdings lässt der Knabe recht bald Zeichen von
Auflehnung und Widerwillen erkennen.

Charles erlebt also seinen Vater kaum und entbehrt dessen
feste Hand. Auch fehlt ihm die Mutter, bei der er vielleicht hätte sanfte Korrektur oder Anlehnung finden können. Jedenfalls
legt er schon in ganz jungen Jahren ein heikles Temperament
an den Tag: egozentrisch, unberechenbar, selbstsüchtig und gelegentlich gewalttätig. Außerdem ist er in hohem Grade faul
und befasst sich nur mit dem, was ihn interessiert. Fotos aus
dieser Zeit zeigen ihn mit grübelndem, mürrischem Ausdruck
und mit dickem, eigensinnigem Gesicht. Er sperrt sich stunden-
lang in sein Zimmer ein, um hochgestellten Gästen seines Großvaters fernzubleiben. So gibt es immer einmal wieder Zusam-
menstöße zwischen diesem und seinem Enkel. Der Offizier behandelt den Jungen dann wie einen straffälligen Soldaten, stößt
aber auf einen Trotz, dem er im Heer nie begegnet war. Gewöhnlich bewahrt der Zögling seine Beherrschung, kann aber
auch mit lauten Wutschreien reagieren, sodass der Colonel dann
meist nachgibt.

Charles hat viel Freizeit und ein angemessenes Taschengeld.
Beides nutzt er – zum Essen! Er wird ein richtiger kleiner
Schlemmer. Er verschlingt jedes Gericht, das man ihm vorsetzt,
und alle Süßigkeiten, an die er kommt. Er nimmt zu und wird
rund und pummelig, was ihm den Spitznamen »Schweinchen«
einträgt. Ein jüngerer Verwandter Foucaulds, General Game-
lin, schreibt in seinen Erinnerungen: »Sooft mein Vetter auf einem Familientag auftauchte, sahen ich und die anderen Kinder
voller Staunen, wie er sich ohne Hemmungen an den Teetisch

heranmachte und allen Kuchen verschlang, den man für uns reserviert hatte.«

Im Lauf der Jahre nutzt er seine Zurückgezogenheit zunehmend zum Lesen von Büchern. Ohne jede Anleitung und Aufsicht stürzt er sich auf alle Autoren, die ihm unter die Hände kommen, ohne lästerliche oder schlüpfrige Werke auszulassen: Voltaire, Montaigne, Rabelais, L'Arioste u. a. Später gesteht er in einem Brief seiner Cousine Marie de Bondy, er habe in dieser Zeit »alle Arten unkluger Literatur ohne jede Kontrolle« gelesen. Schon als Jugendlicher besitzt er 1800 Bücher, die er mit seinem eigenen Geld gekauft hatte.

Einfluss auf den Heranwachsenden hat allein die genannte Verwandte Marie, Tochter der Schwester seines Vaters und spätere Gräfin de Bondy. Sie ist neun Jahre älter als Charles und wohnt inzwischen in Chartres, weit weg von Straßburg. Während eines Besuchs in ihrem elsässischen Elternhaus 1869 begegnen sie sich. Sie nimmt sich ihres Vetters an. So entwickelt sich eine ungewöhnliche, enge Freundschaft. Sie sehen sich wieder in den Ferien in Évreux. Der Junge fühlt sich stark von ihr angesprochen, möchte sie oft treffen. Sie ist ihm eine ältere Schwester, ja eine zweite Mutter.

1870 bricht der Krieg Deutschlands mit Frankreich aus. Straßburg bekommt den Druck der deutschen Truppen zu spüren. Noch bevor die Stadt belagert wird, entschließt sich Oberst Morlet, mit Charles in die Schweiz zu flüchten. Von dort kehrt er erst 1872 zurück. Doch wählt er nach dem Friedensvertrag mit Deutschland nicht das deutsch gewordene Straßburg, sondern zieht nach Nancy. Für Charles bedeuten diese mehrfachen Ortswechsel, dass er die Kameradschaft Gleichaltriger entbehrt und ihm Ablenkung durch freundschaftlichen Umgang fremd ist. Seine Welt sind die Bücher.

Und deren problematischer Einfluss bleibt dem Oberst nicht verborgen. Er registriert entsetzt, dass aus dem Jungen ein Freidenker, wenn nicht gar Atheist geworden ist. Gott ist dem

Bücherwurm höchstens ein Diskussionsbegriff; die Gebote der
Kirche wurden – wie er behauptet – aufgestellt, die Freiheit des
Menschen zu beschneiden; die Dreifaltigkeit erscheint ihm absurd: Wie konnte »eins« gleich »drei« sein? In den Augen des
Großvaters soll ein radikaler Neuanfang das Schlimmste verhindern. So schickt er im Oktober 1874 den Burschen nach Paris auf das Jesuitenkolleg in der *Rue des Postes.* In diesem In-
stitut soll er sich zwei Jahre lang auf eine spätere Aufnahme in
die renommierte Militärschule *Saint-Cyr* vorbereiten.

Doch diese Veränderung erweist sich als verheerend. Er will
nun allein seinem Müßiggang frönen. Er leistet es sich, aus Ärger gegen die Oberen aufzubegehren und notfalls Porzellan zu
zerschlagen. Sein schlechtes Benehmen setzt die Maschine der
üblichen Disziplin in Gang. Und er tut alles, um diesem in seinen Augen schmutzigen Gefängnis zu entrinnen. Er stellt sich
krank, macht Ausbruchsversuche, schreibt lange Briefe an seinen Großvater. Schon bald hat die Hausleitung ein Einsehen.
Ihr scheint es »aus Gesundheitsgründen« ratsam, dass der Schüler das Kolleg wieder verlässt. 1876 wird er des Instituts verwiesen. Zu Hause will er dann seinen guten Willen zeigen und
akzeptiert einen Hauslehrer.

Im Rückblick schreibt er später seiner Cousine Marie über
diese Zeit:

*Mit sechzehn Jahren trat ich in mein zweites Jahr in der
Rue des Postes und habe mich nie in so kläglicher geistiger Verfassung befunden wie damals. Zu anderen Zeiten
stiftete ich mehr Schaden; aber zugleich bildete sich dann
in mir auch wieder etwas Besseres heran. Mit siebzehn
Jahren jedoch war ich eitel Egoismus, Überheblichkeit,
Gottlosigkeit und kannte nur das eine Ziel – wehzutun.
Ich war vollkommen aus dem Gleichgewicht. In der Rue
des Postes war ich so faul, dass man mich dort nicht mehr
haben wollte, und mein Austritt aus der Schule kam*

einem Ausschluss gleich – obwohl der Skandal aus Rück-
sicht auf meinen Großvater stillschweigend beigelegt wur-
de. ... Mit siebzehn Jahren quälte ich meinen armen Groß-
vater maßlos, indem ich ihm jeden zweiten Tag vierzig Sei-
ten lange Briefe schrieb und ihn bat, mich nach Nancy
heimzuholen und alles erdenkliche andere ... Was den
Glauben anbelangt, so hatte ich davon keinen Funken in
meinem Herzen bewahrt.[86]

Doch trotz solcher, im Nachhinein als erbärmlich zugestande-
ner Seelenlage braucht er noch lange, lange Zeit, um sich aus
dem selbstverliebten Gestrüpp zu befreien. Zunächst gönnt er
sich jedes sich bietende Vergnügen.

Trägheit und Lebensekel

Saint-Cyr, die berühmte Ausbildungsstätte für die französische
Kavallerie in der Nähe von Versailles, wird ab Oktober 1876
sein neues Standquartier. Er ist eben achtzehn Jahre alt geworden und besteht die Aufnahmeprüfung: Von 412 Studenten erreicht er den ansehnlichen 82. Platz. Nun ist er – anders als bei
den Jesuiten – sein eigener Herr. Und ganz offensichtlich gelingt
es ihm, mitten im französischen Heer die Tage zu genießen, wie
er es liebt. Fotografien aus dieser Zeit zeigen einen dicken, be-
häbigen jungen Mann mit dem Flaum des Bartes. Die Augen
haben viel vom Feuer der Jugend verloren und liegen tief in ihren fleischigen Höhlen. Sein Haar ist schwarz und struppig. Einzig die breite Stirn weckt Sympathie. Von seiner früheren Un-
verschämtheit hat er in der neuen Umwelt nichts eingebüßt. Sein
Äußeres ist eher schlampig. Es kümmert ihn anscheinend nicht,
dass ihm bei seiner Beleibtheit keine Uniform passen will und
die untersuchenden Ärzte daran denken, ihn wegen hochgradiger

---

[86] Brief vom 17. April 1892.

Fettsucht zurückzuweisen. Er erscheint zur Parade mit Haaren, die ihm im Nacken über den Kragen reichen, oder in der Reitschule in jeder beliebigen Aufmachung. Nicht nur die Zeugnisse der Schule beklagen, er sei ungepflegt. Auch Mitkadetten, spätere französische Marschälle, erinnern sich an seine Formlosigkeit und Unordnung.

Man könnte meinen, der ungeschlachte Dickwanst wäre bei seinen Kameraden zur Zielscheibe von Spott und Hohn geworden. Doch weit gefehlt. Kleine Neckereien musste er sich zwar gefallen lassen, doch wenn sozial tiefer Stehende ihn brüskierten, wusste er die Würde der Familie Foucauld sowie den Rang und die Jahrhunderte seines Stammbaums herauszustellen. So verbat er sich Vertraulichkeiten von Bürgerlichen. Er war eben Mitglied der Aristokratie. Besonders in diesem, in seinem Naturell verankerten Dünkel zeigt sich ein tief sitzender Stachel, und der wird noch einen langen Abstieg zur Demut nötig machen.

Zum Jahresabschluss bringt er es unter 391 Kandidaten zu einem guten mittleren Platz und erhält seine »Streifen«. So versucht er, das Wohlwollen seines Großvaters wiederzugewinnen. Doch als dieser dann im Februar 1878 stirbt, entfällt für den Kadetten der letzte Ansporn zur Leistung. Er erbt ein beträchtliches Vermögen, das heute wohl den Wert einer halben Million Euro hätte. Eine der ersten Investitionen besteht im Anmieten eines Apartments in der *Rue de la Boétie,* wo er künftig all die Zeit verbringt, die er der Militärschule stehlen kann. Es bildet einen auffallenden Gegensatz zur kargen Wohnung der Akademie. Er richtet es verschwenderisch ein mit seltenen Möbeln, Büchern und Gemälden. Liköre und Champagner stehen in den Schränken und Feingebäck zum Knabbern. Das Porzellan, die Gläser und die Diwane weisen den aristokratischen Kenner aus. Hier vergnügt er sich und organisiert Feste für seine Kameraden, wohl auch um seine Langeweile zu betäuben.

Seine Mahlzeiten nimmt er an freien Tagen in den Restaurants der großen Boulevards ein, wo man ihn bald als Stammkunden schätzt. Er weiß zu speisen, beschließt sein Essen mit einer Havanna und einem Kaffee. Wenn er nach Herzenslust gegessen und getrunken hat, besucht er Pferderennen oder das Theater. Zurück nach *Saint-Cyr* nimmt er erst den letzten Zug, findet dort gewöhnlich auch einige Kameraden, die mit ihren Liebesabenteuern prahlen. Foucauld sitzt derweilen schweigend in einer Ecke und raucht seine Zigarre. Er ist alles andere als gesprächig, vergräbt sich in sich selbst.

Für die Militärlaufbahn fordert das wilde Treiben seinen Tribut; sie endet wenig ehrenhaft. Der Kadett wird vor seinen Kompaniechef und den Schulkommandanten zitiert. Anfangs rügt man ihn wegen Faulheit und schlampigen Auftretens. Da das nicht fruchtet, bekommt er Arrest. Auch Sonderdienste und Strafexerzieren ändern ihn nicht. Die kaum errungenen »Streifen« werden ihm schließlich wieder abgenommen. Bei der Schlussprüfung schneidet er als 333. von 389 Kadetten ab – ein bezeichnender Abfall gegenüber dem Vorjahr.

Das Archiv der Schule hält für sein Verhalten fest: 45 Strafen und 47 Mal Karzer. Für sein Betragen: »Spindfächer und Bett unaufgeräumt; Besuch beim Arzt, ohne krank zu sein; falsche Angaben, sein Notenheft im Schlafsaal vergessen zu haben; schlechte Haltung; Unaufmerksamkeit; Hose schmutzig und zerrissen; zu lange Haare; schlechte Note in Topografie; schlechte Theorienoten«.

Im Oktober 1878 tritt er dann die Ausbildung der Kavallerieschule in Saumur an. Er hat gerade in Nancy die Vollendung seines zwanzigsten Lebensjahres mit der Familie gefeiert. Allerdings ist es nun nicht länger sein äußeres Erscheinungsbild, das die Vorgesetzten irritiert – er kleidet sich korrekt –, sondern sein spektakulärer Lebensstil, der Aufsehen erregt. Wir wissen von all dem dank seiner erstaunlich umfangreichen Korrespondenz. Seine nüchterne Soldatenstube verfeinert er durch geschnitzte Bücherschränke mit Bänden in Kalbsleder und durch Mahagonivitrinen mit Gläsern und Flaschen. Für die Fenster schafft er Samtvorhänge an. Eine Couch ist bedeckt mit Orientteppichen und Daunenkissen. Wer eintritt, scheint einen Landedelmann zu besuchen, nicht den Husaren einer Kavallerieschule. Und die anderen Kadetten kommen gern, weil immer eine entkorkte Flasche Wein in der Nähe steht.

Mitten in der Militärausbildung also ein zwanzigjähriger Stutzer, der sich den »Luxus pur« leistet. Für die Ausfahrten mietet er sich einen Wagen – etwa einen Einspänner, der ihn ins nahe Restaurant bringt. Nie rasiert er sich selbst, sondern lässt den Barbier zu sich kommen. Stets besitzt er mindestens vier oder fünf Uniformröcke, ebenso viele Reithosen, ein halbes Dutzend Paar Reitstiefel, Dutzende Paare weißer Lederhandschuhe und die besten englischen Reitsättel. Wie er es bei seiner Leibesfülle fertigbrachte, überhaupt zu reiten, ist schwer vorstellbar. In seinen Zeugnissen fehlt dann auch nie ein Hinweis auf seine armseligen Reitkünste.

Grobe Verstöße gegen die Disziplin blieben bald nicht mehr aus und sind wieder vermerkt im Strafregister:

- Er hebt seinen Monatssold nicht ab, weil es nicht der Mühe wert sei.
- Er verkleidet sich als Geschäftsmann und nimmt während der Zeit seines Stubenarrests im vierzig Kilometer entfernten Tours an einem Ball teil; sein falscher Bart fällt in die Suppe; die Polizei wird alarmiert und vermutet einen entflohenen Sträfling; der Ausschluss aus dem Militär kann nur mit Mühe abgewendet werden.
- Als ihm der Besuch der teuren Restaurants verboten wird, lädt er seine Freunde in seine »Stube« ein und bewirtet sie mit erlesenen Gerichten; für seine häuslichen Gelage erwirbt er von einem Hotel den ganzen Jahrgang eines eben gekelterten Rotweins.

Die Besorgnis der Angehörigen wächst angesichts der fortdauernden Ausschweifungen und der manischen Verschwendungs-
sucht des jungen Mannes. Nach dem Ankauf des Weines wird
der Familienrat einberufen. Man kann nicht länger zulassen,
dass der Kadett all sein Vermögen verschleudert. So gedenkt
man, ihn zu enterben. Allein das Eingreifen der Cousine Marie verhindert diesen Rechtsakt. Seine Tante, Madame Moitessier, schreibt ihm einen scharfen Brief, der ihn zum Widerstand
reizt, sodass er mit ihr brechen will. Auch seine hochgeschätz-
te Cousine Marie versucht, ihn zu mäßigen; er nimmt ihr die
Kritik nicht übel, ändert sich aber nicht. Seine Beurteilung
durch das Führungsbuch vom Oktober 1879 lautet: »Monsieur
de Foucauld hat Haltung, gute Erziehung und kommt aus gutem Milieu; er besitzt jedoch weder Pflichtgefühl noch Disziplin, dafür aber einen leeren Kopf und denkt an nichts außer an
seine Vergnügungen.«

Und wie war nun die Seelenlage dessen, der in Saus und Braus
lebte, der Tun und Lassen nach Gutdünken wählte? Zwanzig
Jahre später bringt er während der Exerzitien in Nazareth seinen inneren Zustand ins Wort – schonungslos und nur als Bekenntnis Gott gegenüber, nicht für neugierige Dritte:

*Ich tat sehr Schlechtes, aber weder schätzte ich es noch
liebte ich es. Du ließest mich eine tiefe Traurigkeit, eine
schmerzliche Leere fühlen, eine Niedergeschlagenheit, die
ich bis dahin niemals empfunden hatte. Sie kehrte jeden
Abend wieder, wenn ich allein in meiner Wohnung war …
Sie hielt mich stumm und bedrückt bei den Festen: Ich or-
ganisierte sie. Aber wenn sie begannen, durchlebte ich sie
stumm, mit Ekel und unendlicher Langeweile.*[87]

Die Zeit der Ausbildung endet im Oktober 1879. Beim Abschluss-
examen erreicht der *Comte de Foucauld* in der Rangliste der

---

[87] Meditation vom 8. November 1897.

Kandidaten den 87. von 87 Plätzen. Er ist inzwischen zwanzig Jahre alt und nun Leutnant im Vierten Husarenregiment. Sein erster Standort ist das Dörfchen Sézanne; doch erreicht er gleich seine Versetzung aus diesem Nest nach Pont-à-Mousson, nur eine Bahnstunde von Nancy und dem großväterlichen Wohnsitz entfernt. Dort sollte er das ganze Jahr 1880 verbringen – zwölf Monate lang ein dauerndes Fest.

Playboy

In der Zeit seines Eintritts ins Regiment ließ sich der junge Leutnant wieder fotografieren. Er hat immer noch dasselbe aufgedunsene Gesicht, dieselben mürrischen, abweisenden Augen, die wohl noch überheblicher und verächtlicher dreinschauen als früher. Das Haar ist sorgfältig gebürstet und mit Pomade geglättet, der Lippenbart buschig ausgewachsen. Die Uniform der »Vierten Husaren« trägt er mit Stolz. Auch seine Kameraden stammen aus vornehmen Familien, die über beträchtliches Einkommen verfügen. So sucht er sie mit seinem Ruf als Feinschmecker und Lebemann noch zu übertrumpfen und gibt sein Geld weiter mit beiden Händen aus. Erneut richtet er sich eine Privatwohnung ein. Schmausereien, Kartenspiele und Trinkgelage füllen die Freizeit aus. Auch Besuche gewisser Damen gehören selbstredend zur Abwechslung.

Er entdeckt, dass er auf Frauen anziehend wirkt. Das mochte mit seinem Vermögen zusammenhängen, aber wohl auch mit seiner gleichgültigen charmanten Haltung ihnen gegenüber. Szenen, die die eine oder andere macht und ihm droht, ihn zu verlassen, beeindrucken ihn nicht. Er will das Beste für sich – ist hingegen am Denken und Fühlen der Frauen ebenso wenig interessiert wie an den Kunstgriffen der Köche und Küfer.

Nur eine Marie – er nennt sie Mimi und ihr Familienname bleibt unbekannt – ist ein Sonderfall. Sie kommt wohl aus bescheidenen Verhältnissen. Doch hat sie gelernt, Menschen zu erorbern. Sie versteht, sich gut zu kleiden und Foucaulds Vermögen zu nutzen. Sie ist schön, lebhaft und besitzt die Gewandtheit eines Wesens, das für sich selbst sorgen muss. Auch weiß sie die Launen Foucaulds zu ertragen. Er sagte über sie: »Mimi hat Charme, es ist ein Vergnügen, bei ihr zu sein, sie liebt mich ohne Getue und macht mir keine Szenen. Wenn ich sie will, ist sie da; wenn nicht, geht sie mir aus den Augen.«

Gegenüber seinem neuen Lebensstil war das bisherige Treiben des Grafen nur ein blasses Vorspiel. Hatte er früher als Transportmittel eine Droschke gemietet, so besaß er nun einen eigenen Traber. Die Kutschen wurden nach seinen persönlichen Wünschen angefertigt; sie hatten besonders niedrige Trittbretter, um ihm das Ein- und Aussteigen zu erleichtern. Wenn die Manöver im Gelände den *Comte* zum Reiten zwangen, überließ er Mimi seinen Wagen, damit sie die Übung weiterverfolgen konnte; sie wurde dann von einem livrierten Diener mit Zylinder kutschiert. Foucauld selbst trug ein Monokel an einem Seidenband, obwohl er gut sehen konnte.

An einem Winterabend gab er an der vereisten Mosel einen Ball für Mimi. Die schneebedeckten Fichten waren mit bunten Laternen behangen. Das Ufer war erleuchtet mit Schüsseln voll brennendem Punsch. Ein Schlitten in Form eines Schwans wurde über das Eis des Flusses geschoben. Auf dem Gefährt war, in Pelzen vergraben, Mimi versteckt. Dann begann ein Spiel in der Nacht, an dessen Ende livrierte Kellner Champagner und Delikatessen servierten; alles stammte aus einem Pariser Restaurant. Bei uns mögen solche Gelage vielleicht an Gunter Sachs oder an den König Ludwig von Bayern erinnern. Dass dies für Charles kein gerichtliches Nachspiel hatte, verhinderte die Versetzung seiner Einheit zum ersten Einsatz in die afrikanischen Kolonien.

Doch kaum war das eine Problem bewältigt, stand er nun vor einem neuen, wohl komplexeren: Was würde bei der anstehenden Verlegung der »Vierten Husaren« nach Nordafrika aus

Mimi? Foucaulds Kameraden sahen in diesem Umzug der Garnison eine Chance, die junge Dame loszuwerden. Seine Freunde drängten diese dann auch, ihrem Liebhaber keine Probleme zu machen und sich stillschweigend zurückzuziehen. Doch sie fügte sich nicht und entschloss sich zum Gegenteil. So verkündete Foucauld zum Erstaunen der jüngeren und zum Entsetzen der älteren Offiziere, Mimi würde mit ihm nach Afrika gehen. Er belegte für sie eine Kabine auf dem Dampfer, der schon vor dem Truppentransporter nach Sétif fuhr – und sie reiste unter dem Namen *Vicomtesse de Foucauld*.

Auf der Schiffsfahrt über das Mittelmeer wurde sie ihrem gräflichen Namen gerecht: Sie nahm ihre Mahlzeiten neben dem Kapitän ein und war in ihrer angeborenen Anpassungsfähigkeit den anderen Passagieren eine liebenswürdige Bekanntschaft. Am Kai erwartete sie ein Wagen des besten Hotels, in dem der Kavalier für sie ein Appartement mit mehreren Zimmern reserviert hatte. Doch der Sonnenschein schlug in Sturm um, als am nächsten Tag das Schiff mit den Ehefrauen und Bräuten der »Vierten Husaren« eintraf. Bald stellte sich heraus, dass ihnen eine *Vicomtesse de Foucauld* völlig unbekannt war. Die Identität der Dame wurde rasch suspekt, und der gesellschaftliche Affront erschien der weiblichen Begleitung des Offizierskorps unannehmbar. Die Frau des Oberst du Pont intervenierte nicht ohne Nachdruck bei ihrem Mann. Oberst du Pont versuchte den jungen Offizier im Guten zu überzeugen, er habe durch die Begleitung dieser Dame, mit der er nicht verheiratet sei, die Grenzen des Anstands überschritten. Foucauld blieb uneinsichtig. Der Oberst drohte mit einem vertraulichen Bericht nach Paris. Auch das beeindruckte den Aufsässigen nicht. Während er auf den Urteilsspruch wartete, machte er Ausflüge in das Land der Kabylen – ein Zeitvertreib, der seinem Leben später eine Wende geben würde. Der uralte Volksstamm der Berber inmitten ihrer wilden heimatlichen Berge beeindruckte ihn. Dann kam vom Hauptquartier der Urteilsspruch: Versetzung auf die

Reserveliste des Heeres wegen »Disziplinlosigkeit und schlechten Benehmens in der Öffentlichkeit«. Doch auch die Entlassung ließ ihn kalt.

Ein erster Weckruf

Zusammen mit Mimi wurde der Reservist im März 1881 nicht in Paris, sondern in Évian-les-Bains am Genfer See ansässig. Er begründet diese überraschende Wahl mit seiner Absicht zu arbeiten und nachzudenken. Das traf zu. Er konnte das Kabylenland in der Nähe von Sétif nicht vergessen. Er hatte es durchquert und dort im Freien geschlafen. Der Kontakt mit den Bewohnern, deren Geschichte und Kultur älter war als alles Arabische und Europäische, ging ihm nach. Afrika hatte es ihm angetan. Er begann die Sprache der Berber und die arabische Grammatik zu studieren; damit eröffnete sich ihm eine neue Welt. Einige Monate vergingen.

Derweilen rebellierten im Norden des Kontinents arabische Stammesführer und Marabouts gegen die französischen Kolonialherren. In den Jahren 1880 und 1881 kam es südlich des Atlasgebirges immer wieder zu Erhebungen und auch zur Ermordung französischer Beamter. Frankreich wurde der »Heilige Krieg« erklärt. Das nahm Paris nicht hin. Eine Strafexpedition sollte Vergeltung üben und wurde zusammengestellt, damit sie von Oran aus eingriffe. Zu ihr gehörten die Kameraden Foucaulds aus dem Vierten Regiment der *Chasseurs d'Afrique.*

Foucauld las diese Nachricht in der Zeitung und war elektrisiert. Ohne Zögern ging er daran zu packen und nahm den Zug nach Paris. Beim Kriegsministerium erbat er die Wiedereinstellung in den aktiven Dienst. Er erklärte sich bereit, auf seinen Rang zu verzichten. Doch gerade Offiziere wurden für die Feldzüge in der Sahara dringend gesucht. Er verabschiedete sich von Mimi, kümmerte sich um ihre finanzielle Versorgung und bestieg den Zug nach Marseille.

Bei der Truppe angekommen, war die ersten Begegnung mit dem Regiment in der Offiziersmesse kühl bis abweisend. Er hatte sich unter den Husaren ja gewiss keinen Ruf für den Kriegsdienst erworben. Er war feist wie früher. Seine Uniform erinnerte an die Moselzeit. Immer noch rauchte er seine Havannas. Wie konnte ein solcher unter Sternen schlafen und Frankreich verteidigen? Der Einzige, den es freute, ihn wiederzusehen, war Henry Laperrine, ein Kadett aus *Saint-Cyr*. Er beriet ihn taktvoll und brachte ihm das Minimum an Respekt entgegen, das jeder zum Leben braucht. So entstand eine Freundschaft, die ein Leben lang dauerte. Auch sein Vetter Henri de Castries lebte dort; er war angesehen wegen seiner Kenntnis des algerischen Südens und seines geografischen Wissens.

Die Verfolgung von aufständischen Marabouts erwies sich aus vielen Gründen als heikel. Die Weite der Sahara hatte bislang noch niemand vermessen. Die auf den Landkarten eingezeichneten Wasserstellen waren nicht selten ausgetrocknet. Arabische Reitertrupps konnten zudem wie aus dem Nichts überall auftauchen; man wusste nicht einmal, wie die Aufständischen eigentlich aussahen. In den Bodenwellen und wasserlosen Flussläufen konnten sich leicht Hunderte von Feinden verstecken. So lauerte ständig die Gefahr, in einen Hinterhalt zu geraten.

Charles, der frühere Playboy, nutzt seinen Umgang mit Kameraden, um ein wenig Sympathie zu sammeln. Hat er mit ihnen anzustehen, so lässt er ihnen den Vortritt, oder er verteilt den Rest der Rumflasche an sie. Später berichtet Laperrine: »Mitten in den Gefahren und Entbehrungen der Streifzüge entpuppte sich der gebildete Fettwanst als ein Soldat und ein Führer, der lachend die härtesten Prüfungen ertrug, sich selbst nicht schonte, sich mit Hingabe um die Männer kümmerte. Er gewann die Bewunderung der alten Legionäre aus Mexiko, die ihr Geschäft verstanden.«

Zur Heeresführung bleibt er auf Distanz. Stattdessen öffnet sich sein Blick für die Landschaft und die Bewohner. Er

beobachtet, wie sich die islamischen Kameltreiber zum Beten
bereit machen. Sie haben ihre Pantoffeln abgelegt, ihre Burnus-
se vor sich ausgebreitet und wenden sich nach Mekka. »*La il-
laha illa Allah* – es gibt keinen Gott außer Allah«, stimmen sie
an. Foucaulds Augen verfolgen sie – wie sie niederknien und
mit der Stirn den Boden berühren. Sie bieten das Bild umfassender Hingabe, wie er sie selten gesehen und selbst nie erlebt
hatte. Sie sind ihm ein Rätsel. »Islam«, das wusste er, bedeutet
»Ergebung in Gottes Willen«. Verloren in der grenzenlosen
Wüste, fern von jeder Oase, von jeder Moschee und von jedem
Dorf, praktizieren sie diesen Glauben. Ob einer von den lär-
menden *Chasseurs* überhaupt fähig war, sich darüber zu wundern? Zurück in der Garnison Mascara, kauft er sich ein Exem-
plar des Korans. In seinem langen Bericht im Juli 1901, einen
Monat nach seiner Priesterweihe, beschreibt er seinem Vetter
Henri de Castries in einem langen Brief seinen Weg zur Bekehrung: »Der Islam hat in mir eine außerordentliche Umwälzung
bewirkt … Die Sicht dieses Glaubens, dieser Seelen, die in der
fortwährenden Gegenwart Gottes leben, hat mich etwas verstehen lassen, das größer und wahrer ist als das weltliche Treiben:
Wir sind zu Größerem geboren.«

Afrika hatte Foucauld für sich erobert. Da elektrisiert ihn der
Einsatzbefehl, den sein Gönner Laperrine erhalten hatte: eine
Expedition durch die Sahara in Richtung auf den Niger. Er stellt
den Antrag, diesen zu begleiten. Die Antwort ist abschlägig; er
sei ungeeignet für Aufgaben außerhalb des unmittelbaren Dienstes im Regiment. Solche Herabsetzung trifft seinen Stolz und
weckt den alten Widerspruchsgeist. Er ist überzeugt, seine Fähigkeiten selbst am besten zu kennen. Er spricht das Arabische
sowie die Berbersprache. Er hat sich im Feld bewährt. Er ist fähig, Strapazen durchzustehen. Schließlich hatte er inzwischen
sogar dreißig Pfund abgenommen. Sein Wunsch nach Anerkennung meldet sich mit großem Nachdruck. Wenn er sich auch
vielleicht nicht mehr hervortun will vor allen anderen, so sucht

er nun doch ein Ziel, dessen Eroberung allen anderen Achtung einflößen würde. Doch der Divisionsgeneral bleibt beim Nein. Foucauld reicht kurz entschlossen seinen Abschied ein, den er wenig später erhält.

Forscher

Die Angehörigen in Frankreich sind entrüstet: Das Sorgenkind Charles wirft nun zum zweiten Mal Karriere und Zukunft hin. Seine Tante bereitet rechtliche Schritte vor, an deren Ende nun wirklich die Enterbung steht. Er hat von dem enormen Kapital des Großvaters ohnehin inzwischen mehr als ein Achtel durchgebracht. Ein Treuhänder, sein Vetter Georges de Latouche, wird bestellt und soll Foucauld eine bescheidene Rente sichern. Die beiden treffen sich in Paris, und der Vermögensverwalter ist verblüfft, dass der Enterbte alle Verfügungen mit Gelassenheit, ja mit Desinteresse zur Kenntnis nimmt.

Ihn treibt es wieder nach Afrika. Er quartiert sich in Algier ein und zieht in ein billiges Zimmer im Westen der Stadt. Mit Eifer widmet er sich dem Studium des Arabischen und der Berbersprache. Und er sucht den Kurator der Stadtbibliothek auf, einen französischen Staatsbürger mit dem überraschend englischen Namen Oscar McCarthy. Dessen Wurzeln liegen in Irland, und er ist 1849 als eine Art Entwicklungshelfer ins Land gekommen. Neugier und Abenteuerlust hatten diesen gedrängt, das Gelände südlich des Atlasgebirges zu erkunden. Er tat es, als Derwisch verkleidet, und sein Wissen war der französischen Regierung für Kolonisierung und Ausbeutung des Landes von Nutzen. Er hätte seine Erkundungen gern fortgesetzt, musste sich aber mit der Stadtbibliothek begnügen, da der Generalgouverneur keine Mittel für die Finanzierung neuer Expeditionen auftreiben konnte.

Geschichten und Ideen von solchen Männern beginnen Foucauld zu beschäftigen. Er will es sich inzwischen ja nicht mehr einfach nur gut gehen lassen. Sein Ehrgeiz meldet sich immer stärker. Ein kühner Plan entsteht in seinem Kopf: Er möchte Marokko erkunden. Kaum einem Europäer war es bisher gelungen, dorthin vorzudringen. Nennenswerte geografische Karten existierten nicht. Über die Entfernung zwischen den größeren Städten gab es nur Schätzungen. Wie es in den hohen Bergen des Atlas-Gebirges aussah, das den Weg zur Sahara versperrte, wie die Bewohner dort lebten – all das war bislang unbekannt.

Eine mögliche Erkundung machte eine Anzahl von Landvermessern und Dolmetschern, ebenfalls Nahrungsvorräte und vor allem eine Eskorte zum Schutz gegen Überfälle unumgänglich. Die Mauren waren bekannt als fanatische Krieger. Ihre Sultane und Paschas bekämpften alles, was nach französischer Einmischung in ihre Vorrechte roch. So äußerte sich denn auch McCarthy zu Foucaulds Vorhaben ablehnend. Aber wieder ließ sich der Graf nicht beirren. Er setzte sich über die Einwände hinweg, indem er schlicht erklärte, er würde dennoch reisen, notfalls auch allein.

Sein Lehrmeister hielt es für ausgeschlossen, dass Foucauld als Christ in das Land ging. Er solle sich als Jude ausgeben, denn das schien weniger gefährlich, als die Identität eines Moslems vorzutäuschen. Das war einleuchtend. So musste Foucauld sich mit Hebräisch und Jiddisch befassen sowie die jüdische Liturgie wenigstens in ihren Grundzügen kennenlernen. Da die Verstellung kaum perfekt gelingen würde, sollte er sich als jüdischer Emigrant aus Russland ausgeben.

McCarthy war ferner überzeugt, dass Foucauld unbedingt einen Begleiter für die Exkursion brauchte. Der sollte nicht nur Wegweiser sein, sondern auch als eine Art Puffer zwischen ihm und den Juden oder Moslems dienen. Er setzte sich durch. Sie fanden einen vierundfünfzigjährigen Rabbi, Mordecai Abi-Serour, der bereits ein ganz ungewöhnliches Leben geführt hatte und in den unterschiedlichsten Ländern und Kulturen herumgekommen war. Nun witterte dieser die Möglichkeit, ohne allzu viel Arbeit eine gute Summe zu verdienen. So rückte dann Anfang Juni 1883 für zwei Rabbis aus dem Judenviertel in Algier ihre große Expedition näher. In seiner Verkleidung hätten Foucauld, der die Maskeraden ja liebte, selbst seine nächsten Verwandten nicht wiedererkannt: Er trug ein langes Hemd mit losen Ärmeln, Leinenhosen, die bis unter die Knie reichten, eine dunkelgrüne türkische Weste, einen wallenden Talar mit Kapuze, gestrickte Strümpfe und Lederpantoffeln. Ein rotes, von einem schwarzen Turban umwundenes Käppi bedeckte seinen Kopf, und auf den Schultern trug er zwei Säcke mit Habseligkeiten.

Vor Reiseantritt galt es allerdings noch, all die unabdingbaren Vorkehrungen zu treffen, die insgesamt mehr als ein Jahr in Anspruch nahmen: Sprachstudien, damit der Forscher in Cafés und Bars die Unterhaltung verstehen konnte; das Erlernen des Umgangs mit einem Sextanten, einem Winkelmessgerät zur eigenen Positionsbestimmung mithilfe der Sonne; das Zeichnen von Landkarten; das Schätzen von Entfernungen. Sie wohnten bei einem marokkanischen Juden. Es gibt aus dieser Zeit einen Bericht von Judah Danan, der noch ein Kind war, als sich Graf de Foucauld im Hause seines Vaters vorbereitete, und ihn später niederschrieb:

Eines Tages kamen bei uns zwei in Rabbinergewändern gekleidete Gestalten aus Algier oder aus dem Inneren Marokkos an und überbrachten meinem Vater ein Empfehlungsschreiben seines in Mascara (Algier) wohnenden Bruders Menham Danan, der heute verstorben ist. Wir haben sie bei uns aufgenommen, ihnen Matratzen ohne Betten gegeben, denn sie wollten auf der Erde schlafen. Ihr Essen bereiteten sie sich selbst.

Einer dieser Rabbiner sprach arabisch und französisch und hieß uns, ihn Mardochée Abi-Serour zu nennen, der andere sprach nur französisch, und ich unterhielt mich sehr gern mit ihm. Trotz meines jungen Alters empfand ich sein vornehmes Wesen, das ich bei Abi-Serour nicht bemerkte.

Gleich in den ersten Tagen sagte ich zu den Meinen, dass dieser andere Mann, den wir beherbergten und dem ich jeden Morgen ein Bad bereitete, mir kein Rabbiner zu sein schien, umso weniger, als er weder hebräisch noch arabisch sprach.

Die Nächte verbrachte er schlaflos auf der Terrasse, um meteorologische Beobachtungen anzustellen. Meine Mutter glaubte, dass wir einen Narren in unser Haus aufgenommen hätten, und fürchtete sich wegen der Kinder, die alle noch klein waren.[88]

Nach dem Minimum an Inkulturation in Tetuán ging es dann per Bahn von Algier nach Oran. Die Fahrt auf harten Holzbänken durch Hitze und Staub dauerte zwölf Stunden. Es gab nur ein einziges Hotel, das Juden zugestanden war, und der stolze Foucauld hatte Gelegenheit, die Verachtung diesem Volk gegenüber zu spüren. Dann reisten sie mit der Postkutsche weiter nach Tlemcen, südlich von Oran nahe der algerisch-marokkanischen Grenze. Dort hoffte man zu erfahren, welcher Zugang nach Marokko vorzuziehen und wie es mit den Reiseverhältnissen im Rif-Gebiet bestellt sei. Foucaulds Hochmut wurde erneut auf die Probe gestellt, als ihn bei einer Begegnung die Offiziere des Regiments der *Quatrième Chasseurs* herabsetzend behandelten. Und wie unsicher fühlte er sich erst, als er in einer jüdischen Synagoge als Rabbi die Liturgie leiten sollte!

Unterwegs wurde den beiden Entdeckern klar, dass es falsch wäre, den Weg nach Marokko über die nahe Grenze zu nehmen. Die einheimischen Paschas verlangten überzogene Wegezölle und zudem war es offensichtlich, dass diese Route keine Sicherheit

[88] Zitiert in: P. Lesourd, Pater de Foucauld. Soldat, Forscher, Mystiker, a. a. O., S. 61.

böte, schon gar nicht für Juden. Als einzige vernünftige Reiseroute ins Rif-Gebiet kam allein eine Fahrt mit dem Küstendampfer nach Tanger infrage. Das Schiff fuhr zweimal wöchentlich dorthin. Am 20. Juni liefen sie im dortigen Hafen ein.

Wie schon erwähnt, war Marokko 1883 den Europäern praktisch unbekannt. An den Bau einer Eisenbahn war noch nicht gedacht worden. Die Straßen – so sie denn existierten – waren nicht asphaltiert, man reiste im Land mit dem Pferd, dem Maultier oder zu Fuß. Das waren die Bedingungen, unter denen Foucauld mit seinen vierundzwanzig Jahren zu seinen Erkundigungen aufbrechen wollte: Erforschung, Vermessung und Skizzierung des Landes, für Essen, Trinken und Schlafen dem Zufall ausgesetzt, nur gesichert durch seinen Begleiter Mordecai, und immer in der Gefahr, entdeckt zu werden. Aufzeichnungen etwa machte er, indem er einen Fetzen Papier in der linken und einen Bleistift in der rechten Hand hielt; wenn er sich unbeobachtet wusste, packte er auch den Sextanten und das Barometer aus, und abends schrieb er Notizen nieder.

Die Entdecker hatten von Tanger aus das Gelände nach Süden hin erkundet. Sie wandten sich der Stadt Fez zu. Hier im Berbergebiet gab es noch weniger Sicherheit für Leib und Leben. Nach sechs weiteren Wochen waren die Forschungsergebnisse schon recht ansehnlich, und sie entschieden sich endlich zur Heimreise. Mordecai drängte. Elf gefährliche Monate hatten sie inzwischen überstanden.

Sie waren gezeichnet von der Einsamkeit, von dem Verzicht auf jeden befreundeten Menschen oder irgendeinen Europäer, mit dem sie hätten sprechen oder dem sie sich hätten anvertrauen können. So griffen Gefühle der Melancholie nach Foucauld, die sich mit Betrachtungen und Gedanken mischten, die ihm während seiner Märsche und während der Nächte unter freiem Himmel kamen. Eine Ahnung der Transzendenz erwachte in ihm. In der Sammlung solcher Stunden versteht man den Glauben der Araber an eine geheimnisvolle Nacht, in der der

Himmel sich öffnet, die Engel zur Erde niedersteigen, das Salzwasser süß wird und alles Leben in der Natur sich neigt, um seinen Schöpfer anzubeten. Nach und nach übte die Wüste auf seine ungläubige Seele eine aufwühlende und reinigende Wirkung aus, denn sie zerschneidet ja alle Bindung des Menschen mit der Welt, lässt die Abhängigkeit fühlen und gibt gleichzeitig den Menschen sich selbst zurück. In ihr wird er dessen inne, was Blaise Pascal die kreatürliche Erhabenheit und die eigene Armseligkeit nennt: das gähnende Grauen dieser großen Räume und der von allen Seiten saugenden Unendlichkeiten, aber auch den unendlichen Wert dessen, ein kleiner Lebenskeim in den Gebilden des Todes und der Unfruchtbarkeit zu sein, ein Gedankenblitz in der grenzenlosen Leere dieses weiten Kosmos.

Vor ihrer Rückkehr waren sie dann nochmals ernsthaft in Gefahr, weil ihre eigenen Führer sie überfielen. Der Angriff hätte die beiden Rabbis gewiss das Leben gekostet, wenn der Jude nicht an das dem Islam heilige Recht der Gastfreundschaft appelliert und die Maultiere als Lösegeld angeboten hätte. So konnten sie dann doch die rettende Grenze überschreiten. Man schrieb den 23. Mai. Seinem Freund, dem Herzog de Fitz-James, teilte der Forscher später mit: »Es war hart, aber sehr interessant, und ich habe es zuwege gebracht.« Damit war alles gesagt: Eine ungewöhnliche Leistung hatte seinen so hochgesteckten Ehrgeiz zufriedengestellt.

Am 17. Juni 1884 trifft er nach zwei Wochen in Algier wieder in Paris ein. Er hat in elf Monaten 1100 Quadratkilometer unerforschten Gebietes vermessen, 45 Längen- und 40 Breitengrade bestimmt, 3000 Höhenschätzungen durchgeführt, den früher angenommenen Flusslauf der Dra um einen ganzen Längengrad korrigiert und dabei sich immer wieder selbst riskiert. Die Anerkennung der Wissenschaftler lässt nicht lange auf sich warten. Die französische Geographische Gesellschaft zeichnet ihn mit der Goldenen Medaille aus, die bislang nur Comte de

Brazza, dem ersten Weißen, der ins Kongo-Gebiet vorgedrungen war, sowie Duveyrier nach seiner Reise durch die Sahara und René Caillié, dem Entdecker des Senegal, zuteilgeworden war. Natürlich wird der Geehrte in den Salons der Stadt gefeiert. Seine Familie ist begeistert. Doch all dieser Glanz spricht ihn nun nicht mehr an. Heiratspläne zerschlagen sich. Er plant eine neue Reise und verschwindet im September 1885 ins Innere Algeriens. Das Unternehmen ist als Vorbereitung auf die Durchquerung der Sahara von Algier nach Timbuktu gedacht, die jedoch nie Wirklichkeit wird.

Was ihn nach seiner Rückkehr aus Afrika vorerst voll in Anspruch nimmt, ist der schriftliche Bericht über seine Erkundung Marokkos. Er will ihn schwarz auf weiß der Öffentlichkeit vorlegen. Er braucht ein weiteres Jahr, um ihn fertigzustellen, und wohnt in der *Rue de Miromesnil 50* in Paris, wo er das Leben eines Einsiedlers führt. Er hat sich für den nordafrikanischen Lebensstil entschieden, kleidet sich wie bei seiner Expedition und schläft auf dem Teppich auf dem Boden. Das Manuskript ist für den Druck vorzubereiten. 1888 erscheint es: ein fünfhundert Seiten starkes Buch mit einem zweiten Band als Anhang für Dokumente und Karten. Es ist ein voller Erfolg und wird von Forschern und Geografen genauso wie von ihren Verbänden mit lebhaftem und sachkundigem Interesse aufgenommen. Der französische Generalstab bestimmt es als Pflichtlektüre für Offiziere und Kolonialbeamte. Auch britische Geografen sind beeindruckt. In einer Stellungnahme heißt es: »Noch kein Forschungsreisender hat das Leistungsniveau Monsieur de Foucaulds sowohl vom Gesichtspunkt seiner Berichte aus als auch der Gefahren der Expedition erreicht. Im Vergleich zu seiner reichen Ausbeute muten die Werke anderer Forscher wie ein Kinderspiel an.«[89]

Wieder schenkt Foucauld der rühmenden Resonanz kaum Gehör. Ihn lassen afrikanische Erinnerungen und Gedanken

---

[89] R. V. C. Bodley, Der Mönch der Sahara, a. a. O., S. 112.

nicht zur Ruhe kommen. Der Kontinent hat ihn verwundet. Die edlen Wüstenbewohner mit ihrer Verehrung Allahs gehen ihm nicht mehr aus dem Sinn. Er wünscht bei sich selbst, er könnte es ihnen gleichtun. Marokko hat eine Sehnsucht in ihm ausgelöst, für die es anscheinend nur ein Heilmittel gibt: die eigene Öffnung für die Weite des Himmels. Dabei empfindet er gleichzeitig die Grenzen des Islam. Allahs Größe ist beeindruckend, aber er bleibt eine ferne, fremde Größe. Foucauld spürt bei aller Hochschätzung, dass seine Zugehörigkeit zu Gott vor allem seine eigene Person einfordern müsste. Später erkennt er klarer, warum ihm der Islam nicht genügte. Er suchte eine Wahrheit, die die Seligkeit verspricht. So wurde sein Glaube gleichzeitig ein Akt der Liebe: einer Liebe, die zu einem Du hinstrebt, das ihn umfassend bejaht und dem er sich vorbehaltlos hingeben kann. Im Jahr 1901 schreibt er an seinen Vetter Henri, der Islam lehre nicht die ganze Wahrheit. Er könne nicht eine Hingabe an Gott lehren, die Gottes würdig sei. Dann begründet er seine Auffassung mit dem Hinweis auf die christlichen Tugenden: »Ohne die Keuschheit und die Armut bleiben Liebe und Anbetung sehr unvollkommen.« Der Islam aber fordere keine Keuschheit, gebe nicht einmal der Reinheit besonderen Wert. Foucauld hingegen ist davon überzeugt:

Wenn man leidenschaftlich liebt, trennt man sich von allem, das – und sei es nur eine Minute – einen vom geliebten Wesen ablenken könnte, und man wirft sich und verliert sich ganz in Ihm.

Ein wichtiges Umdenken hat ihn ergriffen: Er sieht Gott nicht länger als überragende, aber gleichsam abstrakte Wirklichkeit, sondern er erahnt und ersehnt ihn als Du.[90]

---

[90] Vgl. J.-F. Six (Hrsg.), Itinéraire spirituel de Charles de Foucauld, a. a. O., S. 46 f.

206

Umkehr

An dieser Stelle ist nochmals auf die anfangs wiedergegebenen Ergebnisse des Religionsmonitors 2008 zurückzublenden und auch auf Goethes Auffassung vom Göttlichen: Beides ließ erkennen, wie die Idee einer anonymen Macht die Religionsvorstellung der westlichen Kultur und ihrer Gebildeten dominiert. Vor dem Hintergrund dieser Vorstellung vom *Divinum* tritt nun die Intuition von Foucaulds Ahnung hervor. Er bleibt nicht stehen bei der numinosen Erfahrung, wie sie etwa in der Wüste über ihn kam. Gleich der heiligen Teresa und dem seligen John Henry Newman eröffnet sich langsam das Sehnen nach Gott als Person. Foucaulds Vorstellung ist darum von hoher Aktualität, zumal sie nicht theologisch abgeleitet oder gar angelernt ist, sondern durch Erfahrung gnadenhaft gewonnen wurde. Unser Forscher korrigiert und übersteigt eine banale und verwässerte Göttlichkeitsvorstellung.

Unvergleichlich war der Weg, auf dem Charles de Foucauld den Glauben an Gott als ein Du finden durfte. Tief war das Dunkel des Tunnels, in den er sich verirrt hatte. Nur allmählich bemerkt er, wie dicht die Finsternis ist, die ihn umgibt und bedrängt. Er beginnt in der *Rue de Miromesnil* in Paris nach Licht zu suchen. Eine bewegende Meditation über seine Rückkehr zur Kirche, die er Anfang November 1897 in Nazareth niederschreibt – mit achttausend Worten in einem Zug und an einem Tag schüttet er sein Herz aus –, benennt für das Jahr dort »Einsamkeit, Sammlung, fromme Lektüre«; es drängt ihn, Gotteshäuser aufzusuchen, denn seine Seele ist voller Verwirrung und Angst im Ringen um die Wahrheit. Ein geistig-geistlicher Kampf – schwerer als die Erforschung der Wüste Marokkos. Und wirklich unfassbar erscheint es, dass er sich Gott irgendwann überhaupt aussetzte, dass wirklich eine Bekehrung möglich wurde bei einem Mann, der jahrelang den Verlockungen der Selbstvergötzung bedenkenlos nachgegeben und danach in immensem Ehrgeiz das lebensgefährliche Abenteuer suchte.

Gott als ein Du

Von seiner Wohnung ist es nur wenige Hundert Meter zur *Rue d'Anjou*, in der seine Tante Marie-Clotilde-Inès Moitessier lebt. Nach der Ehre, die ihm seine Forschungen eingebracht hatten, nähert sie sich ihm wieder. Der Waise findet ein neues Heim. Er liebt den Stil dieser Familie, wie er ihn noch aus Kindertagen kennt. Sonntag für Sonntag ist er Gast in ihrem Hause.

Wichtiger noch als seine Tante ist ihm seine Cousine Marie. Sie zieht ihn an durch ihre Liebenswürdigkeit. Und sie löst Verwunderung in ihm aus, wie er später in seinem großen Rückblick schreibt: »Da diese Seele so intelligent ist, kann die Religion, an die sie so fest glaubt, keine Verrücktheit sein, wie ich es denke. Sie kann nicht absurd sein.« So verstärkt sie den inneren Antrieb, der zu seiner Bekehrung beiträgt, auch wenn sie ihn nicht auf die Rückkehr zur Kirche hin anspricht. Paradoxerweise ist ihre wesentliche Aktivität vielmehr eine stille Anwesenheit. In sich gekehrt lebt sie ihren Glauben. Sie sucht Gott im Gebet. Ihrem Vetter ist sie nahe, nicht so sehr durch Gespräche oder mit dem Versuch, ihn zu überzeugen, sondern vor allem in aufrichtiger Freundschaft und Hinwendung zu ihm. Foucauld schätzt an ihr Scharfsinn und Feinfühligkeit; er gewahrt bei ihr einen Glauben, den er selbst schmerzhaft vermisst. Im Rückblick ist er sich klar, dass Gottes Hand bei der Beziehung zu ihr im Spiel gewesen sein muss. Marie bewegte ihn menschlich und geistlich. Durch sie öffnete er sich Gottes Gnade, von der er schreibt: »[Sie] drängte mich mit Macht: Ich ging oft in die Kirche, ohne zu glauben, und fühlte mich dort wohl, verbrachte lange Zeit und wiederholte das seltsame Gebet: ›Mein Gott, wenn es dich gibt, lass mich dich erkennen.‹«[91]

Nicht zu übersehen ist ferner, dass ihn Sorgfalt und die Neugier antreiben, Maries Glauben genauer kennenlernen zu wollen.

---

[91] Zu dieser und den folgenden Aussagen siehe ebd., S. 55 ff.

Er begnügt sich nicht mit Ahnungen und Gefühlen. In seinem
Brief an den Freund Henri schreibt er:

> *Mir kam die Idee, ich müsste mich über diese Religion in-*
> *formieren; vielleicht fänd' ich in ihr die Wahrheit, nach*
> *der ich so verzweifelt suchte. Ich sagte mir, es wäre am*
> *besten, Unterricht zu nehmen in der katholischen Religi-*
> *on, so wie ich Unterricht für Arabisch genommen hatte;*
> *und wie ich einen guten Lehrer für das Arabische gesucht*
> *hatte, suchte ich einen weisen Priester, der mich die ka-*
> *tholische Religion lehren sollte.*

Die Cousine Marie gehört zur Pfarrei Saint-Augustin. Einer ihrer Priester ist seit 1875 der Abbé Henri Huvelin. Marie de Bondy hatte dessen geistliches Unterscheidungsvermögen kennen-
gelernt und ihn zu ihrem Seelenführer gewählt. So hat er Kontakt mit der Familie Moitessier und ist gelegentlich Gast in
ihrem Hause. Vermutlich bittet Marie ihn um Rat und auch um
sein Gebet für den zurückgekehrten verlorenen Sohn Charles.
Bald begegnet dieser erstmals dem Priester. Foucauld erkennt,
dass er hier einen geeigneten Lehrmeister vor sich hat. Eines
Morgens zwischen dem 27. und 30. Oktober 1886 sucht er ihn
in Saint-Augustin auf, um religiöse Schulung zu vereinbaren.
Von den Umständen wissen wir wieder aus dem schon zitierten
Brief an de Castries.
   Foucauld findet ihn im Beichtstuhl, doch sagt er ihm, er sei
nicht gekommen, um zu beichten, sondern um den katholischen
Glauben kennenzulernen. Der Priester entscheidet anders. »Er
hieß mich, mich hinzuknien und zu beichten.« Gleich darauf
führt er ihn zum Marienaltar, und Charles empfängt die heilige Kommunion.
   Diese Heimkehr lässt den Weltmenschen, der in skandalösem
Treiben Berühmtheit gesucht und als wissenschaftlicher Forscher durch todesmutige Erkundungen auf das Prestige in der

Gesellschaft gesetzt hatte, die Entleerung vom eigenen Ich schmecken: die Bekehrung – als demütige Annahme von Gottes Gnade, wie sie von Gott angeboten und durch den Dienst des Priesters ermöglicht wurde. Mit einem Schlag wird sie bei Charles de Foucauld Wirklichkeit. Sie ist in ihrem Tempo wie ein Blitz und in ihrer Wirkung wie dessen Einschlag. Der Bekehrte weiß sich radikal verwandelt. Später richtet er seine Worte an Gott: »Als du mich seinen Beichtstuhl betreten ließest, hast du mir das Gute ohne alle Abstriche gegeben.« So sieht er sich auch bewogen, ohne Reserve zu antworten: Einschränkungslos und absolut will er Gott sein Leben zurückgeben. Sich erinnernd schreibt er an Henri de Castries:

> *Sobald ich glaubte, dass es einen Gott gibt, verstand ich, dass ich nur für ihn leben konnte; meine geistliche Berufung datiert von derselben Stunde wie mein Glaube. Gott ist so groß! Es gibt einen solchen Abstand zwischen Gott und allem, was nicht er ist.*

Mit der Konversion hat ihm Gott den Abbé Huvelin zum geistlichen Führer auch für den weiteren Weg gegeben, und er hielt diesem bis zu dessen Ende die Treue. Als er im Jahr 1910 dessen Todesnachricht erhält, schreibt Charles:

> *Der Briefbote hat mir eben die Einzelheiten über die letzten Stunden dessen gebracht, in dessen Händen ich mich vor vierundzwanzig Jahren bekehrt habe und der von diesem Augenblick an mein viel geliebter Vater geblieben ist ... Seine beiden letzten Sätze waren: »Amabo numquam satis – ich werde niemals genug lieben« und »Was den Wert des Lebens bestimmt, ist die Liebe«. Diese beiden Worte fassen sein ganzes Leben zusammen.*

Der Beichtvater konnte nun wohl kaum diesen ungezähmten Charakter und diese konfuse Lebensgeschichte mit einem Zauberwort in ruhige Bahnen lenken. Oder vielleicht doch? Auch wenn die Straße seines Schützlings nun gewiss nicht weniger kurvenreich verläuft als vor der Konversion, so gelingt es dem Priester doch, Charles eine unauswechselbare, untrügliche und später nie zurückgewiesene Orientierung zu geben: Gott, zu dem er in der Kirche Saint-Augustin gefunden hatte, wird ihm in seinem Sohn Jesus Christus zum gebieterischen Kompass des Lebens. Die Sensibilität dieser Nadel verstärkt sich in dem Maß seines Gehorsams gegen Gottes Willen. So sucht er immer neu, Gottes Plan zu erkennen: in den Trappistenklöstern Notre-Dame-des-Neiges im Département Ardèche/Frankreich und in Notre-Dame-d'Akbes in der Türkei; als Hausdiener der Klarissen in Nazareth, dann als Priester und Missionar in Béni Abbès in Algerien. Schließlich findet er am 1. Dezember 1916 den Tod als Einsiedler im Asekrem bei Tamanrasset/Südsahara durch die Hand derer, denen er den Erlöser Christus bringen wollte. Am 13. November 2005 wurde er seliggesprochen.

Abbé Huvelin war nicht nur Gottes Werkzeug gewesen, damit sich Charles de Foucauld Gottes gewiss würde. Er blieb auch sein geistlicher Wegbegleiter. Denn der Neubekehrte hatte keinen Zweifel, dass er jetzt erst recht einen »Taleb«, einen »Führer«, brauchte, wie es ihn schon seine Forschungsreisen gelehrt hatten. Er hatte offenbar seinen eigenen maßlosen Ehrgeiz und seinen Gefallen am Leumund der Gesellschaft durchschaut, die zu bändigen eine führungslose Selbstbezogenheit nicht in der Lage gewesen wäre. Gegen Geltungsdrang setzte er nun die Bereitschaft zu Fügsamkeit ohne Wenn und Aber. Und Gott gab ihm den weisen und gütigen Priester von Saint-Augustin. Der bekommt ein Bündel von Blankoschecks uneingeschränkter Verfügbarkeit und löst sie für Charles' große und kleine Entscheidungen ein; denn sie bleiben ein Leben lang gültig und verfallen nie: Abbé Huvelin gibt ihm Anweisungen für geeignete

Gebetsweisen und Ratschläge für Schlaf- und Essensgewohn-
heiten, die dem Raubbau an der Gesundheit Einhalt gebieten
sollen. Als es ihn treibt, Béni Abbès zu verlassen, um den Fremden im Hoggargebirge noch näherzukommen, fragt er zunächst
den Seelenführer und wartet dann zusätzlich auf die Zustimmung von Msgr. Guérin, dem Apostolischen Präfekten der Sahara.[92] In der uns erhaltenen Korrespondenz des geistlichen
Abenteurers mit seinem wachen Schutzengel zitiert Foucauld
wieder und wieder den Satz des Herrn an die Jünger: »Wer euch
hört, der hört mich« (Lk 10,16). Dieser Vers ist gleichsam zum
Cantus firmus seines Lebens geworden.

Das beschriebene Trudeln in den vielfältigen Turbulenzen seiner Irrwege konnte uns den Draufgänger nahebringen. Doch
nicht minder nimmt uns die Radikalität ein, mit der er sich nach
seinem Schritt zum Glauben in der Kirche Saint-Augustin zur
reservierten Auslieferung an Gott entschied. Die Weisungen des
Priesters aus dem fernen Paris geleiten ihn. Sie sind in jeder Phase von Foucaulds Entwicklung überraschend detailliert und betreffen eine Vielzahl von Situationen. Der ambitionierte Ego-
zentriker findet zu sensiblem Gehorsam – gegen Mensch und
gegen Gott.[93]

Foucaulds Bekehrung in Paris, der markante Abschluss seines mühevollen Suchens, ist gleichzeitig der Anfang eines
schwierigen Prozesses langsamer seelischer Heilung. Es ist diese bewegende Geschichte, die in den meisten Publikationen über
ihn ausführlich zur Sprache kommt. Im Kontext dieser meiner
Überlegungen soll darum nur auf zwei Details von Foucaulds
weiterem Lebensweg abgehoben werden. In ihnen zeigen sich
die gleichen Fingerzeige, die schon bei der heiligen Teresa und
bei Kardinal Newman für die Hinwendung des Menschen zu

---

[92] Vgl. Père de Foucauld – Abbé Huvelin. Correspondance inédite, a. a. O.,
S. 196 ff.

[93] Ich bin den betreffenden Einzelheiten nachgegangen in: P. J.Cordes/M. Lütz,
Benedikts Vermächtnis und Franziskus' Auftrag, Freiburg 2013, S. 93–107.

Gott erkennbar waren – vielleicht bei Foucauld sogar mit noch größerer Prägnanz. Sie liegen für diesen Abenteurer in der sensiblen Annäherung an die Person Jesu Christi: Er taucht ein in dessen verborgenes Leben in Nazareth und in Jesu eucharistische Gegenwart. Auch wenn der Glaubensweg des Seligen viele Aspekte hat und nicht ohne Sackgassen ist, so sollen nur diese beiden Heilswahrheiten herausgestellt werden: seine unbegrenzte Liebe zu Jesus von Nazareth, die ihn umtreibt und ihn zum Herrn im Altarssakrament führt. In beiden kulminiert sein lebenslanges Sehnen, das freilich weit davon entfernt war, zu einer gefühligen Jesus-Intimität zu verkümmern und ihm den Blick auf die Menschen, auf ihren Alltag und ihre Nöte zu verstellen.

Nazareth

Schon am Tag der Beichte und des Eucharistie-Empfangs in Saint-Augustin drängte es den Erschütterten zur Totalhingabe an Gott. Allein, es war ihm keineswegs klar, welchen Weg er wählen sollte. Nur sehr langsam klärte sich seine Route.

Am 4. Februar 1888 kann er die Redaktionsarbeit an seinem Forschungsbericht veröffentlichen. Seine früheren Pläne für weitere Expeditionen bewegen ihn nicht länger. Nach außen erscheint er passiv, gar apathisch. Aber die innere Unruhe ist umso heftiger. Er fühlt sich machtvoll zu Jesus Christus hingezogen. Sein Seelenführer mahnt zur Besonnenheit. Am 14. August 1901 beschreibt Foucauld, wohin ihn seine Unruhe treibt: »Ich wünschte, Ordensmann zu werden; nur für Gott zu leben und zu tun, was am vollkommensten wäre – was es auch sein möchte … Mein Beichtvater hieß mich, erst einmal drei Jahre zu warten« – für jemanden, der gerade Feuer gefangen hat und lichterloh brennt, eine nur schwer erträgliche Gehorsamsprüfung. Er füllt die lange Zeit mit der Lektüre von Lebensbeschreibungen des Herrn. Er liest das Evangelium, meditiert es wieder und wieder. Er geht das Handeln und Wandeln Jesu durch und versucht, dem Herrn nachzueifern. In dem schon erwähnten Brief an Henri de Castries, den er seinerseits für den Glauben gewinnen will, heißt es: »Ich wusste nicht, welchen Orden ich wählen sollte. Das Evangelium zeigte mir, dass das erste Gebot ist, Gott von ganzem Herzen zu lieben und alles in diese Liebe einzuschließen: Jeder weiß, dass die erste Wirkung der Liebe die Nachahmung ist; es verblieb mir demnach, in den Orden einzutreten, wo ich die genaueste Nachahmung Jesu fände.« Sein Hingabewillen ist ohne Vorbehalt. Und diese Preisgabe gilt Jesus. Dessen Freundschaft will er gewinnen. Mit Leidenschaft sucht er im Neuen Testament dessen Worte und Taten. Er will vom Herrn lernen, ihm will er es gleichtun.

Für die Seelenführung des Neubekehrten knüpft der Abbé mit Einfühlungsvermögen bei dieser Jesus-Liebe an. Die Weisung, die er nun für sein Beichtkind hat, ist darüber hinaus fraglos von Gottes Geist inspiriert. Er rät ihm zu einer Reise ins Heilige Land – ein Ratschlag, der für Foucauld keineswegs auf der Hand lag und von ihm bei seiner Ordenssuche eher als weiterer Zeitverlust empfunden wurde. So reagiert er denn zurückhaltend auf den Vorschlag ohne jeden Enthusiasmus. Im November 1888 schifft er sich dann von Marseille aus nach Jaffa ein und bleibt bis Februar 1889 in Palästina. »Ich tat es gegen meinen Willen«, gesteht er später, »aus reinem Gehorsam gegen Abbé Huvelin.« Doch ausgerechnet diese Wallfahrt führt seine Verfügbarkeit weiter: Sie vertieft den geistlichen Prozess und festigt ihn, indem sie Foucaulds Gottesliebe weiter personalisiert. Nach den Aufzeichnungen der Evangelien über Leben und Auftrag Jesu sprechen nun die Orte des Geschehens zu ihm; man hat sie ja nicht ohne Grund das »Fünfte Evangelium« genannt: die Freude über Jesu Nähe in der Grotte zu Bethlehem; der Schmerz über die Sünde im Garten von Getsemani und auf Golgatha; Jesu Triumph am Heiligen Grab in Jerusalem. Am nachdrücklichsten ist schließlich der Eindruck von Nazareth.

214

Das Städtchen lag schon zur Zeit Jesu abseits der großen Verkehrsstraße, der »Via Maris«, in einer Talsenke, rings von Hügeln umgeben. Der Ort war ideal, um Abstand zu gewinnen. Auch die wichtigen Daten der Heilsgeschichte drängten sich hier nicht auf. Nur Jesus als Person, in seinem Menschsein – in der Intimität der Ereignislosigkeit. Foucauld wird bewusst, dass der Herr dreißig lange Jahre auf Erden in dieser Kleinstadt verbracht hat. In einem Brief lässt er Jahre später (1910) seine Cousine Marie wissen, wie ihn die Tage gefangen genommen haben für Jesu Liebe:

> Die Einsamkeit nimmt zu. Man fühlt sich zunehmend allein in dieser Welt. Die einen [scil. Mons. Guérin und Abbé Huvelin] sind zum Vaterhaus gegangen, die anderen leben mehr und mehr von uns entfernt ... Aber Jesus bleibt: Jesus, der unsterbliche Bräutigam, der uns liebt, wie kein menschliches Herz uns lieben kann; er bleibt jetzt, er bleibt immer ...[94]

Es ist in Nazareth, wo den Suchenden neue Jesus-Liebe heftig überfällt und sie sich gleichsam verleiblicht. Dieses Dorf, das am unteren Rand des Dschebel en-Nebi Sa'in die Felsen hinaufzuklettern scheint, die Landschaft und ihre Hügel, der Himmel, der Brunnen mit den spielenden Kindern, die kleinen, uralten würfelartigen Häuser, die Bäume und Pflanzen: All das ergreift ihn, weil genau dies dem Herrn vor Augen war. Wenn auch Jesu Gestalt ihm nicht begegnet, so ruft doch die ganze Lebenswelt gerade ihn in Erinnerung. Und der Liebende stellt sich vor, wie das Kind und der Mann Jesus hier zu sehen und seine Stimme zu hören waren. Nazareth spricht ihn an, weil Jesus ihm dort innere Ruhe gibt. In dem Bericht über seine Umkehr an den Freund de Castries vom 14. August 1901 – er nennt ihn »eine Beichte« – hält er über Nazareth fest:

---

[94] J.-F. Six (Hrsg.), Itinéraire spirituel de Charles de Foucauld, a.a.O., S. 374.

Jesus hat es gesagt; es ist sein erstes Wort an die Apostel; sein erstes Wort an die, die Durst hatten, ihn kennenzu- lernen: »Kommt und seht! Beginnt mit dem ›Kommen‹ und folgt mir, ahmt mich nach und setzt meine Weisun- gen in die Tat um; und dann werdet ihr ›sehen‹, ihr freut euch des Lichtes in dem Maß, in dem ihr gehandelt habt …« – »Kommt und seht!«, meine Erfahrung hat mich so stark von der Wahrheit dieser Worte überzeugt, dass ich Ihnen diesen Brief schreibe, um sie Ihnen zu sagen.

Abbé Huvelin weiß um die Kraft dieses Ortes für seinen Schütz- ling. So lenkt er ihn ein zweites Mal dorthin, als die Prüfung mönchischen Lebens bei ihm nicht gefruchtet hat: Die Erfah- rungen als Trappist in Notre-Dame-des-Neiges im französi- schen Département Ardèche und später im Kloster Notre-Da- me-du-Sacré-Cœur in Akbes bei Aleppo in Syrien haben die ge- naue Form seiner Berufung noch nicht geklärt. So sticht er am 17. Februar 1897 von Brindisi in Italien in See, um wieder nach Jaffa zu reisen – fünf Jahre nach seinem ersten Besuch des Hei- ligen Landes. Am 5. März erreicht er Nazareth. Schließlich fin- det er durch die Franziskaner eine Bleibe in einer Bretterhütte auf dem Gelände des dortigen Klarissenklosters. Nach anfäng- lichem Argwohn gegenüber dem seltsamen Fremdling nehmen ihn die Schwestern schließlich als Hausdiener an. »Ich bin Die- ner und Knecht einer kleinen Ordensgemeinschaft.« Hier ist er glücklich: »Ich arbeite für Dich, o Jesus, vor Dir, mit Dir, ver- bunden mit Euch, Maria und Josef, ohne aufzuhören, Dich an- zuschauen, Dich zu bedenken, Dich anzubeten«, schreibt er in einer seiner zahlreichen Betrachtungen. Seine Arbeit ist einfach: unbedeutende Beschäftigungen, Botengänge für die Schwestern, kleine Handarbeiten.

Er hatte dreißig Jahre als ungezähmter Ich-Mensch gelebt. Die Irrungen und Wirrungen haben ihre Spuren hinterlassen. Nun braucht er Zeit, um sich ganz zu verschenken. In sensibler

Hellhörigkeit öffnet er sein inneres Ohr dem Wort Gottes und erntet als Frucht die Gnade erstaunlicher Selbstvergessenheit. Abbé Huvelin ist erfreut über seine neue Lebensart. Er hält sie für die erste wirkliche Umsetzung des Ideals, das seinem Schützling immer vorgeschwebt hatte. Immer wieder rät er ihm in seinen Briefen, diese Schule der Jesus-Liebe fortzusetzen:

Ja, dieses Leben ist genau das richtige für Sie; ich wünsche aus tiefster Seele, dass Sie dort verschwinden können ... im Schatten einer Kapelle, im Dienst dieser Seelen, die ganz Jesus geweiht sind [Brief vom 1. Mai 1897]. Ich preise Gott, dass er Sie dahin geführt hat, wo Sie jetzt sind [Brief vom 13. Mai desselben Jahres]. Ich liebe Sie da, wo Sie sind, mein liebes Kind, und ich wünsche innig, dass Sie dort bleiben können [Brief vom 24. Mai]. Tun Sie nichts als in der Hand Gottes zu bleiben, bereit zu allem, was er wünscht, zu seiner Verfügung ... Demütig, dankbar, ausgeliefert [Brief vom 29. Juli]. Es ist ein guter Traum, der fortdauert, aus dem Gott eine beglückende, eine lebendige Wirklichkeit in Nazareth macht, an dem Ort, den seine göttlichen Füße berührt haben [Brief vom 26. August].

Die Gnade des außergewöhnlichen Ortes weckt in dem Einsiedler große innere Erfüllung. Offenbar suchte schon seine menschliche Neigung die seelische Gemeinschaft mit dem geliebten Herrn. Und es ist nicht flüchtige Sentimentalität, die ihn beherrscht. Es genügt, sich die Härte dieses kargen Lebens vorzustellen, die sich der ehemalige Playboy nun zumutet. Nachts schlief er nur zwei Stunden, sodass Abbé Huvelin ihn auffordern musste, sich doch mehr Ruhe zu gönnen. Auch verringerte sich offenbar bald die Hilfe, die ihm sein Gefühl lange Zeit für die Frömmigkeit war: Aus einem Brief an seine Cousine Marie (15. Februar 1898) wissen wir, dass sein Wille zum Gebet durch Leere und Lustlosigkeit gehemmt wurde. So nahm er seine frühere Gewohnheit wieder auf, schreibend zu beten und das Wort Gottes vor dem eucharistischen Herrn aus dem Herzen zu kommentieren. Daraus wurde in seinen Nazarether Jahren ein genauer und umfassender Spiegel der Jesus-Beziehung eines Menschen, wie er nur selten vorliegt. Notizen höchster Authentizität, weil sie nie für andere bestimmt waren und weil sie kein Tagebuch mit versteckter, selbstbezogener Absicht sind. 3016 Seiten von Schulheftgröße existieren noch. Trotz ihres vielleicht gelegentlich ungewohnten Stils sind sie ein rares, kostbares Zeugnis dafür, dass Gott in Jesus Christus ein Gesicht hat und in Liebe auf uns Menschen zugeht, um uns zu beglücken.

Christus, Speise Gottes für die Welt

Es ist die Eucharistie, in der während dieses Lebensabschnitts für den seligen Charles die Hinwendung Gottes zum Menschen kulminiert. Vor allem ihre Anbetung füllt seine Tage aus. Im Brot des Lebens sucht er unablässig dem Herrn zu begegnen. Als er zum ersten Mal im Klarissenkloster in Nazareth auffällt, hält man ihn wegen seines dauernden Verweilens vor dem eucharistischen Herrn für einen Dieb, der auf einen unbeobachteten Augenblick wartet, weil er es auf das Gold der Monstranz abgesehen hat. Später gewöhnen sich die Ordensschwestern daran, dass er Stunden um Stunden beim Herrn in der Brotsgestalt verweilt. Mit dem Vielgeliebten zusammen zu sein, löscht bei ihm alle anderen Gedanken aus. In seiner Meditation zum Matthäusevangelium schreibt er: »Dies Leben im Exil« habe Jesus in seiner Menschwerdung mit seinen Armen umfangen, und er bleibe darum für immer »unser Weggefährte des Exils in der heiligen Eucharistie«.

Auch in seiner eucharistischen Frömmigkeit ist Foucauld erkennbar ein Jünger seines Beichtvaters Huvelin. In einer Publikation mit Äußerungen dieses Priesters (Paris 1917) findet sich eine Predigt, die von seiner Hochschätzung des Altarssakramentes spricht. Er hat sie dem Seligen als ein geistliches Erbe hinterlassen:

> Man muss dieses fortdauernde Geschenk anschauen, dieses stetige Geschenk, dieses immerwährende Geschenk der Eucharistie ... Lasse ich mich geben, indem ich schaue, wie er sich gibt, ohne je abzulassen ... Heute Morgen – mit wem war ich zusammen? ... Und er ist immer da ... und ich werde ihn immer haben ... und bis zum Ende ... Es ist das Geschenk der Eucharistie, und dies lehrt uns das Geschenk der Selbsthingabe und dies sagt uns: »Verweile, verweile immer, geh bis ans Ende. Du erniedrigst dich niemals so tief, wie ich mich erniedrigt habe.«

Und dann zitiert der Priester noch Jesu Wort aus dem Johannesevangelium: »Wenn das Weizenkorn nicht in die Erde fällt und stirbt, bleibt es allein; wenn es aber stirbt, bringt es reiche Frucht« (Joh 12,24).[95]

Genau mit diesem Vers hat der Selige sein Leben gestaltet; nach seiner Bekehrung begleitet der Satz ihn bis zu seinem eigenen gewaltsamen Ende.

Die Intensität der Gottsuche des Grafen von Foucauld sprengt das Alltagsmaß – und berührt den Beobachter. Zu Recht weckt ja ein ungewöhnliches Schicksal unser Interesse. Und Foucauld bietet viele Gründe, uns zu faszinieren: seine wissenschaftliche Großtat, die arabische Welt und der Islam, wie sie von ihm beschrieben wurden, seine französisch-nationale Seele, die er nie verlor, sein Gefühl für die Majestät der Wüste. Herausragend und nahezu singulär ist jedoch, wie er sein Ich verlor, indem er

---

[95] Ebd., S. 72.

sich vorbehaltlos Gott in Jesus Christus verschenkte und als Missionar sein Leben an die Menschen hingab.

Der Zusammenhang dieser Studie legte nahe, dass bislang vornehmlich der erste Teil des Doppelgebotes der Liebe akzentuiert wurde. Doch kann bei der Begegnung mit Foucauld nicht dessen Weg zu den Menschen unbeachtet bleiben, den er zu Beginn des 20. Jahrhunderts – Gott verbunden – ging: Béni Abbès – Taghit – Adrar – Ghardaia – die vielen wechselnden Kontakte mit französischen Soldaten und mit den französischfreundlichen Stämmen der Tuareg. Die Orte und Namen seiner Lebensgeschichte und seiner Reisen sind sprechende Hinweise, wo überall er das Evangelium von Gottes Liebe anderen mit seinem Leben verkündete.

Schließlich ist er Eremit im Hoggar, »diesem verlassenen Ort« des Wadi Tamanrasset. 1914 kommt die Nachricht vom Überfall der Deutschen auf Frankreich. Foucauld meldet sich freiwillig als Feldkaplan oder Krankenpfleger. Doch er erhält aus Algier den Befehl, in Tamanrasset zu bleiben.[96] Er versucht weiter, sich die Nomaden zu Freunden zu machen. Er verhalf ihnen anfangs zur Zivilisation und zeigte ihnen, was für sie nützlich war: Die Frauen lehrte er stricken und gab ihnen Nadeln zum Nähen – bisher hatten sie immer Dornen benutzt; er verteilte Schokolade und Zucker, Scheren und Spiegel; er erforschte die Sprache der Tuareg, zeigte ihnen, wie man Gärten anlegt, und es gelang ihm, einige sesshaft zu machen. (Bei seiner Ankunft in Tamanrasset stand dort ein einziges Haus, fünf Jahre später, 1910, gab es hingegen schon 15 oder 20 Hütten. Und man baute ohne Unterbrechung weiter.) So reift er zum »Petit Frère universel – dem kleinen Bruder aller Menschen«. Vor seiner Klause wird der Botschafter Gottes am 1. Dezember 1916 von denen ermordet, für die er da sein wollte.

---

[96] Vgl. R. V. C. Bodley, Der Mönch der Sahara, a. a. O., S. 265.

In all seinem humanen und sozialen Engagement hat Foucauld freilich immer der Versuchung aller »Zielverschiebung« widerstanden. Das zweite Liebesgebot trat bei ihm nie an die Stelle des ersten. Trotz des erlebten Elends, der Begegnung mit ethnischen Spannungen und selbst im Kriegsgetümmel bestimmten nicht Welt- und Gesellschaftsveränderung sein Denken und Handeln. Am 9. Juni 1901 hatte er in Viviers/Frankreich das Sakrament der Priesterweihe empfangen. Doch es drängte ihn wieder zurück nach Afrika. Wenig später bat er in einem Brief an den befreundeten Vetter de Castries um Information, wo er sich gegebenenfalls eine kleine Einsiedelei gründen könnte, um in Armut jedem Besucher Gastfreundschaft zu gewähren, zu evangelisieren – nicht durch Worte, sondern durch die Gegenwart der Eucharistie und die Anbetung, wie er formuliert. Schon zwei Wochen später kann Foucauld für die Antwort danken. Am 14. August folgt dann ein weiterer Brief an den Vertrauten, der dem Missionar offenbar seine Glaubenslosigkeit geklagt hatte. In ihm stellt der Gottsucher nochmals all seine Schritte in das Licht einer Grundüberzeugung:

Lassen Sie mich Ihnen sagen, dass – wenn man die Wahrheit liebt wie Sie, und wenn man alle Mittel besitzt, sie zu erkennen – man sie immer findet. Meine tiefe Zuneigung empfindet Ihrethalben auch keine Beunruhigung ... Lassen Sie mich ganz schlicht zu Ihnen sprechen – als Mönch, der nur für Gott lebt, in Seinem Blick, mit aller Glut meines Herzens die Seelen liebt, weil sie Sein Bildnis sind, Sein Werk, Seine Kinder, Seine Vielgeliebten, dazu geschaffen, ewig Gottes teilhaftig zu sein, so wie Er das All ist und durch Jesu Blut uns wieder erlöst. Und, weil ich nicht mit Ihm, der unerschaffenen und unendlichen Liebe vereinigt sein kann, ohne nach Seinem Wort aus ganzem Herzen zu lieben ... kann ich nicht zu Ihnen sprechen oder an Sie denken, ohne das einzige Gut glühend für Sie zu wünschen,

*das ich mir ersehne: GOTT, Gott, den wir kennen, lieben
und dem wir dienen in Zeit und Ewigkeit ... Vergeben Sie
mir, wenn ich so vertraulich zu Ihnen spreche ...*[97]

In Foucauld drängte das von Gottes Liebe beschenkte Ich, sich
den Menschen hinzugeben und sie mit der eigenen Gottesliebe
anzustecken. Er fährt fort, bis in unsere Tage Christen wie
auch dem christlichen Glauben Fernstehende zu berühren. Die
Lebensgeschichte dieses Forschers und Missionars erreichte eine
ne unglaublich hohe Aufmerksamkeit. Bei dem Prozess, der seiner
ner Seligsprechung im Jahr 2005 vorausging, konnte der Berichterstatter
richterstatter Pater Yvon Baudouin auf 1175 Monografien und
wichtige Artikel in Zeitschriften und Zeitschriften verweisen,
die sich mit ihm befassten – ein verblüffend starkes Echo auf
einen Priester und Missionar. Neben seinem beeindruckenden
Heroismus muss in unseren Tagen aber auch die ebenso kostbare
bare Quelle hervorgehoben werden, die solche Frucht hervorbrachte:
brachte: die Gewissheit, persönlich vom Vater Jesu Christi geliebt
liebt zu sein.

5.7 Gegen diffuse »Gottesfinsternis« – Das Licht seiner Zeugen

Gottes Geist weckt den Glauben durch sein Wort und durch
authentisches Zeugnis. Große christliche Gestalten geben seine
Heilsgeschichte weiter. Mit ihrer Hilfe kann es geschehen, dass
unter Menschen Gott nicht länger als bloßes Wort fortdauert,
sondern als Handelnder erfahren wird; dass jemand sich nicht
beschränkt auf die Kenntnis von theologischen Sätzen. Die
»Bekehrung« der beschriebenen Protagonisten lehrt außerdem

---

[97] Zitiert in: P. Lesourd, Pater De Foucauld. Soldat, Forscher, Mystiker, a. a. O.,
S. 164 f.

Gottes nimmermüdes Werben um den Menschen. Sie erhellt schließlich, was geschieht, wenn ein Mensch im Vollsinn glaubt. Demnach sind Offenbarungsinhalte und selbst die Vertrautheit mit der kirchlichen Lehre gemeinhin nur ein erster Schritt auf dem Weg zum Du Gottes. Die Geschichte der erwähnten Gestalten lässt erkennen: ER will uns ein ganz persönliches Gegenüber sein. Erst in solcher Personalisierung kommt der Glaubensakt zu seiner Fülle: Ein Du, dem ich vertraue, ein Du zieht mich auf stille, geheimnisvolle Art an und weckt mein Verlangen, ohne mich dabei zu zwingen.

Um einen solchen Prozess nachzuvollziehen, können wir von unserer Alltagserfahrung lernen. Jeder von uns hat wohl im Umgang mit anderen Menschen schon die Dynamik einer menschlichen Anziehung gespürt. Sie ist getragen von Hinneigung und freier Antwort. Jemand fragt bei mir an, bietet mir aber keine Gewissheit. Mein Wille, Denken und Gefühl reagieren. Zunehmend erschließt sich dann vielleicht langsam eine Person, weil man in geistige Kommunikation mit ihr tritt. Und dann mag auch die Kenntnis durch Sympathie und mit Liebe sich ausweiten, und ein Elan entsteht, der den Willen antreibt. Jemand hat mich angerührt, und ich entdecke ein Du. Auch der andere hat sich genähert und sein »Herz« öffnet sich. Ohne Frage dürfen wir von diesem zwischenmenschlichen Verhalten für unseren Glaubensakt lernen. Anders gesagt: Wie der Mensch im Alltag von einem Du angerufen wird, so kann auch Gott ihn durch Ereignisse und Begegnungen auf den Weg zu sich bringen.

Wohl lastet auf unserer Welt »ohne Gott« die Dunkelheit der Gottesferne, und sein Anruf bleibt häufig verschüttet. Im Getöse des Diesseits gelingt es immer seltener, Gottes zarte Berührung und seinen leisen Ruf zu vernehmen. Doch wir Christen brauchen die Gefühl- und Gehörlosigkeit der modernen Welt nicht achselzuckend hinzunehmen. Wir dürfen ihr schon gar nicht zustimmen, als müsste der Mensch von heute ohne Gott auskommen. Denn »Gottes Fehl« (Friedrich Hölderlin) muss

für niemanden fortbestehen. Wer an ihm leidet, kann sich auf
die Suche begeben. Eine geistige Begegnung etwa mit einem
Zeugen des »Gottbereiten Lebens« zeigt den Weg. Für diese
Persönlichkeiten hatte Gott ein Gesicht bekommen; er ist nicht
länger die kalte, anonyme Urkraft geblieben, mit der sich so
viele »Christen« heute abgefunden haben. Diese Männer und
Frauen belegen stattdessen, dass Gott unser Leben erkennbar
anrührt und beeinflusst. Uns sind sie die wichtige Botschaft:
Gott existiert. Heilsgeschichte kann sich ereignen: Ein Suchen-
der kommt zum Herrn, weil der Vater, der Jesus »gesandt hat,
ihn zieht« (Joh 6,44).

Geistliche Führer

Die meisten Religionen kennen eine individuelle geistliche Begleitung, die tiefer einführt in ihre Welt. Da gibt es den Guru
oder den Zen-Meister, den Starez oder den Einsiedler, den jüdischen Rabbi oder den mittelalterlichen christlichen Lebemeis-
ter. Nicht anders hielt es die heilige Teresa. Ihre Lebensgeschichte erweist, dass für den Glaubensweg ein geistlicher Führer ein
kaum zu unterschätzender Begleiter ist.
    Hier liegt ein folgenreicher Unterschied zwischen Teresa von
Ávila und dem Reformator Martin Luther. Für ihn spielte ein
wirksamer geistlicher Beistand keine erkennbare Rolle. Luther
führte offenbar keinerlei klärendes Gespräch mit anderen, als er
definitiv mit der Kirche bricht: Der Blitz im Wittenberger Turm
(nach 1515), die Vorlesungen zu den Paulusbriefen (1513–1517),
seine Rechtfertigung mit dem Gewissensspruch (1521) – diese
und andere fundamentale Wegmarken wurden nicht abgeklopft
durch eine prüfende Befragung von Mitglaubenden und Ordens-
brüdern. Der Reformator geht einen Weg ohne alles Geleit.
    Einsichten unserer Tage über das Wesen des Menschen las-
sen keine Zweifel daran aufkommen, dass wir zum Gelingen
des Lebens ein Du nötig haben. Heute kann der Mensch nicht

länger als die in sich ruhende, autonome Persönlichkeit verstanden werden. Der schon zitierte Martin Buber hat uns als dialogische Wesen gedeutet und beschrieben. Seit seinem Hauptwerk »Ich und Du« (1923) wird man den Menschen kaum mehr ganz erfassen, wenn man ihn nur als isolierte Monade sieht. Menschsein ist »Gegenübersein«. Die Grundthese des jüdischen Philosophen lautet: »Ich werde am Du; Ich werdend spreche ich Du.« Wenn nun unser Menschsein davon abhängt, ob bei uns das Eis der Einsamkeit schmilzt, so türmen sich erst recht für die Annäherung an Gott ohne den Beistand eines Du größte Hindernisse auf. Der Völkerapostel lässt keinen Zweifel, dass der Bote unverzichtbar ist: »… also kommt der Glaube aus dem Hören« (Röm 10,17). Das Verkündigungsgeschehen ist von seinem Wesen her bipolar: Es braucht eine Person, die etwas zur Sprache bringt, und das offene Ohr des oder der Hörenden. Auf uns alle trifft die Situation des Äthiopiers zu, der auf dem Weg von Jerusalem nach Gaza die Heilige Schrift liest, aber einen Interpreten braucht. So befragt er den Missionar Philippus, der ihm den Propheten Jesaja erschließt (vgl. Apg 8,26 ff.). In einem der Pastoralbriefe steht überdies: »Was du von mir gehört hast im Beisein von vielen Zeugen …« (2 Tim 2,2). Hier wird für die Proklamation des Evangeliums zusätzlich auf die Glaubensgemeinschaft verwiesen. Privatisierung von Offenbarungsdeutung verkürzt demnach neutestamentliches Schriftverständnis:

Nicht verschlossen

Unser anderer Kronzeuge für eine durchgreifende Bekehrung – der selige John Henry Newman – führt vor Augen, wie ein Mensch wegen seiner Gottsuche die Volkszugehörigkeit und Kultur, den gängigen geografischen und zeitgeschichtlichen Horizont, sogar die wirtschaftliche Sicherheit sowie die fest gefügten Lebensgewohnheiten und menschlichen Bindungen hinter sich lassen kann.

Nicht als ob ihm all dieser Reichtum nichts bedeutet hätte. Doch diese Werte reichen nicht zur Erfüllung seiner Sehnsucht. Er strebt nach einer neuen geistig-geistlichen Heimat und findet sie in der Universalkirche. Dass der Weg in ihren Schoß lang und beschwerlich ist, überrascht heute noch weniger als zur Zeit Kardinal Newmans – interessiert man sich doch gegenwärtig besonders für ihre unleugbaren »Fehler und Runzeln« (Eph 5,27), die uns gleichsam wie mit dem Vergrößerungsglas alltäglich präsentiert werden. Newman trieben zu seiner Zeit alle Polemiken vorrangig zu gründlicherem Forschen an. Unbeirrt spürte er der Kirchengeschichte nach. Dann verschenkte der geachtete Lehrer seinen akademischen Ruf und der gefeierte Prediger seinen bürgerlichen Wohlstand. Als er in der *Catholica* die Garantie für die Wahrheit des Glaubens erkannte, sah er das angenehme Sozialprestige und den geachteten Namen nicht mehr als Gewinn, sondern »um Christi willen als Verlust« an (Phil 3,7).

In seinem Ringen erkannte er wohl ferner die katholische Kirche als einzige Chance, um von sich selbst loszukommen. Er vergaß seine eigene Person und bannte den Fluch des Eigengewichts – sich selbst zu vergöttern. Hatte er nicht zum Fest der Allerheiligsten Dreifaltigkeit die Faszination Gottes hymnisch besungen? Nicht der eigene anvertraute Glaubensdienst stand ihm vor Augen, nicht einmal, was Gott ihm geschenkt hatte, sondern allein »die Wunder seiner [Gottes] eigenen Natur« ließen ihn jubeln. Einem Johann Wolfgang von Goethe waren zwar gleichfalls Mensch und Natur durch außergewöhnliche Aufmerksamkeit und erstaunliche Sensibilität in einem selten erreichten Grad nahegekommen. Aber er verkostete sie nur zur eigenen Selbststeigerung; Selbstvergessenheit hätte er vielleicht nicht einmal denken können.

Dem Seligen dagegen ermöglichte diese Preisgabe des Ichs den Schritt in die Kirche. Diese Zurücknahme seiner Person beeinträchtigte allerdings keineswegs seine kühle Reflexionskraft.

Stets hielt er daran fest: Weil Gott Mensch geworden ist, wartet der fortlebende Christus auf jeden. Gott und den Nächsten fand er in der Kirche, dem Ort, an dem der himmlische Vater »in die Mitte der Geschichte der Menschheit und all ihrer Gräuel und Höllen ein strahlend unberührbares Hochzeitsbett aufgestellt [hat] – das Hohelied schildert's«[98]. Unser Ärger mit der Kirche und die Schmach ihrer Geschichte ist kein so dichter Nebel, dass ernsthaft Glaubenden nicht dennoch in ihr auch die Größe Gottes und das Licht seiner Liebe aufgestrahlt wären.

Und für dieses Leuchten steht im Raum des Gotteshauses die kleine rote Flamme, die dort das Allerheiligste anzeigt. Der selige John Henry bekennt, dass er vor seiner »zweiten Bekehrung« den katholischen Glauben an die Wandlung von Brot und Wein in den Leib und das Blut Christi nicht nachvollziehen konnte. Der Übertritt in die *Catholica* schenkte ihm neue Erkenntnis. Die Gegenwart Christi im Tabernakel der Kirche wurde ihm zu großem geistlichem Trost, mehr noch: Jesu eucharistischer Leib weckte in ihm einen tiefen Eindruck vom Realitätscharakter der Glaubensbotschaft. Sein Glaube machte sich fest an einer »wirklichen *[real]* Religion«, nicht länger an etwas intelligent Gedachtem. In Mailand besuchte er wieder und wieder den Dom. In seinem Tagebuch schreibt er:

> *Nichts bewegt sich dort, nur die entfernte flackernde Lampe, die die Gegenwart des unsterblichen Lebens anzeigt – verborgen, aber tätig. … Wirklich wunderbar ist es, wie die eucharistische Gegenwart aus den verschiedenen Kirchen in die offenen Straßen blickt … ich wusste nie, was Beten als ein objektives Geschehen ist, bevor ich in die katholische Kirche eintrat.*[99]

---

[98] H. U. von Balthasar, Warum bleibe ich in der Kirche?, in: ders., Klarstellungen, Einsiedeln 1979, S. 183–190, S. 189.

[99] I. Ker, John Henry Newman. A Biography, a. a. O., S. 324.

Offenbar ist das »freundliche Licht« seines berühmten Gedichts in dem »Ewigen Licht« real geworden.

Gott als Du des Menschen

Die Gegenwart Christi in Brotsgestalt ist unserem dritten Wegbegleiter ein unwiderstehlicher Magnet. Für Charles de Foucauld gewann dieses Sakrament – wie er versichert – den allerhöchsten Rang. Denn es zeigt ihm eine konkrete Gestalt: Jesus von Nazareth. Nach seiner Bekehrung hat er nur noch Augen für ihn, in dem Gott mitten unter uns lebt. Jesus hat auf dieser Erde seine greifbaren Spuren hinterlassen. Er kam an einem bestimmten Ort zur Welt und trat in unsere Geschichte. Er übernahm die jüdische Religion und Kultur, erlernte die Sprache dieses Volkes und einen zeitgemäßen Beruf. Die Feinfühligkeit des Bruders Charles lässt uns all das neu wahrnehmen. Wer sich auf diesen Abenteurer Gottes einlässt, dem fällt wieder auf, wie kümmerlich ein versachlichter Glaube bleibt. In Jesus von Nazareth tritt uns nicht ein großer Weisheitslehrer entgegen, der Einsichten für das Gelingen des Lebens oder Regeln für die Gesellschaft hinterlassen wollte. Noch weniger darf seine Botschaft mit Kurt Flasch zu einem Denksystem oder zum Diskussionsmaterial von Intellektuellen entstellt werden. Seit Gott in Jesus Christus das Gesicht eines Menschen bekam, lässt sich seine Botschaft nicht länger auf abstrakte Wahrheiten verkürzen oder zum Spielmaterial für den akademischen Disput verstümmeln oder vielleicht sogar verwässern zu einer Ahnung von einer anonymen Urkraft – wie sie im »Religionsmonitor« auftauchte.

Der Selige zeigt einen neuen Zugang. Foucauld mag dazu bewegen, des Personseins Gottes innezuwerden. Denn in seiner fraglos verwegenen Suche wurde er immer sicherer: Gott ist ein »Jemand«, der sich als das Leben und die Liebe anbietet. Er schenkt mir – einem anderen Jemand – etwas von sich selbst, der ich bedürftig und hungrig bin. Es ist der persönliche Gott, der mein natürliches Sehnen anzieht, mich einlädt und mich dann durch seine Gnade auf den Glauben vorbereitet. Liebe und Einsicht sind in diesem Akt untrennbar. So realisiert sich der Glaube als eine Antwort der menschlichen Person an den persönlichen Gott, und zwar als Begegnung von zwei Personen.

Und einmal in seiner Mitte vom Du Gottes wirklich entzündet, strebt der Mensch danach, sich auf dieses Du einzulassen, die entdeckte Beziehung zu klären, zu vertiefen und sie immer persönlicher, heller und reicher zu machen. Charles de Foucaulds stundenlange Hinwendung zum eucharistischen Herrn und seine seitenlangen Kommentare zur Heiligen Schrift bringen in Nazareth zur Fülle, was immer im Glaubensdrang als solchem liegt: Gott im Du seines Sohnes Jesus liebend innezuwerden und ihn zu erfassen. Bruder Charles verliert sich so in Gott hinein.

Es ist ganz folgerichtig, dass all dies das Leben des Verliebten prägt und dann nach außen tritt. Inneres Licht brennt ja nicht, um unter dem Scheffel zu verglimmen, sondern damit es »leuchte vor den Menschen« (Mt 5,16). Weil wir auf Gemeinschaft hin angelegte und nach ihr strebende Wesen sind, wird der Strahlende von Weggenossen wahrgenommen. Auch wenn Bruder Charles nicht systematisch missioniert und eine von ihm ersehnte apostolische Gemeinschaft nie entstand – er wollte als »Bruder aller Menschen« Jesus, den Erlöser, in die Welt tragen:

Ich strebe nach Heiligkeit und suche, die anderen Seelen zu Jesus zu führen – nicht mit dem Wort und der Predigt, sondern mit Güte, dem Gebet, der Buße, dem Beispiel eines evangeliumsgemäßen Lebens und besonders mit der Gegenwart der Eucharistie.[100]

Vielleicht liegt in solchem Verständnis von Zeugenschaft die aktuellste Herausforderung für alle Christen.

---

[100] Charles de Foucauld, Lettres à un ami de Lycée, a. a. O., S. 160.

5.8 Die zeitkritische Gabe: Selbstvergessenheit

Verschieden sind die Aspekte, mit denen unsere drei Kronzeugen auf sich aufmerksam machen. Noch verschiedener sind ihre Lebensbilder. In einem jedoch stimmen sie überein: Sie ließen ihr Ich hinter sich. Ausdrückliche Hinweise auf diesen schwierigen, doch fundamentalen Schritt bei der Gottsuche finden sich bei allen dreien.

Die Heilige von Ávila schreibt in ihrer Biografie: »Gepriesen sei der Herr, der mich von mir selbst erlöst hat.«[101] Auf einen bezeichnenden Satz des seligen John Henry wurde schon früher hingewiesen: »Vergessen wir uns selbst und schauen lediglich auf Ihn, in Ehrfurcht und Schauer, und preisen doch voller Freude die Wunder – nicht Seiner Werke, sondern die Seiner Natur.« Und der selige Bruder Charles benannte – wie oben zitiert – gegenüber seinem Vetter Henri de Castries »GOTT, das einzige Gut, das ich mir ersehne.«

Selbstvergessenheit ist gewiss ein eher selten zu findender Wesenszug in einer Zeit potenzierter Selbstbezogenheit. Mode und Konsum vergöttlichen das Ego. Mit Arthur Schopenhauer oder Martin Heidegger wird Selbstvergessenheit von einflussreichen Denkern sogar diskreditiert. Nur gelegentlich wird sie bei großen Gestalten der Geschichte vermerkt wie etwa beim heiligen Johannes XXIII. Über ihn wird ja erzählt, das Papstamt habe ihm nach seiner Wahl den Schlaf geraubt. Von der Verantwortung niedergedrückt, habe er in der Nacht wieder und wieder zu seinem Engel gebetet. Als der dem Gequälten endlich erschienen sei, habe er ihm seinen Kummer geklagt. Darauf der Gottesbote: »Johannes, nimm dich nicht so wichtig!«

Auch wenn der heutige Denkhorizont der »Selbstvergessenheit« offenbar nicht viel abgewinnen kann, so findet sie dennoch

---

[101] Vgl. S. Teresa di Gesù, Opere, a. a. O., Vita 23,1.

Verteidiger unter denen, die das menschliche Wesen genauer erforscht haben.

Philosophisch aufgewiesen

Ihre Geringschätzung bemängelt etwa der Philosoph Hans-Georg Gadamer, und er bezeichnet Selbstvergessenheit als Gabe. Sie käme zum Tragen in der erhebenden Erfahrung von Kunst genauso wie in innerer Teilnahme an ihr. Ein Zuschauer könne sie erleben während eines ergreifenden Schauspiels oder auch wenn er auf die Ausstrahlung und das Wort einer Persönlichkeit hohen Ranges treffe. Durch Selbstvergessenheit werde manches rein lokale Beisammensein zu einem beglückenden Miteinander. Das Zentrum des Interesses könne dann sogar vom Einzelnen in den oder das Gegenüber wechseln. Nicht zuletzt würde sie einem Zuschauer im Theater oder vielleicht auch den Mitfeiernden bei der Liturgie geschenkt. Gadamer verweist auf den griechischen Philosophen Platon. Der beklage in seinem Werk *Phaidros*, dass rationale Vernünftigkeit die Ekstatik des »Außersichseins« als unvernünftig betrachte und so als bloße Negation des Beisichseins sogar als eine Art von Verrücktheit beurteile. Gadamer folgert darum: »In Wahrheit ist Außersichsein eine positive Möglichkeit«, um von sich loszukommen. Ekstatik bringe es zustande, »ganz bei etwas dabei zu sein. Solches Dabeisein hat den Charakter der Selbstvergessenheit, und es macht das Wesen des Zuschauers aus, einen Augenblick selbstvergessen hingegeben zu sein. Selbstvergessenheit ist hier alles andere als ein privativer Zustand. Sie entspringt aus der vollen Zuwendung zur Sache oder Person.« Sie geschehe im Enthusiasmus und sei die »endliche Selbstüberschreitung der Endlichkeit«[102].

---

[102] H.-G. Gadamer, Wahrheit und Methode, a. a. O., S. 118 und S. 119, Anm. 1.

Durch den Apostel Paulus bestätigt

In Gottes Offenbarung haben alttestamentliche Gestalten – etwa der Vater des Glaubens, Abraham, der König David oder Mose – die beschriebene Erfahrung gelebt. Unabweisbar bezeugt der Apostel Paulus sein Selbstvergessen. Es ist etwa seinem Bekenntnis im 2. Korintherbrief zu entnehmen: »Ich kenne jemand, einen Diener Christi, der vor vierzehn Jahren bis in den dritten Himmel entrückt wurde, ob mit dem Leib oder ohne den Leib, das weiß ich nicht … Er hörte unsagbare Worte, die ein Mensch nicht aussprechen kann« (2 Kor 12,2 ff.). Dem Apostel gerät anscheinend bei diesem außerordentlichen Erlebnis sein eigenes Ich so umfassend aus dem Blick, dass er von einer anderen Person spricht. Einerseits bedeckt er sich in dieser Weise mit dem Schleier höchster Diskretion und stellt – obschon er sie im Kampf für seine eigene Anerkennung anführt – die eigene Wichtigkeit nicht heraus. Andererseits deutet er an, dass die Annäherung an Gott das Interesse am eigenen Ich bis zum Vergessen dämpft.

Von der kirchlichen Tradition aufgenommen

Weitere Umsicht bestätigt, dass der Mensch durch das Geschenk der Gottesbegegnung von sich selbst weggezogen wird. Gott nimmt die volle Aufmerksamkeit des menschlichen Du gefangen; der Ergriffene hat dann nur noch Augen für ihn. Auf solche Art ereignet sich die Bewegung des Hingerissenseins zum göttlichen Wesen. Heilgeschichtliche Beispiele tun sie kund und großen Theologen der frühen Kirche war sie eine Realität.

- *Gregor von Nazianz (329–390)* nennt sie: »… das je sich Ausspannen nach Höherem, die Auflösung aller umgrenzten Schau in die Haltung grenzenloser Sehnsucht und Hingabe, die als unendliches, unabschließbares

232

Werden allein von der Kreatur her dem unbegrenzten Sein Gottes entspricht.« Nach dem Kirchenvater ersehnte Mose (Ex 33,11–23) »die Schau von Angesicht zu Angesicht … und die Gnade Gottes gewährte ihm die Erfüllung seiner Bitte, aber gleichzeitig verspricht sie ihm nicht Ruhe und Sättigung; er erkennt, dass … wer seine Augen zu Ihm erhebt, niemals aufhört, Ihn zu ersehnen.«[103]

- *Johannes Tauler (1300–1361):* »Sollst du in Gott werden, so musst du deines Selbst entwerden.«[104]
- *Bruder Klaus von Flüe (1417–1487)* hinterließ das bekannte Gebet:

Mein Herr und mein Gott, nimm alles von mir,
was mich hindert zu Dir.
Mein Herr und mein Gott, gib alles mir,
was mich fördert zu Dir.
Mein Herr und mein Gott, nimm mich ganz mir
und gib mich ganz zu eigen Dir. Amen.

Dichterisch angeregt

Denken und Beten stehen mit der Wertschätzung der Selbstvergessenheit nicht allein. Georges Bernanos tritt ihnen dichterisch zur Seite. Der Autor betrat 1926 mit seinem Roman »Die Sonne Satans« die literarische Szene Frankreichs. Er erweckte weithin Aufmerksamkeit. Bis heute vergleicht ihn die Fachwelt etwa mit Dostojewskij oder anderen großen Schriftstellern. Ihn kennzeichnet eine unerbittliche Liebe zur Wahrheit genauso wie eine gelegentlich erschütternde Kenntnis verborgener Seelenregungen. Zehn Jahre nach seinem Debüt kam dann sein Roman

---

[103] Zitiert in: H. U. von Balthasar, Thomas und die Charismatik, Einsiedeln 1996, S. 438 f.
[104] Zitiert in: B. McGinn, Die Mystik im Abendland, a. a. O., Bd. 4, S. 497.

»Tagebuch eines Landpfarrers« heraus. Auch in diesem Text, der die privaten Aufzeichnungen eines Priesters formuliert, nimmt er die Leser wieder mit großer Macht gefangen; es gelingt kaum, dass man solche Vereinnahmung später wieder abschüttelt.

Der Dichter führt uns in die seelischen Höhen und Tiefen dieses jungen, hochsensiblen Priesters und lotet sie aus. Dadurch kommt der Landpfarrer dem Leser beängstigend nahe. Dann und wann identifiziert man sich auch unfreiwillig mit ihm und durchlebt gleichsam selbst seinen Kampf. Der Seelsorger wiederum macht im Roman seinerseits das Heilsdrama seiner Mitgläubigen durch; in der Teilnahme an ihren Freuden; im Ringen um deren Selbstübergabe an Gott; wenn er der Sünde ihres Hasses begegnet; beim schmerzhaften Scheitern im Kampf um ihre Seele. Er verfällt in eine »Scheu vor Gott«, die ihn erschreckt; er versucht Gott zu fliehen; er leidet an Einsamkeit, quält sich durch tiefe innere Not und Verlassenheit. Ein langes Glaubensgespräch mit Monsieur Olier, einem ehemaligen Fremdenlegionär, beglückt ihn; dessen Zuneigung wird ihm zur »Offenbarung einer Freundschaft«.

Schließlich diagnostiziert ein Arzt seine lange, ernste Krankheit als Magenkrebs. Er sieht seinem Tod ins Auge. Sein Tagebuch ist auf der letzten Seite angekommen. Es endet nicht mit dem intellektuellen Florett, das – wie oft zuvor – noch einmal die Brillanz von Argument und Gegenargument, von Wut und Besänftigung, von zornigem Sich-gegen-Gott-Aufbäumen und schmerzvoller Resignation des Hirten aufscheinen ließ. Sein Resümee ist ganz einfach. Er fasst es in den Satz: »Die Gnade besteht darin, dass man sich vergisst.« Der Held reflektiert nicht länger; er geht nicht länger die Taten seines Lebens durch. Der Glaube hat den Heiligen zum Ziel geführt: nicht mehr an seinen Dienst und sich selbst zu denken; sich stattdessen ganz an Gott abzugeben.

Nicht als Ich-Auslöschung

Mit der herausgestellten Selbstvergessenheit soll allerdings keineswegs das Eingehen ins »Nirwana« propagiert werden. Nicht der Buddhismus steht hier Modell. Seine Askese sucht ja die Du-lose Leere und endet in kalter Einsamkeit. Anders versteht sich christliche Versenkung. Sich in Gott zu verlieren, ist keine Auslöschung des Ichs. Denn dies wird von Gott keineswegs absorbiert oder verschlungen. Selbstvergessenheit ist auch keine Versetzung des Ichs in eine isolierende Weltdistanz. Der so in Gott Ausgegossene wird zwar glaubend sich selbst fremd und kreist nicht mehr um sein eigenes Leben, das Ich des Glaubenden tritt dabei jedoch unter die absolute Herrschaft Christi, es wird von sich erlöst und in Dienst genommen.

Der Völkerapostel lässt die Paradoxie durchblicken, dass in der völligen Preisgabe an Christus die Quelle seines ungemein vitalen apostolischen Einsatzes liegt. Etwa in dem Brief, der den Grund in seiner heftigen Auseinandersetzung mit den Galatern hat. In ihm kann er zunächst schreiben: »Es lebt nicht mehr ich, es lebt in mir Christus.« Doch der Satz will nicht den Verzicht auf die eigene Aktivität und Verantwortung ausdrücken. Die Versicherung seiner Christus-Gemeinschaft ist das Gegenteil von persönlicher Selbstauslöschung. Er hält vielmehr fest, dass er weiter »... in der Welt lebt ...« (Gal 2,20) – und zwar, um seiner Gemeinde das authentische Evangelium einzuschärfen. Selbstvergessenheit dient ihm demnach dazu, seine hohe apostolische Autorität gegenüber den »Säulen« (Gal 2,9) geltend zu machen.

Folgerichtig lehrt das Christentum auch keine Spiritualität, die sich unter dem Wort »Quietismus« verbreitete. Diese Frömmigkeitsform beanspruchte, die höchste Kontemplation erkannt zu haben, sprach aber dem Glaubenden seine Eigenverantwortung ab. Alle Eigeninitiative wurde von ihr verdächtigt, weil das Eigenengagement angeblich Gottes Wirken verdränge.

Durch den »Quietismus« verbreiteten sich im geistlichen Leben Gleichgültigkeit, Passivität, Resignation und Weltflucht. Die Irrlehre wurde durch Papst Innozenz XII. († 1700) als Häresie verurteilt.

Wir umtriebige Alltagschristen von heute sind wohl immun gegen allen Quietismus. Wir brauchen eine Ansteckung von »Hingerissenheit« durch Gott, wie sie an den drei erwähnten Gestalten aufscheint, denn unsere Gegenwart entbehrt der Selbstvergessenheit. Diese passt nicht zu unserem Lebensgefühl. Egozentrik und die Feier des Ichs sind zur gemeinhin herrschenden Daseinsregel geworden. Öffentliche Erzieher überbieten sich mit Empfehlungen der Selbstverwirklichung. Mode, Gesundsein, Kosmetik, Wellness und Freizeitprojekte haben gelegentlich Züge eines autistischen Individualismus.

All diese Offerten sind einäugig. Der so Beeinflusste betrachtet sich selbst im Spiegel und übt gegebenenfalls empfohlene Verhaltensforderungen ein, entkommt dabei aber nicht dem Kerker isolierender Egozentrik. Der allmächtige Schöpfer von Himmel und Erde will uns hingegen aus der Ich-Verkrümmung befreien. Es gilt, Gott in einer Welt trügerischer Selbstvergötzung neu kennenzulernen, ihn wahrzunehmen, wie er selbst sich versteht, und sich über seine Geschichte mit unserem Geschlecht zu wundern. Und nicht das eigene Behagen zu hüten!

Im Dienst am Nächsten

Welterprobte Christen haben eine Verkehrung der Religiosität ausgemacht, die sich gerade bei den sogenannten »Frommen« einstellen kann: eine eingebildete Gottverbundenheit, die stattdessen besser Herzlosigkeit zu nennen ist. Charles Péguy († 1914), ein Abenteurer Gottes und packender französischer Troubadour, hat sie erlebt und treffsicher als die »Partei der Frommen« beschrieben:

236

*Weil sie nicht die Kraft haben, der Natur anzugehören,
glauben sie, dass sie der Gnade angehören. Weil sie keinen zeitlichen Mut haben, glauben sie, dass sie schon begonnen hätten, das Ewige zu durchdringen. Weil sie nicht
den Mut haben, von der Welt zu sein, glauben sie, dass sie
Gottes seien. Weil sie nicht den Mut haben, einer Partei
des Menschen anzugehören, glauben sie, dass sie von der
Partei Gottes seien. Weil sie nicht des Menschen sind,
glauben sie, Gottes zu sein. Weil sie niemand lieben, glauben sie, Gott zu lieben.*[105]

Wer die von Gott in seinem Sohn empfangene Liebe für sich behält, dem ist der Sinn der Vaterliebe tragisch verhüllt geblieben.
Papst Benedikt hat den Grundauftrag des Christen in seiner ersten Enzyklika »Gott ist die Liebe« (25. Dezember 2005) dargelegt. In ihr schreibt er u. a. über die unauflösliche Verschränkung von Gottes- und Nächstenliebe:

*Beide gehören so zusammen, dass die Behauptung der
Gottesliebe zur Lüge wird, wenn der Mensch sich dem
Nächsten verschließt* (Nr. 16).

So kennzeichnet dann auch die Kirche der Appell, sich dem Leidenden vor der Tür zuzuwenden sowie gegen Elend, Unrecht und
Sünde in der weiten Welt anzugehen. Jesus selbst hat es ihr in die
Wiege gelegt. Er »zog umher, tat Gutes und heilte alle, die in der
Gewalt des Teufels waren«, sagt die Apostelgeschichte (10,38).
Die frühchristlichen Gemeinden übernahmen das Erbe des Herrn
und nahmen sich der Bedürftigen an. Das Neue Testament hat
dafür viele Hinweise: materielle Hilfe (Apg 2,45; 4,32); Sorge um
die Witwen (Apg 6,1); Schutz der Waisen (Jak 1,27); Gastfreundschaft (Röm 12,13); Besuch der Gefangenen (Mt 25,36). Der

[105] Charles Péguy, Nota Conjuncta, Wien 1956, S. 167.

heidnische, christenfeindliche Kaiser Julian Apostata († 363) machte seinem Ärger Luft mit der bezeichnenden Feststellung:

Diese gottlosen Galiläer ernähren außer ihren eigenen Armen auch noch die unsrigen.[106]

So gaben Jesu Vorbild, das Wort der Schrift und praktizierter Heroismus großer Glaubensgestalten durch die neutestamentliche Geschichte hindurch der Gottesliebe ein Gesicht für andere Menschen. Diakonie macht neben der Verkündigung und der Liturgie einen der drei Wesenszüge der kirchlichen Sendung aus. Vom Schlicht-Gläubigen bis zum gefeierten Heiligen wurde sie durch alle Jahrhunderte hin spontan geübt. Nächstenliebe ist gleichsam das Fenster, durch das die Botschaft der Kirche in der Gesellschaft gelesen wird. Jesu Gleichnis vom »barmherzigen Samariter« ist nicht nur seine heute bestverstandene Botschaft; es kennzeichnet gemeinhin auch die kirchliche Sendung: Der Dienst am Notleidenden und Bedürftigen ist für manchen Zeitgenossen der noch verbliebene Grund ihrer Existenzberechtigung. Charles Péguy hilft uns, das nicht zu vergessen.

---

[106] P. Philippi, Artikel »Diakonie I«, in: Theologische Realenzyklopädie, VIII, S. 625.

6. Eine pastorale Antwort: Geistliche Bewegungen

Wer heute nach Leitplanken für sein Leben Ausschau hält, dem begegnet vorwiegend nichts als spontane Beliebigkeit. Noch weniger bietet sich Orientierung an mithilfe der Transzendenz; sie war gestern und ist heute als Wegweiser überholt. Stattdessen versucht der Strudel selbstsicherer Gottesleugner die Öffentlichkeit mitzureißen, und unsere Ohren riskieren einen Hörschaden wegen ihrer lautstarken Zwischenrufe. Im Lukasevangelium hat uns Jesus eine verstörende Frage hinterlassen: »Wird jedoch der Menschensohn, wenn er kommt, auf Erden noch Glauben finden?« (Lk 18,8). Hat er mit ihr nicht nur seine Zeitgenossen gemeint, oder spricht er hinein auch gerade in unsere Tage?

Dieser Satz des Herrn knüpft bei nichts Waagerechtem an, sondern fährt wie ein Blitz senkrecht von oben herab. Sein Warnruf sollte unter den Menschen nicht ungehört verhallen – wie eine immer älter werdende Geschichte, die eines Tages »bald nicht mehr wahr ist« (Hegel). Das Ereignis Jesus von Nazareth darf nicht in Gottverlassenheit enden – in einem lauten Schrei am Kreuz. Mit dem zitierten Vers sagt der Herr solches nicht an, er fragt nur. Doch kann weder die Not seines Fragens überhört noch das Gewicht des Appells überschätzt werden.

Es ist dringend, sich der Botschaften und Menschen zu erinnern, die der Verwirrung wehren und unserem müden Glauben aufhelfen können. Und wir tun es nicht als Utopisten, sondern mit Argumenten und auch mit Zuversicht. Denn trotz aller

Weltlichkeit der Welt gibt es in ihr Gottes Spuren. Neue Impulse, die von Naturwissenschaft, Philosophie und Rechtstheorie bereitgehalten werden, widersprechen einem platten, säkularistischen Daseinsverständnis und lassen die »Eindimensionalität« irdischer Sicht hinter sich. Sie benennen erkennbare Risse in dem Bollwerk Säkularisierung, das bislang vielen so uneinnehmbar schien.[107] Die Gottesidee konnte demnach noch nicht ausgerottet werden. Offenbar erweist sich Gott als resistent. Er ist nicht loszuwerden wie der Regen, den der Hund, der nass geworden ist, von sich abschüttelt. Der verlässliche deutsche Denker Robert Spaemann bringt es auf den Punkt: »Dass ein Wesen ist, das auf Deutsch ›Gott‹ heißt, ist ein altes, nicht zum Schweigen zu bringendes Gerücht.«[108] Dessen tiefste Ursache ist nicht zu leugnen: Gott lebt und lässt nicht ab vom Menschen; er mischt sich ein.

Darum wird der säkularistische Wind manchen Christen zum Anlass, dem Wort Gottes neu und mit einem »hörenden Herzen« (1 Kön 3,12) zu begegnen. So haben wir das Alte Testament wieder aufgeschlagen, und es zeigte sich als kostbare Quelle, uns das Handeln und Selbstverständnis des allmächtigen Gottes selbst zu erschließen. Die jüdischen Texte und die Frömmigkeitsformen mehrten sogar unser Verständnis für den eigentlichen Kronzeugen unseres Heils, den Gottessohn.

Danach gingen wir einem weiteren Faktum nach: Große Gestalten der Kirche haben uns durch ihre eigene Geschichte sehen lassen, dass der ewige Gott keineswegs unnahbar fern und teilnahmslos abseitssteht. Er lebt und handelt bis heute mitten unter uns Menschen. Drei Zeugen waren uns dafür ein Beleg. Sie lieferten sich selbst mutig dem vergessenen oder auch totgesagten Gott aus. Sie belegen, dass dem Menschen die totale Übereignung an ihn auch noch in der Neuzeit möglich ist. Ihre

[107] Vgl. dazu P. J. Cordes, Der verdrängte Gott. Christen im Dilemma zwischen Glauben und Skepsis, in: Die neue Ordnung, 70 (2016), S. 84–94.
[108] In: Sonderheft *Merkur*, Nach Gott fragen, 53 (1999), Nr. 9/10, S. 772.

Erdentage können darum die aufrütteln, die im Strom »aufge-
klärter« Weltsicht dahindämmern: Wann erwachst du aus dem
Schlummer gleichgültiger Teilnahmslosigkeit? Stell dein Dasein
in das Licht Gottes! Mach dich daran, die kleinen Zeichen zu
entdecken, die Er in dein Leben gesetzt hat! Verlief es wirklich
so linear und durchsichtig, dass es ohne Geheimnis ist und du
es durch Alltagsgesetze erklären kannst – wie ein Blatt am
Baum entsteht, welk wird und dann herabfällt? Und wenn dich
auch nicht Vorahnungen und Wunder erschütterten, wenn auch
dramatische Gebetserhörungen ausblieben, so sollte dich doch
der Satz des verstorbenen Theologen Kardinal Hermann Volk
irritieren: »Zufall – Zufall gibt's nur bei der Kellertür!«

Es reicht nicht aus, heute als Christ nur Mitläufer zu sein.
Die im Taufbuch eingetragene Konfession ist mit Vitalität und
Eifer zu füllen. Gefragt ist der Glaube – nicht nur als Kenntnis
von Wissen, das mich gegebenenfalls kaltlässt, sondern als Gottes Botschaft, die meine Entscheidungen bestimmt.

Hilfen bieten sich auch für christliche Normalverbraucher an.
Denn Gott übersieht die Kleinen nicht. Wir Alltagschristen sind
wohl nicht fähig, den Spuren kanonisierter Heiliger und Seliger
zu folgen. Der Heroismus dieser Glaubenshelden geht uns leider ab. Doch auch unser nimmt sich der Heilige Geist an. Uns
sendet Er über diese hinaus solche Schrittmacher, die uns auch
bei geringerer Glaubenskraft und schwächerem Heldenmut wei-
terbringen. Schlichte Wege zeigt Er auf, damit unsere Frömmigkeitspraxis wieder belebt wird. Weil sich Glieder der Kirche auf
Ihn eingelassen haben, wurden sie ein Segen, denn durch sie hat
Er neue Glaubensschulen für heute entstehen lassen.

6.1 Randvolles Netz

Trotz ihrer treuen Teilnahme am Leben der Pfarrei oder aber auch auf unruhigen Wegen von Glaubensverwirrung war in solchen Männern und Frauen ein neuer geistlicher Hunger gewachsen. Lebensumstände, Gottes Wort und seine besondere Gnade verdichteten dieses Verlangen zu einem persönlichen Anruf. Und Gottes Geist schenkte den Angesprochenen vorbildliche Hörbereitschaft. Diese verschärfte sich durch den apostolischen Impuls, den das *Vaticanum II* unter den Getauften wecken wollte. Obwohl die Aufgeweckten Menschen waren wie du und ich, berührte sie die Botschaft des Evangeliums irgendwann auf spezifische Weise. Genauer: Ein Kernsatz von Gottes Wort oder eine prägnante Glaubenswahrheit trat für sie hervor als Impuls für ein je eigenes Charisma, ergriff sie und ließ sie nicht mehr los.

Dieser Glaubensinhalt konkretisierte sich als »Spiritualität«. Es vollzog sich, was nach dem Theologen Hans Urs von Balthasar der Verwendung dieses – so oft missbrauchten – Begriffes seine Berechtigung gibt: Eine der uns offenbarten Glaubenswahrheiten wird zur Bestimmung für »die praktische und existenzielle Grundhaltung eines Menschen«. Damit bewirkt Spiritualität die »Durchstimmtheit seines Lebens von seinen [scil. durch die Offenbarung geprägten] objektiven Letzteinsichten und Letztentscheidungen her«[109].

Ob nun die Zusicherung des Herrn, selbst anwesend zu sein, wenn »zwei oder drei in meinem Namen versammelt sind« (Mt 18,20); ob Jesu Satz am Kreuz zu dem Lieblingsjünger: »Siehe, deine Mutter« (Joh 19,27); ob unser »Begrabensein durch die Taufe auf Christi Tod« (vgl. Röm 6,4); ob die Erwartung der »Sendung des Geistes durch den Vater« in Jesu Namen (Joh 14,26) oder ob andere biblische Verse: Immer ergriff diese Initiatoren ein bestimmter neutestamentlicher Gedanke und trieb

---

[109] H. U. von Balthasar, Das Evangelium als Norm und Kritik aller Spiritualität in der Kirche, in: ders., Sponsa Verbi, Einsiedeln 1967, S. 247–263, S. 247.

sie zu missionarischem Einsatz. Für sie wurde ein biblisches »Grund-Wort« zum Schlüssel, sich für Gottes Selbstmitteilung zu öffnen und sich senden zu lassen. Ihr Glaube hatte in solcher Fokussierung eine neue Dynamik.

Nach oft schmerzhafter Suche von Gottes Geist beschenkt, wandten sie sich Mitchristen zu und gewannen Gleichgesinnte. Gruppen entstanden, klärten und durchdrangen unscharfe Anfangsideen. Vergleichbar sind viele Initiativen der profanen Geschichte: Gründung von Parteien, von Gewerkschaften, das Engagement für den Frieden, für die Umwelt oder für bedrohte Minderheiten.

Doch gegenüber diesseitigen Auslösern von Veränderung kennzeichnet die Gründer Geistlicher Bewegungen ein bezeichnender Unterschied: Gottes Wort und sein Geist stehen Pate. Die Menschen sind nur Fackelträger von zunächst jenseitigem Feuer, durch das sie anfangs selbst entzündet worden waren. Die Anstöße erwiesen sich als heilshaft. Ohne diese »Bewegungen« fehlten der Kirche die immer wieder nötigen Versuche, sich selbst durch neues Hören auf das Evangelium zu erneuern. Oder ganz konkrete Aufbrüche wie die »Internationalen Jugendtage«, die vor aller Welt so eindrucksvoll den Christus-Hunger der Jugend und die Suche nach Erlösung bekunden. Es sind die Bewegungen, die gegenwärtig die diskrete Chance zu einer bescheidenen »zweiten Bekehrung« anbieten.

Ihr Wachstum ist beachtlich. Selbst Spezialisten sind überrascht. Hans Urs von Balthasar, der auch in diesem Fall genaueste Beobachter, hielt sogar dafür, dass keine frühere Epoche in der Kirche so reich an Neuaufbrüchen war wie die unsrige:

Es musste doch wohl erst unser Jahrhundert abgewartet werden, um eine solche Blüte und Vielfalt von Erneuerungsbewegungen in der Kirche sich ausbreiten zu sehen.[110]

---

[110] H. U. von Balthasar, Laienbewegungen in der Kirche, in: ders., Gottbereites Leben, Einsiedeln 1993, S. 216.

Leider bleiben sie vielfach ungeliebt. Obwohl sich in den Gründungsgeschichten der großen Orden lehrreiche und Kritiker wie Gegner zu Wohlwollen mahnende Parallelen finden ließen; obwohl sie von Papst Johannes Paul II. mehrfach sogar als der hierarchischen Struktur »koessenzial« bezeichnet wurden[111]; obwohl sie fraglos abgestützt und legitimiert sind[112]; obwohl sie lehramtlich offiziell bestätigt und empfohlen wurden[113] – und obwohl so vielfältig flankiert, verstummen ihnen gegenüber dennoch Skepsis und Ablehnung nicht. Sogar ausgewiesene Wissenschaftler äußern sich weiter reserviert und finden Gründe, sich ihnen zu verschließen.[114]

So trägt also keineswegs derjenige »Eulen nach Athen«, der für die geistlichen Neuaufbrüche höhere innerkirchliche Akzeptanz und auch mediale Förderung anmahnt. Denn vor allem durch die Vielzahl ihrer dynamischen Akteure lässt sich die »Neuevangelisierung« in die Tat umsetzen, die Papst Johannes Paul II. und seine Nachfolger so nachdrücklich geboten haben.

6.2 Gottverwiesen

Diese zeitgemäßen Appelle zur Gottsuche bieten ein buntes Angebot. Sie sind kaum auf einen Nenner zu bringen. Sie knüp-

---

[111] Erstmals in einem Brief an die Teilnehmer eines Treffens solcher Bewegungen in Rocca di Papa 1987, dokumentiert in: I movimenti nella Chiesa, Atti del II° Colloquio Internazionale (Rocca di Papa, 28 febbraio–4 marzo 1987), Milano 1987, S. 25.

[112] Vgl. P. J. Cordes, Geht, sagt es allen Leuten: Benedikt XVI. ermuntert die Neuen Geistlichen Bewegungen, Kevelaer 2012.

[113] Im Nachsynodalen Apostolischen Schreiben Johannes Pauls II. »Über die Berufung und Sendung der Laien in der Kirche und Welt«, Vatikan 1988, Nr. 31.

[114] Etwa jüngst D. Waymel in seinem Beitrag »Les mouvements et associations de fidèles dans l'ecclésiologie de Joseph Ratzinger« in der renommierten *Nouvelle Revue Théologique* 136 (Oct/Dec 2014), S. 577–595.

fen bei den unterschiedlichen Interessen und Temperamenten ihrer Gründer an. Deren geografische Herkunft hat sie beeinflusst und deren kirchliche sowie gesellschaftliche Situation wie auch das jeweilige pastorale Umfeld fanden in ihnen einen Niederschlag. Wichtig ist auch die Unauffälligkeit ihrer Anfänge; sie nimmt ihnen alle religiöse Exklusivität und zeigt vielmehr ihre Alltagstauglichkeit, die sie ohnehin inzwischen zur Genüge bewiesen haben. Besonders erwähnenswert ist ferner ein charakteristischer gemeinsamer Zug: Sie sind nicht verkopft.

Sie vermitteln das Glaubenswissen lebensnah. Ihr Apostolat beachtet, dass jede Wahrheit uns auf zwei Ebenen erreichen muss: auf der der Intuition und auf der der Reflexion. Man versucht, möglichst den Horizont des Erlebten anzusprechen und die Teilnahme an einprägsamen Geschehnissen mit deren deutender Aufarbeitung zu verbinden. Die intellektuelle Dimension der Wahrheit soll nicht durch die emotionale ersetzt werden. Beide sind beteiligt. Der Völkerapostel schreibt an die Römer: »Wenn du mit deinem Mund bekennst: ›Jesus ist der Herr‹ und in deinem Herzen glaubst: ›Gott hat ihn von den Toten auferweckt‹, wirst du gerettet werden« (Röm 10,9). Er weist auf zwei Aspekte des Glaubens hin: Das rettende Heilswort ist deshalb nach außen zu bekunden, weil es als Wahrheit das Herz im Inneren gewonnen hat. Das artikulierte Glaubenswissen ist mit einer persönlichen existenziellen Glaubensentscheidung zusammen zu denken. Es bezieht sich letztlich über Dinge und Ereignisse hinaus auf jemanden: auf den lebendigen Gott als Gott für uns und mit uns, der von Jesus Christus verkündet und in ihm uns nahegekommen ist. Der Glaube anderer trägt dazu bei, dass individuell oder gemeinsam Erlebtes ganz persönlich vollzogen und zum Akt der Hingabe wird.

Berührt uns gelegentlich Ungewöhnliches, steigert sich unsere Aufmerksamkeit. Auch auf unserem Glaubensweg zeigt sich dann und wann überraschend bislang Unbekanntes. Die

Routine wird unterbrochen. Neues Interesse entsteht. Die sogenannten Geistlichen Bewegungen und Realitäten machen sich
diese Erfahrung zunutze. Etwa bei der Teilnahme an den schon
erwähnten »Internationalen Weltjugendtagen«, die seit 1984 in
mehrjährigem Abstand vom Päpstlichen Rat für die Laien weltweit organisiert werden. Solche und ähnliche imponierende
Glaubenserlebnisse geben einen neuen emotionalen Impuls, der
danach vor Ort und in Kleingruppen wieder thematisiert, theologisch gewertet und pastoral umgesetzt wird. Vielfältige Formen solcher menschlichen und geistlichen Begleitung sind heute anzutreffen (etwa »Life in the Spirit Seminar«, »Mariapoli«,
»Révision de vie«, »Scuola di comunità«, »Itineranz«, »Gemein-
schaftstage«, »Wandel in der Gegenwart Gottes«). Zusammen
mit den glaubenden Brüdern und Schwestern kann so »jeder
im Spiegel des anderen sehen, was ihm fehlt« (H. U. von Balthasar).

Auf der Homepage des »Päpstlichen Rates für die Laien«[115]
zeigt ein Register alle heute existierenden Internationalen Verbände, Vereinigungen und Gemeinschaften, deren Statuten vom
Apostolischen Stuhl anerkannt wurden. Manche haben ihre
Wurzeln in den traditionellen Orden und sind diesen durch die
Spiritualität oder auch strukturell verbunden (»Dritte Orden«).
Zu ihnen kommen berufsbezogene Vereine sowie Verbände, die
ihre christlichen Überzeugungen in Gesellschaft und Öffentlichkeit tragen wollen. Andere gruppieren Sparten der Katholischen
Aktion und ihrer spezialisierten Gliederungen. Insgesamt verzeichnet die Aufzählung die stattliche Anzahl von 122 verschie-
denen Abteilungen.

Wer die genannte Aufzählung durchgeht, hält die neuen
Realitäten nicht länger für eine *Quantité négligeable*. Schon die
Länge der Liste zeigt ihr faktisches Gewicht. Noch weniger
könnte die Kirche in ihrer Sendung auf sie verzichten. Wohl

---

[115] http://www.laici.va/content/laici/it/sezioni/associazioni/repertorio.html.

wird es kaum gelingen, für diese Gruppen genau zwischen spiritualitäts- und gesellschaftsbezogener Zielsetzung zu unterscheiden, doch ganz offensichtlich überwiegt gerade bei den Neuaufbrüchen das Glaubensinteresse. Den Hauptteil bilden nämlich jüngere Gründungen, die sich nicht aus überkommenen Modellen ableiten lassen. Sie verdanken sich einem Geistesblitz, der die Gründer anfangs vielleicht selbst verwunderte. Alle kennzeichnet das Gewicht des Zeugnisses, das das eigene Erlebte ganz konkret in das Licht des Glaubens stellt und dessen Unersetzlichkeit für das Apostolat schon aufgezeigt wurde.

Diese neuen Gemeinschaften und Bewegungen sind es, die unter all den kirchlichen Laiengruppen fraglos am stärksten gewachsen sind und wachsen. Wer sich für ihre Mitgliederstärke interessiert, staunt ein zweites Mal: Ein grober, aber realistischer Überblick stellt fest, dass weltweit – nach den Angaben der Verantwortlichen – die imponierende Anzahl von 90 Millionen Katholiken zu ihnen zählt; fast ein Zehntel aller katholischen Christen wird demnach von ihnen berührt.

Wichtiger jedoch als ihre Vitalität und missionarische Durchschlagskraft ist für diese Stunde der Kirche der tiefste Beweggrund solcher Aufbrüche. Knapp und doch in der ihm eigenen Tiefe sprach sie Kardinal Ratzinger beim Begräbnis von Luigi Giussani an. Im Dom vom Mailand hielt er im Februar 2005 eine bewegende Predigt, die an den apostolischen Eifer und das auch sozial so eindrucksvolle Werk dieses Gründers von *Comunione e Liberazione* erinnerte. Dann fasste der Kardinal das apostolische *Magis* dieses Glaubensvaters für Tausende junger Katholiken in einen knappen Satz, der fraglos auch für den Aufbruch vieler anderer Initiatoren der neuen Bewegungen gilt: »Wer nicht Gott gibt, gibt zu wenig, und wer nicht Gott gibt, wer nicht Gott im Antlitz Christi finden lässt, der baut nicht auf.« Die neuen kirchlichen Initiativen sprechen beim Menschen von heute ein Verlangen an, das in der durchschnittlichen Alltagspastoral oft wohl zu kurz kommt: den Hunger nach Gott. Ihn nimmt ihr Einsatz ernst.

Gott hat die Gründer der Bewegungen selbst auf ihre Sendung vorbereitet. Denn irgendwann in ihrem Leben überfiel sie persönlich eine Art von »Gottesfinsternis«, die Martin Buber beklagt hatte. Die Gottvergessenheit in ihrer »christlichen« Umwelt belastete sie und quälende Glaubensdunkelheit drückte sie nieder. Oder Schicksalsschläge sowie kümmerliche religiöse Unterweisung verhinderten, dass sich bei ihnen ein anziehendes Bild vom himmlischen Vater und seinem Sohn ausprägte. Als Kinder unserer Zeit war ihnen die Abwesenheit Gottes nicht bloße Theorie.

Doch sie rangen sich zu einem Neuanfang durch. Sie ließen sich auf Unbekanntes ein. Gott verlor für sie langsam seine Fremdheit; sie wurden inne, dass er ihnen innerlicher war, als sie es sich selbst sind. Darum setzten sie das um, worüber andere lediglich Gespräche führten oder es mutlos in den Wind schlugen. Sie legten die Hand an den Pflug, schauten nicht zurück (vgl. Lk 9,62), und Gottes Vatergüte belohnte sie. Er begnadete sie zu einer Rückantwort, die niemand geben würde, wenn er nur bei sich selbst bliebe. So konnten sie moderne Schulen der Glaubensvertiefung stiften, oder besser: Schulen der Hinführung zum personalen Gott.

Weil Aufbrüche kirchlicher Erneuerung sich in der Kirchenstruktur immer erst zurechtfinden müssen und sie selten in den Diözesen mit offenen Armen empfangen werden, machte der Apostolische Stuhl erst kürzlich erneut einen Vorstoß zu ihrer Förderung. Mit dem »Schreiben an die Bischöfe der katholischen Kirche über die Beziehung zwischen hierarchischen und charismatischen Gaben im Leben und in der Sendung der Kirche« vom 15. Mai 2016 bestätigt er ihre starke Dynamik und besondere Anziehungskraft (Nr. 9) und nennt die echten Charismen »Gaben von unverzichtbarer Bedeutung für das Leben und die Sendung der Kirche« (Nr. 29).

Nicht vergessen werden darf, dass die viel gescholtene Kirche es ist, die ein solches Wegzeigen von sich selbst auf Gott hin lehrte: Nicht nur im seligen John Henry Newman hatte sie einmal diese Einsicht geweckt; auch Teresa von Ávila traute den kirchlichen Führern mehr als ihrem Ich; und der außergewöhnliche Pfarrer von Saint-Augustin, Abbé Huvelin, bändigte Hochmut und Ehrgeiz des aufsässigen Grafen von Foucauld. Es ist die Kirche, die sich als die ungeläufige Chance der Selbstvergessenheit erweist. Wir kommen durch sie von uns los,

> *von diesem Fluch des Eigengewichts, der Rolle, die mit der eigenen Person identisch gesetzt wird, sodass, wenn ich meine Rolle liebe, ich mich schließlich doch in meine Person verliebe: davon loszukommen, ohne sich dem Menschen zu entfremden, weil Gott Mensch geworden ist, nicht im leeren Raum, sondern im Gemeinschaftsraum der Kirche. Ich bezweifle keinen Augenblick, dass Gottes Menschwerdung alle Menschen meint und dass er hinreichend Gott ist, um alle, die er will, zu erreichen. Aber er hat in die Mitte der Geschichte der Menschheit und all ihrer Gräuel und Höllen ein strahlend unberührbares Hochzeitsbett aufgestellt – das Hohelied schildert's – und die endlose Problematik der Kirche ist kein so dichter Nebel, dass nicht in den Heiligen immer wieder das Licht der Liebe durchblitzte: naiv, keiner Ideologie zu verdächtigen, keinem Programm zu verzwecken.*[116]

---

[116] H. U. von Balthasar, Warum bleibe ich in der Kirche?, a. a. O., S. 188 f.

6.3 Bewährte Glaubensschulen

Einige Stifter von Geistlichen Bewegungen sollen abschließend
vorgestellt werden – nicht, um ihre Sendung zu verteidigen oder
ihnen einen Ort in der Kirche zu sichern. Auch nicht, weil ihr
Lebensweg sich für Werbezwecke eignete: Er war kein trium-
phaler Gipfelsturm, sondern von Mühsal und Kümmernis geprägt. Sondern weil sie sich als Beleg dafür anbieten, dass der
»ferne Gott« Kirche und Menschheit nicht verlassen hat. Er
mischte sich ein. Er erschloss sich dem Ringen dieser Zeugen.
So konnten sie auch selbst anderen weitergeben, dass Gott uns
Menschen Leben und Erfüllung ist. Sie stellen vor Augen, was
die Kirche im Eröffnungsvers des 25. Sonntags im Jahreskreis
betet: »Des Volkes Heil bin ich, spricht der Herr. In jeder Not,
in der sie zu mir rufen, will ich sie erhören. Ich will ihr Herr
sein für alle Zeit.«

6.3.1 Josef Kentenich (1885–1968)

Der Gründer der Schönstatt-Bewegung durchlitt schon in jungen Jahren eine Glaubensprüfung, die ihn tief verunsicherte.[117]
Er wurde 1885 geboren. Seine Mutter Katharina hatte als Acht-
zehnjährige eine Stelle als Haushaltshilfe im Raum Düren/
Rheinland angetreten. Als sie dort ein Kind vom dem Gutsver-
walter erwartete, verließ sie den Hof. Ihr guter Ruf war ange-
schlagen. Ihre Schwester, die in der Nähe wohnte, nahm sie zunächst auf. Später kehrte sie dann in ihr Elternhaus nach Gym-
nich bei Köln zurück und brachte dort das Baby zur Welt.

---

[117] Zahlreiche Schriften von und über J. Kentenich sind erscheinen im Patris-Ver-
lag, Vallendar. Die folgenden Ausführungen stützen sich vor allem auf D. M.
Schlickmann, Die verborgenen Jahre. Pater Josef Kentenich/Kindheit und Jugend, Vallendar 2007.

Kindheit und Jugend des Jungen waren erkennbar überschattet von mancherlei Beschwernis und Not. Die Schande der Mutter traf auch ihn. Heranwachsend litt auch er unter der Geringschätzung, der sie ausgesetzt war. Immer neue Umzüge und häufige Wechsel der vertrauten Personen und Weggefährten warfen ihn auf sich selbst zurück und machten ihn einsam. Nur seiner Mutter war er sehr verbunden. Obschon sie in vornehmen Häusern als Köchin den Lebensunterhalt verdienen musste, nahm sie sich fortwährend Zeit für ihn. Er fühlte ihr gegenüber eine große Zuneigung, wie Notizen und Gedichten seiner Gymnasialzeit zu entnehmen ist. Einen neuen Einschnitt in ihrer Beziehung bedeutete es dann, als er im April 1894 – etwa achtjährig – in das Waisenhaus St. Vincenz in Oberhausen überwechselte. Diese unabwendbare Trennung hinterließ bei Mutter und Sohn tiefen seelischen Schmerz.

Und sie wurde zu einem Augenblick besonderer Gnade. Denn bevor die Mutter ihren Sohn allein lässt, vertraut sie ihn in der Hauskapelle der Gottesmutter an. So begleitet Josef in allen Kämpfen die Überzeugung, dass die Gottesmutter sein Leben und sein Werk in die Hand genommen hat. Und der Glaube belehrt ihn: Gott hat ihm das Kreuz seiner Erdentage auferlegt, weil er am Erlösungswerk Christi teilnehmen soll. Er sagte in reiferen Jahren zu einem priesterlichen Freund: »Wenn Sie hinter mir nicht den lieben Gott sehen, dann verstehen Sie natürlich nichts.«

Die Verankerung des Lebens in Gott fiel Josef Kentenich somit nicht in den Schoß. Als er sich zur Erkenntnis durchgerungen hatte, den Weg zum Empfang des Weihesakraments einzuschlagen, stand er vor einer neuen Prüfung. Seine uneheliche Geburt erwies sich als Hindernis. Dann erschütterte ihn die Ablehnung (»aus disziplinären Gründen«) seitens seiner Ordensoberen – 1904 war er in die Gesellschaft der Pallottiner eingetreten –, als für ihn 1909 das Gelübde seiner »Ewigen Profess« anstand; dieses Urteil hätte ihm den Weg zur Priesterweihe definitiv verstellt. Doch es wurde revidiert – nach vier langen Wochen. Noch verwirrender und quälender waren für ihn schließlich innere Kämpfe, die ihn in den Noviziats- und Studienjahren (1904–1910) umtrieben.

Lange Zeit später wollte er einen seiner ehemaligen Schüler, der in einer seelischen Krise steckte, durch das Eingeständnis seiner eigenen Not aufrichten. Kentenich schreibt:[118]

> *Von meinem Eintritt ins Noviziat bis zu meiner Priesterweihe und noch etwas darüber hinaus hatte ich ständig die wahnsinnigsten Kämpfe zu bestehen. Von innerem Glück und Zufriedenheit nicht die geringste Spur. Wurde von meinem Seelenführer nicht verstanden und hatte bei meiner ungesunden rationalistisch-skeptischen Gedankenrichtung nur geringen übernatürlichen Halt. Das waren wahnsinnige innere und äußere Kämpfe und dazu noch körperliche Leiden.*

In ihm nagen Fragen wie: »Gibt es überhaupt eine Wahrheit und wie ist sie erkennbar?« Ihn quält »die Not um die philosophische Ungewissheit und die Not um das philosophische Gottesproblem«.

Kleinmut hat die Mitte seiner Person erfasst mit Beklemmungen wie Lebensangst, Ungeborgenheit und Haltlosigkeit. Obwohl er gewiss kein Geistesverwandter des Philosophen Martin Heidegger (1889–1976) ist, zeigt doch sein Rückblick auf diese Lebensphase mehr als eine zeitliche Nähe zu diesem berühmten Denker. Auch die späteren Publikationen seiner vielen Referate lassen eine kritische Auseinandersetzung mit dem Repräsentanten der Existenzphilosophie erkennen. In seiner *Apologia pro vita mea* aus dem Jahr 1960 heißt es:

---

[118] Die folgenden Zitate finden sich ebd., S. 217–30, S. 235–241 und S. 251–255.

Der mit den skeptischen Anfällen der Reifejahre verbundene Kampf auf Leben und Tod um meine geistige Existenz nahm mit der Zeit eine Zwangsneurose an, die Leib und Seele bis ins Mark erschütterte, schließlich aber doch siegreich überwunden wurde.

Die Prüfungen und Dunkelheiten seines Weges drängen den Gründer des Schönstatt-Werkes immer klarer hin zu Gott; ihn erkennt er als Anker seines Lebens. Die schon genannte »Selbstverteidigung« bringt diese Überzeugung auf den knappen Satz:

Gottes Plan mit mir und meiner Sendung ging offensichtlich dahin, mich gleichsam in der geistigen Wüsteneinsamkeit meines Lebens vorwiegend auf mich selbst und auf Gott zu stellen.

Und die Marienweihe des kleinen Josef durch die eigene Mutter im Waisenhaus St. Vincenz trägt reichen Segen. In der Person der Gottesmutter findet er jenes Ineinander von Glauben und Leben, von Natur und Gnade, das ihm durch das Eintauchen in die modernen philosophischen Ideen so schmerzlich abhandengekommen war. Beim Durchleiden der »Krankheit des modernen Menschen« wird ihm, so äußerte er, in der Zuneigung zu Maria auch das Heilmittel geschenkt: ein Denken, Leben und Lieben, das durch menschliche Empfindungen hindurch zu einer persönlichen und tief greifenden Bindung an den Gott des Lebens reift.

Diese Basiserfahrung bereitete ihn vor auf die Gründung eines neuen apostolischen Werkes. Aus dem »Liebesbündnis« mit Maria, das er am 18. Oktober 1914 mit einer Gruppe von Jugendlichen in einer kleinen Kapelle in Schönstatt schloss, ging für viele Männer und Frauen ein bleibendes Glaubensfundament hervor.

Prüfungen blieben Pater Kentenich auch später nicht erspart. Besonders die Bedrängnisse durch den Staat und selbst durch die Kirche sind seiner Lebensgeschichte abzulesen: Seiner Verhaftung durch die »Gestapo« Koblenz folgten Jahre im KZ Dachau (1942–1945); die fraglos überaus schmerzhafte Visitation durch die vatikanische Glaubenskongregation 1951 erlegte ihm das Exil in Milwaukee/USA auf, aus dem er erst 1965 zurückkam. Doch all die Widrigkeiten deutet er als Gottes Pädagogik.

> *Weshalb will der liebe Gott diese schwankenden Fundamente? Er will, dass wir von ihm abhängig sind, er will, dass wir aus dieser Dunkelheit und Ungewissheit heraus den Todessprung wagen gleichsam in seinen Kopf und in sein Herz. Nur von da aus ist letzten Endes zu erwarten, dass wir einen Akt des Glaubens setzen, super omnia firmus.*

Zur Verbreitung seines Werkes

Pater Kentenich hat seine persönliche Auslieferung an Gottes Vorsehung nie zurückgenommen, und er gibt ein eindrucksvolles Beispiel seines Glaubens an die Geborgenheit des Menschen beim Vater im Himmel. Seine kluge Glaubens- und Erziehungsarbeit wuchs für die Kirche zu einem weitverzweigten Werk. Gegen 100 000 Anhänger zählen sich zu denen, die sich in 42 Ländern aller Kontinente von seinen geistlichen Anregungen leiten lassen.

6.3.2 Heiliger Josemaría Escrivá (1902–1975)

Kaum Ähnlichkeit mit dem deutschen Pallottiner-Pater hat die Lebensgeschichte eines anderen Glaubensboten, den sich Gott in Spanien wählte: Josemaría Escrivá.[119] Er stammte aus einer

---

[119] Fundstellen der Weisungen des Heiligen und die Daten der Biografie sind entnommen: J. Escrivá de Balaguer, Der Weg, Köln 1984; ferner A. Vázquez de Prada, Josemaría Escrivá. Der Gründer des Opus Dei. Eine Biographie, Bd. I, Köln 2001; Bd. II, Köln 2004; Bd. III, Köln 2008.

Familie des gehobenen Mittelstandes und wurde dem Kaufmann José Escrivá und seiner Ehefrau Dolores Albas 1902 im aragonischen Barbastro geboren. Sein bürgerliches Umfeld war geordnet und half ihm, dass er seinen Glaubensweg ohne belastende Erschütterungen antreten und die erlebten und vorgetragenen Offenbarungswahrheiten ohne widrige Zweifel annehmen konnte. Seine Berufsfindung kostete ihn allerdings einige Mühe. Er ahnte, von Gottes Willen zu einem besonderen Auftrag bestimmt zu sein, konnte den aber nicht näher fassen. Immer wieder – so schrieb er später – rang er nach Klarheit und sprach das Stoßgebet: »*Domine, ut videam* – Dass ich sehe, Herr, dass ich sehe!«

Am 28. März 1925 wurde er in der Kathedrale zu Logroño zum Priester geweiht. In den Jahren der Seelsorge auf den Straßen von Madrid und in den Wohngebieten der Fabrikarbeiter öffnete sich dann seine sorgenvolle Hinwendung zu Gott in wachsendem Maß für seine Mitmenschen. Antiklerikalismus und Kirchenfeindschaft bedrückten ihn. Er entdeckte voller Sorge, wie der Gedanke an Gott aus dem familiären und gesellschaftlichen Leben der Menschen verdrängt wurde. Die Gottvergessenheit beschwerte ihn wie eine ganz persönliche Last, und es quälte ihn das Problem, wie man im Leben und Wirken der Menschen dem Allmächtigen wieder Raum geben könnte. War es möglich, die Gesellschaft zu beeinflussen und christlich zu prägen? Der Pfeil dieser Frage hatte ihn getroffen und steckte fortan in seinem Herzen. Als Antwort kamen ihm gelegentlich – wie Aphorismen – kleine geistliche Intuitionen, die er jeweils auf einem Zettel festhielt und verwahrte.

Im Oktober 1928 nahm er mit einigen anderen Priestern an Exerzitien teil. Am Schutzengelfest holte er nach der Feier der heiligen Messe auf seinem Zimmer die gesammelten Notizen wieder hervor. Und eine Erkenntnis ergriff ihn. Er hat sie später aufgezeichnet:

Als ich in diesen Papieren las, erhielt ich die Erleuchtung über das Werk als Ganzes. Ich fiel tief ergriffen auf die Knie – es war in der Pause zwischen zwei Vorträgen, ich befand mich allein in meinem Zimmer –, dankte dem Herrn, und ich erinnere mich bewegt an das Glockengeläut der Pfarrei unserer Lieben Frau von den Engeln.[120]

Die Stunde dieser Einsicht schenkte der Kirche und der Welt einen neuen missionarischen Aufbruch. In ihm wollte Josemaría Escrivá anderen Christen und Suchenden denselben Weg anzeigen, der sich ihm selbst unter Sorge und Ringen eröffnet hatte: Tag für Tag in der Vereinigung mit Gott dem Vater leben zu können. Er ist überzeugt, dass diese geistliche Kunst mehr braucht als nur das Beachten pädagogischer und psychologischer Regeln. Sie fordert auch mehr als die Stützung des Einzelnen durch gemeinschaftliches Geleit oder durch soziale Bindung. Sie übersteigt alle menschlichen Mittel. Nur Gott und sein Handeln können sie wirken. Darum gibt der Stifter seiner Initiative den Namen »*Opus Dei* – Werk Gottes«.

Doch seiner Initiative war keine friedliche und beschützte Entwicklung gegönnt. Nach der Gründung der »Zweiten Republik« wuchsen ab 1931 in Spanien Zahl und Kampfbereitschaft der kirchenfeindlichen Kräfte. Im Februar 1936 sollten allgemeine Wahlen stattfinden. Auf der einen Seite stand die marxistisch ausgerichtete Volksfront, auf der anderen eine wenig geschlossene Koalition von Rechtsparteien. Bald kam es zu Straßenschlachten, Verbrechen, Streiks und Gewalttaten aller Art. In Spanien beginnt der Bürgerkrieg. Der Gründer der jungen Gemeinschaft wohnt direkt neben dem Portal der Kirche Santa Isabel in Madrid. Sie wird am 13. Februar überfallen und die Außenportale werden angezündet. Doch das war nur der Anfang.

---

[120] Ebd., Bd. I, S. 281.

Die Verfolgung der Aufständischen richtet sich zunehmend gegen Kleriker und Angehörige der Männer- und Frauenorden. Auch P. Escrivá steht auf der Liste der Terroristen. Er muss von einem Versteck in andere fliehen, zunächst 1937 in die psychiatrische Klinik, dann in das Konsulat von Honduras. Schließlich verschafft er sich falsche Papiere und entkommt nach Valencia. Von dort geht es zu Fuß durch die Pyrenäen weiter nach Andorra, das er am 2. Dezember erreicht. Sehnsüchtig wartet er auf eine Beruhigung der politischen Lage, um die Ausbreitung des Werkes mit voller Energie in Angriff zu nehmen. Sie beginnt, als er im Dezember 1937 einen Passierschein mit größerem Gültigkeitsradius erhält. Bald besucht er auf einer strapaziösen Reise eine Reihe spanischer Städte: Burgos, Palencia, Salamanca, Ávila, Léon, Bilbao. »Ein Sämann ging aus, seinen Samen zu säen …«

Die Gründung des heiligen Josemaría zog eine große Zahl Männer und Frauen an. Sie hat heute eine eindrucksvolle Präsenz in der ganzen Welt. Schon in seiner frühesten Publikation mit dem Titel »Der Weg«, erschienen 1934, artikuliert sich in 999 Merksätzen sein Apostolatsziel. Er beginnt mit dem bezeichnenden Satz:

Dein Leben darf kein fruchtloses Leben sein. – Sei nützlich, hinterlasse eine Spur. – Leuchte mit dem Licht deines Glaubens und deiner Liebe.

Erdverbundenheit und Erlösungswahrheit sind bei ihm miteinander verschränkt; sie prägen und treiben ihn als ein und derselbe Impuls. Für die Transparenz alles Geschaffenen hin auf Gott will er andere gewinnen. So kämpft er gegen den Irrtum, dem Getauften genüge es, für sich selbst Christ zu sein. Sein Eifer lässt es nicht zu, dass sich ein Glied der Kirche seines Glaubens freut, ohne auf dessen Weitergabe an andere zu zielen. In seiner frühesten Publikation lautet einer der zahlreichen Merksätze:

Das wichtigste Apostolat des Opus Dei ist dasjenige, das jedes Mitglied durch das Zeugnis seines Lebens und durch sein Wort im täglichen Umgang mit seinen Freunden, Bekannten und Arbeitskollegen ausübt. Wer will da die übernatürliche Wirksamkeit dieses stillen und demütigen Apostolates messen? Das Beispiel eines loyalen und aufrichtigen Freundes oder der Einfluss einer guten Mutter in der Familie – so etwas kann in seiner Auswirkung kaum gemessen werden (Nr. 831).

Und in allem Engagement für die Kirche und ihre Sendung bleibt ihm immer die Ehre des Allerhöchsten vor Augen. Alles Apostolat hat Anfang und Ende in der Hinwendung zum persönlichen Gott. Wohl sollen Schöpfung und Gesellschaft mehr und mehr auf ihn hin transparent werden, doch aller Einsatz des »Werkes« will letztlich vor allem die Auslieferung seiner Glieder an ihn.

Der Herr wollte dich als Apostel, und so erinnerte Er dich daran, damit du es nie vergisst, dass du »Sohn Gottes« bist (Nr. 919).

Am 28. November 1982 wurde das Werk mit einer Apostolische Konstitution durch Papst Johannes Paul II. anerkannt. Dort heißt es im zweiten Absatz:

Diese Institution hat sich in der Tat seit ihren Anfängen bemüht, die Sendung der Laien in der Kirche und in der menschlichen Gesellschaft nicht nur ins Licht zu rücken, sondern sie auch zu verwirklichen, und gleichzeitig die Lehre von der allgemeinen Berufung zur Heiligkeit in die Tat umzusetzen sowie die Heiligung zu fördern.

Widerstände

Unvermeidbar ist es offenbar, dass ein gelebter, bezeugter und
weitergegebener Glaube andere stört. Die Verbreitung von
»Gottes Werk« weckt demnach immer wieder Ablehnung, Ver-
leumdung oder auch politische Verbote. Dass kirchliches Apostolat Früchte um Gottes willen erstrebt und schafft, bleibt
Ungläubigen und auch manchen Christen unverständlich. Es erregt Anstoß. Eine Aufzählung der erhobenen Vorwürfe wäre
lang und würde wohl einen Bücherschrank füllen.[121] Jenseits
der üblichen Zurückweisung, wie sie fraglos alle Initiativen der
Glaubenserneuerung trifft, ärgert am *Opus Dei* dessen starke
gesellschaftliche Präsenz. Glaubensfremder Weltgeist versperrt
dann den Zugang zu einer religiösen Sicht des »Werkes«. Stich-
worte wie »Parallelgesellschaft«, »Ausbeutung«, »Machtgier«,
»Führerkult«, »Sekte« sollen es diskreditieren. In solchem Angriff wird erkennbar, dass hier und immer »der irdisch gesinn-
te Mensch sich nicht auf das einlässt, was vom Geist Gottes
kommt« (1 Kor 3,14 ff.). Manchmal wird sogar als Teufelswerk
beargwöhnt und verworfen, was auf die Anregung von Gott-
gesandten zurückgeht.

Derartiger Verkennung ist entgegenzuhalten: Unverzichtbarer Teil der christlichen Sendung in die Welt ist dynamisches
und evtl. auch gezieltes Betreiben einer konkreten gesellschaftlichen Präsenz. So bringen sich die Glieder des *Opus Dei* als
Anwalt der Rechte Gottes in das Diesseits und unter die Menschen ein.

---

[121] Eine Reihe von ihnen wird im Internet richtiggestellt, vgl. H. Thomas, Opus
Dei: Vorwürfe und Antworten, abrufbar unter http://multimedia.opusdei.org/
pdf/de/vorwuerfe.pdf.

Der Name

Gottes Rechte verblassen für die Öffentlichkeit in dem Grad, in dem Gott selbst aus dem Blick gerät. Der heilige Josemaría Escrivá suchte darauf eine Antwort. Joseph Ratzinger geht ihr anlässlich der Kanonisierung unseres Zeugen in einem Vortrag nach.[122] Er beachtet dabei gerade den Namen des Werkes. Der Kardinal vermerkte, ihn persönlich habe immer die Bezeichnung dieser Stiftung beeindruckt: *Opus Dei*. Der Heilige habe zwar um eine Berufung gewusst, etwas für die Kirche stiften zu müssen, er habe aber zugleich stets vor Augen behalten, dass dieses Neue nicht auf ihn zurückgehe und dass nicht er »Etwas« zu erfinden habe, sondern dass einfach Gott es war, der sich seiner bedienen wollte. Es sei eben das »*Opus Dei* – Werk Gottes« gewesen. In dieser Überzeugung Escrivás liege – so Ratzinger – ein hochaktueller Fingerzeig. Des Heiligen »Gotteszentrismus« – so nennt der damalige Kardinal und spätere Papst wörtlich die Einstellung des neuen Heiligen – sei »eine Botschaft von größter Bedeutung«. Und sie könne sich dazu noch auf Gottes Wort stützen, und zwar auf Jesu Aussage im Johannesevangelium: »Mein Vater ist noch immer am Werk« (Joh 5,17). Dann fährt er fort:

> *Jesus spricht diese Worte im Zuge einer Auseinandersetzung mit einigen Religionsspezialisten, die nicht zugestehen wollen, dass Gott auch am Sabbat handeln kann. Unter den heutigen Menschen – auch Christen – dauert diese Debatte in gewisser Weise immer noch fort. Einige meinen, Gott habe sich nach der Schöpfung »zurückgezogen« und interessiere sich nicht für unsere gewöhnlichen Angelegenheiten.*

---

[122] Festgehalten in der deutschen Beilage zum *Osservatore Romano* vom 6. Oktober 2002.

Kardinal Ratzinger begründet schließlich, warum er der »geistlichen Physiognomie« des heiligen Josemaría einen solchen
Rang einräumt: Er sehe »die große Versuchung unserer Zeit«
in der Verdrängung Gottes, »der sich nach dem *Big Bang* aus
der Geschichte zurückgezogen habe«. Daraus leite der Mensch
den Anspruch ab, in eigener Autorität selbst zu handeln und
nicht länger nur Gottes Werkzeug zu sein.

6.3.3 *Chiara Lubich (1920–2008)*

Es waren eher private Lebensumstände der Stifter, die zu den
beiden erwähnten geistlichen Impulsen für die katholische Kirche führten. Anders die Geistliche Bewegung des *Focolare*. Zu
ihr führten unverkennbar die Schrecken des Zweiten Welt-
kriegs. Ihre Gründerin Chiara Lubich stammt aus dem nord-
italienischen Trient. Nach ihrer Schulausbildung studierte sie
Philosophie an der Universität Venedig. Dann begann sie in ihrer Heimatstadt als Lehrerin zu arbeiten. In den 40er-Jahren
litt sie wie ihre Landsleute unter der Gewalt des Krieges und
erlebte die Zerstörung aller irdischen Hoffnungen.

Chiara wird durch diese Erfahrung bewusst, dass allein auf
Gott Verlass ist: Gott, der die Liebe ist! Dieser Glaube bestimmt
ihr Leben zunehmend. 1943 bittet sie Gott um Klarheit für ihre Sendung, und sie entscheidet sich, ihr eigenes Leben Gott zu
weihen. Sie teilt ihren Entschluss gleich anderen jungen Frauen
mit. Diese Übergabe an Gott gilt als Geburtsstunde der Fokolar-Bewegung.

Gegen Ende des Krieges ist ihre Heimatstadt Trient heftigen
Bombardements ausgesetzt. Auch das Haus der Familie Lubich
wird getroffen. Eltern und Geschwister fliehen in die Berge.
Chiara bleibt in ihrer Geburtsstadt. Sie will sich um die entstehende Bewegung kümmern und findet mit ihren Gefährtinnen
eine kleine Wohnung. Bei Fliegerangriffen laufen sie in den
Luftschutzkeller und nehmen das Evangelium mit.

Dort erscheint ihnen Gottes Wort in einem neuen Licht: Sie wissen sich von Jesus persönlich angesprochen, damit seine Botschaft gelebt wird. Dreißig Jahre später erzählt Chiara bei einem Vortrag im italienischen Pescara (1977) einige Einzelheiten:

> *13. Mai 1944 Großangriff auf Trient. Der Krieg wütet; Ruinen, Tote, Trümmer. Mit meinen Gefährtinnen bin ich eines Tages in einem Luftschutzbunker bei Kerzenlicht, mit dem Evangelium in der Hand. Ich öffne es, und wir finden das Gebet Jesu vor seinem Tod: »Vater ... dass alle eins seien!« (Joh 17,11). Kein leichter Text für Mädchen wie uns, aber jene Worte sind ein großes Licht für uns, wir verstehen sie, eines nach dem anderen, und sind ganz fest davon überzeugt, dass wir für jene Stelle des Evangeliums geboren wurden. Am Christkönigsfest kommen wir wieder zusammen um einen Altar. Wir sagen zu Jesus: »Du weißt, wie die Einheit verwirklicht werden kann. Wir sind da. Wenn Du willst, gebrauche uns.«*
>
> *Die Liturgie des Tages fasziniert uns: »Verlange von mir, und ich gebe dir die Völker zum Erbe, und zum Besitz die Grenzen der Erde.« Wir bitten darum. Gott ist allmächtig. Die Bombenangriffe dauern an, und mit ihnen werden die kleinen Ideale unseres Lebens vernichtet. Eine von uns wollte heiraten, der Verlobte kehrte nicht von der Front zurück. Eine andere liebte ihr Haus, es wurde zerstört. Ich selbst wollte studieren, das war mein Ideal, der Krieg verhinderte es.*
>
> *Diese Erfahrungen berührten uns tief. Gott erteilte uns eine Lehre: Alles ist Eitelkeit der Eitelkeiten, alles vergeht.*
>
> *Gleichzeitig legte mir Gott eine Frage und die Antwort darauf ins Herz: »Gibt es denn überhaupt ein Ideal, das keine Bombe zerstören kann, ein Ideal, dem wir uns ganz*

*und gar hingeben können? Ja. Gott.« Und so entschieden
wir uns für ihn. Gott allein sollte das Ideal unseres Lebens werden.*[123]

Mit dieser Auslieferung legte Chiara sich selbst und auch die
Zukunft der mit ihr verbundenen Mädchen fest. Als Name
wählte die kleine Gruppe den italienischen Begriff *Focolare*. Er
bezeichnet eine »Feuerstelle«, die als Metapher für die Erfahrung und das Trachten der kleinen Schar zu deuten ist: Man
möchte eine Gemeinschaft sein, die die Wärme des Herdfeuers
verbreitet und durch ihr Leuchten anzieht. Auch wenn diese
Gruppe sich unter Katholiken bildete, zielte sie von ihrem Grundimpuls aus über die Grenzen der Konfession, ja selbst der Religion. Das jeweilige Bekenntnis sollte kein Hindernis sein, mit
anderen Menschen »in Einheit« zu leben. Mit diesem Ideal wurde die Fokolar-Bewegung später für ganz viele Zeitgenossen in
Kirche und Welt zur Orientierung.

Mögen Bomben und Flucht in unseren Breiten auch inzwischen weniger drohen, so lastet doch stattdessen die existenzielle Angst auf vielen, weil generelle Gottesfinsternis eher zugenommen hat. Um die Jahrtausendwende wurde die Gründerin in einem Interview gefragt, welchen Gefahren die Kirche
von heute ausgesetzt sei. Sie gab die bezeichnende Antwort:
»Die drohenden Gefahren sind der Säkularismus, die Glaubensverwirrung, die ätzende Kritik und vor allem der kalte Atem
des Nihilismus.«[124]

In dieser Welt wurden Chiaras Vision und Sendung zur Hoffnungsbotschaft für Christen und auch für Nicht-Christen. Sie
weckte neue Bereitschaft, Gott zu suchen und auf seinen Willen
zu hören. Sein Liebesgebot formte sich zu einer Haltungs- und

---

[123] Zitiert in: W. Schäfer, Erneuerter Glaube – verwirklichtes Menschsein. Die
    Korrelation von Glauben und Erfahrung in der Lebenspraxis christlicher Erneuerung, Zürich 1983, S. 126.
[124] P. J. Cordes (Hrsg.), Nicht immer das alte Lied, Paderborn 1999, S. 51.

Handlungsmaxime. Der Anfangsimpuls aus dem Hohepriesterlichen Gebet des Johannesevangeliums erschloss und prägte die Sicht des ganzen Evangeliums: »Alle sollen eins sein: Wie du Vater in mir bist und ich in dir bin, sollen auch sie mit uns eins sein, damit die Welt glaubt, dass du mich gesandt hast« (Joh 17,21). Darum ist »Einheit« der spirituelle Grundimpuls für die Bewegung; sie ist ihr das »Fenster, durch das die Offenbarung Gottes gelesen wird« (Hans Urs von Balthasar). Die Gründerin schreibt:

> *Wenn wir geeint sind, ist Jesus unter uns. Und das zählt. Zählt mehr als jeder Schatz, den unser Herz besitzen könnte: mehr als die Mutter, der Vater, die Geschwister, die Kinder, ... Wer die Einheit lebt, lebt Jesus und lebt den Vater. Er lebt immer im Himmel, im Paradies ...*[125]

Eine ihrer letzten Publikationen trägt den Titel »Der Schrei«[126]. Sie erschien kurze Zeit vor ihrer langen Krankheit, die zum Tode führte. Diese Meditation mag als die Synthese ihrer Erfahrung und ihres Denkens gelten. Das Eingangskapitel nennt in großem theologischen Realismus den Grund für die Veröffentlichung der Gedanken: Sie sollen »... in einem Zeitalter der Nacht Gottes, wie sie beispiellos ist« Freude und Dankbarkeit wecken gegenüber dem am Kreuz verlassenen Herrn, der auferstand. Sie betrachtet diesen Herrn, der in seiner totalen Einsamkeit zum Vater schreit. Die Menschen hätten ihn verachtet und verurteilt. In ihm vollzöge sich die Entleerung von aller Göttlichkeit. »Dem Gott-Menschen öffnet sich der Todesschlund.« Einen Wechsel von unendlichem Wert, den nur er einlösen konnte, habe er unterzeichnet: Der Sohn, der uns alle repräsentierte, habe unabdingbar die Trennung vom Vater durchmachen müssen, damit wir nie mehr von Gott verlassen würden.

[125] Ch. Lubich, La doctrina spirituale, Milano 2001, S. 145 ff.
[126] Ch. Lubich, Il grido, Roma 2000.

Darum fänden die Gottsucher ihr Ziel in dem verlassenen Jesus.

> *Er hat es auf sich genommen, von Gott verlassen zu sein. So ist Gott auch nahe, wenn wir glauben, von ihm verlassen zu sein.*

Solches Eindringen in das Geheimnis des Kreuzestodes wird der Autorin dann transparent auch auf ihre eigene Gemeinschaft hin, das »Werk Mariens«. Sie sieht sich bestätigt durch einen Satz Papst Gregors des Großen:

> *Jesus ist der verlassene Jesus. Weil Jesus der Retter, der Erlöser ist. Und er gießt das Göttliche über die Menschen aus durch die Wunde der Verlassenheit, die die Pupille des Auges Gottes auf die Welt ist: eine grenzenlose Leere, durch die Gott uns anschaut; Gottes Fenster, das auf die Welt geöffnet ist, und das Fenster der Menschheit, durch das man Gott sieht.*

Chiara erkennt den verlassenen Jesus auch in denen, die Gott den Rücken zugekehrt haben, als sie ihre geistlichen Versprechen brachen, weil sich ihnen das Göttliche verfinsterte. Sie sieht diesen Jesus in den Armen, den Gequälten, den Rechtlosen und Verachteten. Diese alle möchte sie erreichen.

Die Gründerin sieht in Christi höchster Erlösungstat die fundamentale Gottverwiesenheit des Menschen. Ihre geistliche Einsicht und kluge Pädagogik steht offenbar in wechselseitiger Korrelation mit der seelischen Offenheit der Menschen für Gott und mit deren existenzieller Suche. Denn erstaunlich viele Zeitgenossen schlossen sich diesem »Werk Mariens« an und öffneten sich für seine Spiritualität. 1990 erhielt es seine päpstliche Anerkennung für die Universalkirche.

6.3.4 *Luigi Giussani (1922–2005)*

Der Gründer einer anderen weltweiten Erneuerungsbewegung kommt ebenfalls aus Italien. Er ließ sich als junger Priester durch seine Erfahrungen, Beobachtungen und Sorgen anregen, einen neuen Weg der Glaubensvermittlung besonders für Schüler, Studenten und junge Arbeiter zu suchen. So entstand die Geistliche Bewegung »*Comunione e Liberazione* – Gemeinschaft und Befreiung« (= CL) mit ihren unterschiedlichen Gliederungen: »*Fraternità* – Fraternität« (1982 anerkannt als »Internationale Gemeinschaft Päpstlichen Rechts«), das Säkularinstitut »*Memores Domini*« (päpstliche Anerkennung 1988) und die »*Fraternità Sacerdotale dei missionari San Carlo Borromeo*« (1999 päpstlich bestätigt).

Der gesellschaftliche Umsturz der 68er-Jahre des 20. Jahrhunderts hatte auch Italien vielerorts aufgerüttelt und irritiert. Die Entfremdung von der Kirche wurde unübersehbar. Besonders die Jugend befreite sich von ihren »Vätern« – der angestammten Familie, der überholten Tradition und der knechtenden Religion. Die Sklaverei von Kultur und Geschichte war niederzuringen. Diese Vision von der »neuen Generation« griff mit Macht unter den Studenten und Jugendlichen um sich. Don Luigi Giussani, der zu dieser Zeit »Einführung in die Theologie« an der Katholischen Universität in Mailand lehrte, hatte durch seine Ausstrahlung schon einen Kreis von jungen Priestern und Akademikern um sich gesammelt. Er widersprach dem Rausch des marxistisch-revolutionären Traumes mit einem anderen Schlüsselwort: »Präsenz«. So entlarvte er die futurischen Luftschlösser als Fantasie. Sein Tenor: Von der Utopie betäubt, verlieren wir den Blick für die Realität. Christentum ist Gegenwart, die Gegenwart des Herrn – hier und jetzt; er ist es, der uns in dieser Stunde des Glaubens und des Glaubenslebens herausfordert. In der Gegenwart des Herrn zeigt sich die wahre Alternative für die Zukunft. Der Priester wendet sich gegen ein

Christentum als Theorie, als Moralismus, als Ritualismus: Katholizismus ist ein aktuelles Ereignis: die Begegnung mit einer Gegenwart, mit einem Gott, der in die Geschichte eingetreten ist und fortwährend in sie eintritt.

Der Denker und Erzieher Giussani nahm mit dieser Deutung die Kritik auf, die schon der italienische Philosoph Cornelio Fabro († 1995) an der modernen Geschichtsinterpretation geübt hatte, weil sie lehre: »Wenn es Gott auch möglicherweise gibt, so hat er doch mit der Geschichte nichts zu tun.« Giussani stellte gegen solche »Gottlosigkeit« des Lebens die These: »Es gibt Gott – und er tritt ein in die Geschichte.« Joseph Ratzinger hat Giussanis Philosophie später auf eine Grundaussage verdichtet. Er schrieb in einer Einführung in dessen Denken:

Gott mischt sich hier ein – dieser Satz enthält das Geheimnis Christi, des Gottes, der wirklich in unser Leben tritt, an dem sich alle Dinge entscheiden. Das Christentum ist ein Ereignis; das Christentum ist die Begegnung mit der Person Jesu Christi.[127]

Diese Welt- und Glaubenssicht bestimmte die Gründungsjahre des *Movimento*. Der Gedanke an den in Christus gegenwärtigen Gott durchzog dann wie ein Leitmotiv das Leben und Apostolat des Mailänder Professors. Systematisch hat er die Gottverwiesenheit des Menschen dargelegt in »Der religiöse Sinn«[128]. In dieser Studie nennt er die menschliche Gottbezogenheit ein »Seins-Merkmal«. Um seine Beobachtung zu bekräftigen, verweist er unerwartet auf den deutschen Dichter Rainer Maria Rilke, bei dem sich folgende Zeilen über den Anruf Gottes finden, der im Menschen nicht zu tilgen ist:

---

[127] J. Ratzinger im Vorwort zu L. Giussani, Un avvenimento di vita, cioè una storia, EDIT Editoriale Italiana 1993, S. 10.

[128] L. Giussani, Der religiöse Sinn, Paderborn 2003.

Lösch mir die Augen aus: ich kann dich sehen,
wirf mir die Ohren zu: ich kann dich hören,
und ohne Füße kann ich zu dir gehen,
und ohne Mund kann ich dich beschwören.
Brich mir die Arme ab, ich fasse dich,
mit meinem Herzen wie mit meiner Hand,
halt mir das Herz zu, und mein Hirn wird schlagen,
und wirfst du in mein Hirn den Brand,
so werd ich dich auf meinem Blute tragen.[129]

Als tiefschürfender Denker erhellt Giussani die zentralen Aspekte solch echter Betroffenheit des Menschen. Er stellt sie gegen alle Ideologie als »real« heraus und macht sie im Verstand und auch im Herzen des Menschen fest. Dann kommt er zu seiner Schlussfolgerung:

Einzig die hypothetische Annahme Gottes, einzig die Bejahung des Geheimnisses als einer über unser Aufklärungsvermögen hinausreichenden, existenten Wirklichkeit, entspricht der Grundstruktur des Menschen.[130]

Gleichzeitig bleibt Giussani geerdet und verliert nie die Lebensnähe seiner philosophischen Schlüsse aus den Augen. Dass diese sich an Alltagserfahrungen orientieren und an persönlichen Begebenheiten entzünden müssen, zeigt sich an seinem kleinen Rückblick auf eine kindliche Episode:

Ich hatte mich einmal als Kind in einem großen Wald verlaufen, und nach anderthalb oder zwei Stunden des Herumirrens geriet ich immer tiefer ins Dickicht, ohne einen Ausweg zu finden. Als die Sonne unterging, ergriff mich

---

[129] Ebd., S. 62.
[130] Ebd., S. 71.

Furcht, und so begann ich zu schreien. Wer weiß, wie lange ich geschrien habe! Plötzlich, es war dunkel geworden, vernahm ich eine Stimme, die mir antwortete. Ein Gefühl unaussprechlicher Befreiung überkam mich. Ich setzte meine ganze Menschenkraft für das ein, wofür sie in diesem jämmerlichen Augenblick gemacht war. Auf einmal war ich wieder imstande, handelnd meine Freiheit einzusetzen: Die Füße machten sich auf den Weg zur Rettung. Jene Stimme war kein Ersatz, kein Ausschalten meiner personalen Antwort! – Es ist furchtbar, dass der Mensch sich in ähnlichen Fällen oft so verhält, als ziehe er vor, verzweifelt zu schreien, und so die Möglichkeit zurückweist, dass ihm eine Stimme Hilfe bringt. Es stimmt, was Max Horkheimer bekräftigt hat: Ohne die Offenbarung Gottes vermag der Mensch aus sich selbst nicht mehr klug zu werden.[131]

»Der Mensch ist auf Gott verwiesen.« So lautete für Mons. Giussani das klassische »*Ceterum censeo* – Wir dürfen übrigens nicht vergessen ...« des römischen Politikers und Philosophen Marcus Tullius Cicero. Gott in seinem Sohn Jesus Christus war Giussanis Leben und Wirken bis zum irdischen Abschied. Ein Leserbrief in der »CL«-Zeitschrift *Tracce* bestätigt in der letzten Phase seines Lebens nochmals seine fortdauernd gelebte Gottoffenheit. Und nicht nur seine eigene Glaubenstreue wird darin erkennbar, sondern auch seine wirksame Formung anderer. Dort steht:

Sehr oft kommt mir jüngstens ein Satz ins Gedächtnis, den Don Giussani bei seinem letzten Geburtstag sagte, als wir mit einigen Freunden bei ihm waren: »Wie groß ist Gott«, sagte er, »ja wirklich, wie groß ist dieser Mensch, Jesus

---

[131] Ebd., S. 172.

von Nazareth.« Als er das sagte, berührte es mich nicht besonders stark, aber nach acht Jahren drängt es aus meinem Innern hervor; ich habe nichts Besseres. Wer bist Du, Jesus, der Du diese Stärke hast, der Du so tief ergreifst, dass Dich niemand vertreiben kann? Du bist wirklicher als das Wirkliche.[132]

6.3.5 Kiko Argüello (* 1939)

Als die Kirche vor 2000 Jahren ihre ersten Schritte tat, waren ihr kaum passende Straßen und Wege vorbereitet. Sie befand sich unter Juden sowie in der Welt des Heidentums mit religiösen und religionslosen Praktiken aller Art. Um die bislang prägende Lebensform hinter sich zu lassen, musste jeder, der sich dem neuen Glauben zuwandte, ein langes »Katechumenat« machen, d. h. ein verlässliches Offenbarungswissen erlernen sowie den neuen Glauben einüben. Erst nach solcher Schulung wurde jemand zum Empfang des Taufsakramentes zugelassen. Heutzutage werden künftige Kirchenglieder generell als unmündige Kinder getauft; die Taufe ist also nicht mehr von der persönlichen Entscheidung des Kandidaten getragen. Ferner veranlasst der Prozess der Säkularisierung viele Menschen dazu, später ihrem Glauben den Rücken zuzukehren und die Glaubensgemeinschaft zu verlassen.

Deswegen kamen Katholiken auf den Gedanken, Fernstehenden oder Glaubenslosen die Schätze des urkirchlichen Katechumenats neu zu erschließen. Menschen von heute wurden zu einer »Glaubens-und Lebensschule« eingeladen. Durch den seligen Papst Paul VI. erhielt die missionarische Gruppe den Namen »Neukatechumenat«.

---

[132] In: *Tracce,* Zeitschrift der Bewegung Comunione e Liberazione, Juni-Nummer 2014.

Der so entstandene »Neokatechumenale Weg« versteht sich demnach weder als Bewegung noch als katholische Assoziation. Er möchte ein Werkzeug sein für die Pfarreien im Dienst der verantwortlichen Bischöfe. Er nahm während der 60er-Jahre seinen Anfang in einer der ärmsten Vorstädte Madrids durch Kiko Argüello und Carmen Hernández. Bald wurde er von Casimiro Morcillo, dem damaligen Erzbischof von Madrid, angenommen; dieser war erfreut über solch eine kraftvolle Verkündigung des Wortes Gottes und die lebensnahe Erneuerung der Liturgie, die gerade in jenen Tagen vom *Vaticanum II* angestoßen worden war. Von Madrid aus hat sich der missionarische Impuls über Rom in der ganzen Welt verbreitet. Komplexe kirchenrechtliche Überlegungen und lange Verhandlungen mit dem Apostolischen Stuhl waren nötig, damit diese »Neue Realität« 2008 ihre päpstliche Anerkennung erhielt.

Im Neukatechumenat fand der oft zitierte Appell des heiligen Papstes Johannes Paul II. zur »Neuevangelisierung« engagierte Akteure. Jugendliche entdeckten den Ruf zum Priestertum oder für das Ordensleben. Sogar ganze Familien des »Weges« machten sich auf, um in entchristlichten Gegenden zu missionieren; der Bischof von Rom nahm in ihnen ein Apostolatsmodell auf, das seit den Tagen des heiligen Bonifatius nicht mehr praktiziert wurde. Eltern mit ihren Kindern verließen Wohnort und Arbeitsplatz, um beim Aufbau neuer missionarischer Pfarreien zu helfen.

Kikos und Carmens Stiftung führte 1987 in Rom dann zu dem missionarischen internationalen Priesterseminar *Redemptoris Mater*, in das junge Männer eintreten, um sich auf das Weihesakrament vorzubereiten. Nach dem Empfang des Weihesakraments treten sie ihren Dienst in ihren Diözesen an, werden zur Seelsorge in alle Welt gesandt oder begleiten auch die »Familienmission«. Nach und nach konnten viele Bischöfe der Erfahrung der Diözese des Papstes folgen. Neben den Gründern gehört seit 1970 Don Mario Pezzi vom Klerus der Diözese Rom zum Leitungsteam des »Weges«.

Die beiden Initiatoren des »Weges« entstammen dem recht begüterten spanischen Großbürgertum, dessen sie freilich irgendwann überdrüssig werden. Nur Kikos dramatische Lebensgeschichte soll hier wenigstens kurz skizziert werden. Sie erhellt, dass dessen eigener Hunger nach Gott ihn zu diesem Neuanfang trieb.[133]

Auslöser für den »Weg« war ein dramatischer Vorfall, der dem jungen Maler Kiko widerfuhr. Er hatte sein eigenes Atelier an der *Plaza de España* im Zentrum von Madrid und war schon 1959 mit dem spanischen »Außerordentlichen Nationalpreis für Malerei« geehrt worden. Obwohl der Familie entfremdet, kam er zu Weihnachten nach Hause. Dort stieß er auf Berta, die Zugehfrau der Familie. Sie wohnte in den Slums der Vorstadt, war verheiratet mit einem hinkenden und schielenden Mann, der fast ständig betrunken war. Er schlug die Kinder mit dem Stock und schrie seine Frau an. Morgens früh kam Berta in die Stadt zur Arbeit. Es war während der Feiertage, dass der junge Maler die Weinende aufgelöst in der Küche antraf. Befragt erzählte sie ihm die haarsträubenden Dinge von den unerträglichen Umständen ihres eigenen Familienlebens. Er spürte, sie brauchte seinen Beistand, und er brachte es über sich, mit ihr in das Elendsviertel zu gehen.

Der Besuch und das Schicksal dieser Frau machten ihn fassungslos. Er versuchte, seine Gedanken zu ordnen. Wohl war er katholisch erzogen worden und aufgewachsen. Inzwischen aber orientierte er sich an Sartre, war beeindruckt von dessen Drama »Geschlossene Gesellschaft« und Nietzsches Feststellung »Gott ist tot«. Im Künstlermilieu hatte er mit anderen den

---

[133] Das Folgende stützt sich auf K. Argüello. Gründer des Neokatechumenalen Weges, in: P. J. Cordes (Hrsg.), Nicht immer das alte Lied, a. a. O., S. 75–94; ferner K. Argüello, Das Kerygma. In den Baracken mit den Armen, Sankt Ottilien 2013, S. 22–72.

Glauben über Bord geworfen. Doch was er jetzt erlebte, ließ ihm keine Ruhe. Er fragte sich, was diese Frau denn getan habe; warum sie ein solches Leben verdiente. Er schloss sich in sein Zimmer ein, suchte nach Klarheit und begann wieder und wieder zu Gott zu schreien. Bis ihm eine Erleuchtung kam:

In dieser Situation erlebte ich etwas Unerwartetes. Wissen Sie, was ich da mit einem Mal sah? ... Ich sah Christus, den Gekreuzigten. Ich habe Christus erkannt in Berta, in der Frau mit Parkinson, in den vielen anderen ... Ich sah das Geheimnis, das Geheimnis des Kreuzes Christi. Ich war unsagbar erschüttert.

Er kam zum Militär und machte Dienst in Afrika. Doch der Gedanke an die unschuldig Leidenden war nicht mehr abzuschütteln. Und es drängte sich ihm die Frage auf: Wenn Christus morgen wiederkäme – was würde dann passieren? Zunehmend reifte seine Absicht, angetroffen zu werden bei denen, die das größte Leid zu tragen haben, zu Füßen des Gekreuzigten. Zurück in Madrid, zog er die Konsequenz: Er verließ seine bürgerliche Wohnung und begann das Leben in einer leer stehenden Baracke aus schmutzigen Brettern in den Slums »Palomeras Altas«. Dort brachte er ein Kreuz an, war still oder spielte auf seiner Gitarre. Und der Mann aus gutem Hause wurde schon bald ein lebendiges Fragezeichen für die Nachbarn.

Er störte niemanden. Langsam näherten sich ihm die Anwohner. Die Ersten waren die von der Volksgruppe der Roma. Sie kamen aus Neugier. Dann gestanden sie ihm ihre Verwunderung. Es kam zu Gesprächen – auch über den Glauben. Ohne jede Planung formte sich eine kleine Gruppe. Kiko versuchte, auf sie einzugehen, wenn sie von ihren Schwierigkeiten sprachen. Er antwortete ihnen aus seinem Glauben auf ihre Fragen, so gut er konnte, und lernte von ihnen Lebensweisheiten. In all dem trieb ihn sein Grundproblem weiter um: ob Gott ist und ob er für den Menschen da ist.

Ein Zigeuner aus den »Palomeras Altas« lässt ihn während der Gespräche aufhorchen, und Kiko nutzt später die Geschichte in seinen Katechesen. Der Mann wurde eines Tages von einem Gewitter überrascht. Dann sah er, wie plötzlich der Blitz in seinen Handkarren einschlug, in dem sein kleiner Sohn lag. Das Wägelchen brannte. Der Vater warf sich zu Boden und schrie: »Oh Gott, rette meinen Sohn! Wenn du meinen Sohn rettest, verspreche ich dir, dass mein ganzes Leben dir gehören soll!« Kiko dann weiter:

> Zuerst sprach er dieses Gebet. Dann lief er zum brennenden Karren und das Kind war lebendig, gesund und es lachte. In diesem Augenblick machte er die tiefe, göttliche Erfahrung, die ihm Gewissheit gab: »Es gibt Gott. Auch wenn jemand mich glauben machen will, dass es ihn nicht gibt, ich weiß, dass Gott existiert.«

Gott lebt und gibt Leben. Das war der kennzeichnende Ursprung des neukatechumenalen Weges. Seine Initiatoren hielten dieses Bewusstsein durch die Höhen und Tiefen wach, die ihnen noch bevorstanden. Sie trafen auf viele Suchende, die – wie sie selbst – unter der wachsenden »Gottesfinsternis« litten, und diese begegneten in ihrem Dunkel nun der Unterweisung des »Weges«: Gottes Wort wurde lebensnah gedeutet und in der Liturgie bewegend gefeiert. So wuchs neues Gottvertrauen. Gott schenkte seine Gnade. Der »Weg« zog seine Spuren über die ganze Erde und ermöglicht heute unterschiedlichste große und kleine Zugänge zu erfülltem Christsein.

6.3.6 Moysés Azevedo Filho (* 1959)

Der Letzte, der hier vorgestellt werden soll, ist wie Kiko Argüello ein Laie. Er steht für die wohl größte Gruppe von Christen, die ihren missionarischen Aufbruch auf einen Impuls des Heiligen Geistes zurückführen. Wohl haben alle genannten Gemeinschaften ihren Neuanfang in der Kraft des »Beistands von oben« gefunden, doch die »Katholische Charismatische Erneuerung« verdankt sich einer unerwarteten Erfahrung, die sich ausdrücklich auf diese dritte Person der Dreifaltigkeit beruft.

Ihre Wurzeln liegen in den USA. Zu Beginn des 20. Jahrhunderts zeigten sich in einer Freikirche Topekas beim Gottesdienst Gebetsweisen, wie sie etwa im Paulusbrief für die Gemeinde in Korinth beschrieben werden: prophetische Weisungen, entrücktes Sichversenken, Reden in fremden Sprachen (1 Kor 14). 1967 machten katholische Studenten und Professoren an der Duquesne-University von Pittsburgh im Gebet vergleichbare Erfahrungen. Es war Papst Paul VI., der dann dank des Engagements des Brüsseler Kardinals Léon-Joseph Suenens zu Pfingsten 1975 dieser Bewegung die Pforten der Peterskirche und des Vatikans spektakulär öffnete. Ihre weltweite Verbreitung hat schon Ende des vergangenen Jahrhunderts die zweistellige Millionengröße weit überschritten.[134]

Hier soll eine an dem großen Baum eher kleine Frucht dieser Spiritualität stellvertretend für alle anderen Gliederungen stehen: die brasilianische Gemeinschaft »Shalom«.

Es war die Reise Papst Johannes Pauls II. 1980 nach Lateinamerika, auf den sie sich zurückführt. Ihr Gründer Moysés Azevedo Filho hat die Begebenheit später mehrfach erzählt. Er ist sich sicher, dass der Anstoß zu seinem Apostolat unter Gleichaltrigen ein Zusammentreffen mit dem Nachfolger Petri war.[135]

---

[134] Vgl. W. J. Hollenweger, From Azusa Street to the Toronto Phenomenon, in: Concilium 3 (1996), S. 3–14.

[135] Nachfolgendes ist entnommen der Lizenziatsarbeit von João Wilkes, Un' opera nuova per un tempo nuovo – ein neues Werk für eine neue Zeit, vorgelegt an der Pontificia Facoltà Teologica Teresianum, Hochschule der Unbeschuhten Karmeliten, Rom 2007.

276

Der junge Mann war gerade erst zwanzigjährig. Er suchte intensiver nach Gott und wollte auch seinen Altersgenossen im Dschungel des Lebens einen Glaubensweg zeigen. Bei dem Besuch von Papst Johannes Paul II. kam es ihm zu, gemeinsam mit einem anderen Jugendlichen dem Gast aus Rom in einigen Sätzen die Jugendarbeit ihrer Diözese vorzustellen. Das geschah während der Eucharistiefeier, die am 9. Juli im Stadion *Castelão* in Fortaleza gefeiert wurde. Er war bei seinem Vortrag ziemlich durcheinander. Doch diese Peinlichkeit wurde zur Geburtsstunde von »Shalom«, und zwar einfach durch die Autorität des Papstes, durch sein Charisma und durch seinen Segen. Moysés berichtete später von diesem für ihn so folgenreichen Augenblick:

Als ich an der Reihe war, mein Zeugnis vorzutragen, fühlte ich mich von einer ungewöhnlichen Gegenwart Gottes berührt. Sie war so stark, so machtvoll, dass ich mich bis heute nicht genau erinnern kann, wann sie mich erfasste. Nur steht mir noch klar vor Augen, dass ich ganz verwirrt war, dann wurde ich ganz still und dann begegnete mein Blick dem des Papstes. Der Papst erhob seinen Arm und segnete mich. Ich bin sicher, dass in diesem Augenblick, dass durch diesen Segen die Gemeinschaft Shalom gegründet wurde.

Solcher inneren Gewissheit waren bereits einige geistliche und pastorale Etappen vorausgegangen. In einem Rückblick erscheint dem Gründer besonders seine Teilnahme an Exerzitien im Jahre 1976 wichtig, in denen ihn die personale Dimension des Glaubens berührte: Ihn durchdrangen Gefühl und Wissen, dass Gott nicht nur ein Wort ist, sondern eine Wirklichkeit, und er setzte ganz bewusst einen Akt der Übergabe seines Ichs an den Sohn Gottes. Daraufhin begann er mit einer kleinen Gruppe seiner Altersgenossen eine gezielte Evangelisierung, in der er bald die Verantwortung übernahm.

In dieser Zeit, so erzählte er 1978, nahm die Sehnsucht nach der Gemeinschaft mit Gott zu. Es drängte ihn, Gottes Wohlwollen ihm gegenüber möge wachsen und ihn ganz bestimmen. Später stieß er dann auf die Charismatische Erneuerung und die »Taufe im Geist«. (Sie wird in dieser »Bewegung« verstanden als bewusstes Sich-zu-eigen-Machen des früher empfangenen Taufsakraments, als seine »Ratifikation«.) Dieser für Charismatiker wichtige Glaubensschritt schenkte ihm – so Moysés – eine beglückende Intimität mit Jesus Christus. Auch die anderen Mitglieder seiner Gruppe öffneten sich dieser Gnade.

Etwa eineinhalb Jahre nach der Begegnung mit Papst Johannes Paul II. erkannte Moysés deutlichere Konturen für sein Engagement in der Welt der Jugend und entwickelte mit anderen ein Projekt: Sie wollten die Jungen und Mädchen durch eine Art »Snackbar« *(paninoteca)* von der Straße locken, oder besser, sie durch ein Zentrum der Evangelisierung ansprechen. Zu diesem sollten auch eine Bibliothek, eine Kapelle und ein Versammlungsraum gehören. Kurz: Es sollte ein Ort entstehen, wo sich Jugendliche aufhalten und wohlfühlen konnten. Dort könnten sie auch das Zeugnis von gläubigen Gleichaltrigen und eine Atmosphäre der Sympathie erleben, ebenfalls ein wenig von der Liebe spüren, die Gott für die Menschen empfindet. Ursprünglich stammte die Idee von einem kanadischen Missionar, der in seinem Land für die Jugendpastoral »christliche Cafés« in der Nähe von Straßenkreuzungen eingerichtet hatte. Dieses Modell ging Moysés durch den Kopf. In der Folge zog er sich mehr und mehr zurück, um viel über dieses Projekt nachzudenken, bis ihn eines Tages ein Freund fragte, was ihn so grüblerisch mache. Er trug ihm seine Ideen vor, aber für zehn Tage hielten sie vor den anderen Jugendlichen das Vorhaben geheim. Sie wollten zuerst in der Hinwendung zu Gott innere Gewissheit erlangen; ihr Dienst galt ja der Sache Gottes und dem Glaube an ihn. Dann legten sie sich fest, sie weihten die ganze Gruppe ein, zwölf der ersten Anhänger wurden zu Verantwortlichen bestimmt, und der Versuch erhielt auch gleich den Namen »Shalom«.

Während der Planung eines ersten solchen Zentrums waren die Hindernisse bei der Ortssuche, bei Kostenfragen, Beratungen mit Hausbesitzern und Enttäuschungen immer auch geistliche Herausforderungen: Man betete miteinander, befragte die Heilige Schrift (»Bibelstechen«), trachtete nach der »Unterscheidung der Geister« und fragte, was wohl Gottes Wille sei. Erst danach versuchten sie wieder einen neuen Vorstoß. Moysés schreibt: »Im Gebet bestätigte uns der Herr. Weil es sein Wille war, sorgte er sich um die Sache.«

Am 9. Juli 1982 konnte schließlich in ihrer Stadt das katholische Evangelisierungszentrum »Shalom« eröffnet werden. Erst nachträglich fiel der Gruppe auf, dass dieses Datum genau der zweite Jahrestag der Begegnung des Gründers mit Papst Johannes Paul II. war. Alles stand fraglos noch auf wackeligen Füßen. Aber der Andrang der Jugend war überwältigend. Dann kamen auch die Kinder, Erwachsene begleiteten sie, und das Haus füllte sich an ganz gewöhnlichen Tagen mit viel Leben. Im Juli 1983 musste »Shalom« ein neues, größeres Haus eröffnen. Es bot Raum für die tägliche Eucharistiefeier, für den Empfang des Bußsakraments und Möglichkeiten für Katechesen, Vorträge und auch für eine Bibliothek.

Wie zu erwarten war, blieben auch »Shalom« Spannungen und Wachstumsschwierigkeiten nicht erspart. 1984 wurde zu einem Jahr der Reinigung, da einige den Geist des Werkes nicht mehr teilten. Moysés folgte dem Rat seines Seelenführers und zog sich von der Arbeit zurück, um im Gebet einen Weg aus der Krise zu finden. Er durchlebte Tage, in denen er – wie er gesteht – am Fortbestand des Werkes selbst zweifelte:

Es war besonders für mich eine schmerzhafte Zeit. Aber ich habe mich auf das Beten verlegt und darauf, Gott zu vernehmen. Dann erfuhr ich machtvoll seine Hand, die

*mir durch innere Gewissheit und äußere Hinweise sagte:
»Ich bin mit dir, mach dich auf den Weg!« Ein großer
übernatürlicher Friede durchdrang mein Herz.*

Er hielt seine Vorstellung über die Zukunft von »Shalom« dann
schriftlich fest. Nach seiner Rückkehr teilte er sie denen mit,
die in der Bewegung besondere Verantwortung trugen – in großer Einfachheit, wie er später sagte, und ohne Konflikte zu pro-
vozieren. Dies waren die ersten Regeln, zu denen er sich schon
lange gedrängt gefühlt hatte. Die anderen Mitglieder sollten in
Freiheit ihren Weg selbst wählen. Auch setzte er den Zeitraum
fest, innerhalb dessen es ihnen freistand, sich zu entscheiden.
Wer blieb, zeigte an, dass er sich das Charisma ohne Abstriche
zu eigen gemacht hatte. Diese Herausforderung hätte das Ende
der Gemeinschaft »Shalom« bedeuten können. Doch sie wurde
zu ihrem definitiven Start.

Das Herzstück der Regeln ist die innige Gemeinschaft mit
Gott. Ihn zu suchen, eint alle ihre Mitglieder, bewegt ihr Le-
ben, ist die Quelle ihres Charismas und das erste Ziel und der
Motor des Miteinanders von allen. Die Momente, in denen die
Freundschaft mit dem Herrn gepflegt wird, werden zu einer
Oase, die das Überleben sichert.

Noch einmal der Gründer:

*Ich weiß und fühle, dass Gott das Antlitz der Erde wirk-
lich erneuern will. Gott bereitete die Welt vor, damit sie
unseren Retter und Erlöser bei seiner Wiederkunft empfangen kann … Neue Familien … neue Ehepaare, geformt
aus neuen Partnern … neue Bindungen mit neuen Versprechen … Freundschaften, Verlobungen, die neu sind,
weil Gott einen neuen Weg in unserer Mitte schafft.*

Der Initiator von »Shalom« kannte sich ohne Frage aus in der
Welt seiner Altersgenossen. Er wusste auch um die vielen

Bemühungen, Straßenkinder und *Runaways* wieder einzufangen. Er hatte unterschiedliche praktische Versuche gesehen, ihrer Verwahrlosung zu wehren, und war vertraut mit soziologischen Untersuchungen sowie deren wissenschaftlicher Auswertung. Dennoch hören wir in seinen Aufzeichnungen über die Gründung von all dem so gut wie nichts. Das mag den Außenstehenden verwundern. Es rückt umso stärker ins Licht, dass Moysés offenbar in der eigenen Begegnung mit Gott seine entscheidende Erkenntnisquelle sah. Er wollte nicht nur Gottes Werk tun, sondern erwartete auch von der persönlichen Begegnung mit diesem Gott die Klärung seiner vagen Intuition und der eigenen Erfahrung für die fällige Gestaltung der »Bewegung«. »Shalom« sollte eben dazu dienen, bei den Zeitgenossen vor allem die Gewissheit vom persönlichen Wohlwollen dieses Gottes zu wecken und den Glauben an seine Vatergüte konkret zu machen. Im Fall des heiligen Josemaría, des Stifters des *Opus Dei*, hatte Kardinal Ratzinger diese Einstellung »Gotteszentrismus« genannt. Dass ein solcher auch im Gründungsimpuls von »Shalom« aufscheint, ist offenkundig.

Die rasche und starke Verbreitung dieser Geistlichen Gemeinschaft überall in der Welt lässt ihre Sinnhaftigkeit, ja ihre Notwendigkeit erkennen. Vielen Menschen auf allen Kontinenten bot sie eine Antwort auf Probleme in der Jugendpastoral. Am 22. Februar 2012, also dreißig Jahre nach der Gründung, stellte der Heilige Stuhl das endgültige päpstliche Anerkennungsdekret aus – sie wurde eine »Internationale private Vereinigung von Laien Päpstlichen Rechts«.

7. Vom Wort »Gott« zum »gegenwärtigen Gott«

Verkündigung des Glaubens will immer des Menschen inneres Ohr erreichen. Sie richtet sich an unsere Kenntnis und Fantasie, an alle Kräfte menschlicher Sensibilität. Sie möchte, dass wir der Botschaft aus der Mitte unserer Person zustimmen. Bei Jahwes alttestamentlichen Selbstaussagen und bei den knappen Verweisen auf die Sozialisierung des jungen Jesus liegt eine solche Absicht offen zutage: Der Hörer soll auf unseren Gott hin geöffnet werden. Auch die knappen Lebensbeschreibungen der hier vorgestellten großen Glaubenszeugen stehen nicht für sich selbst; sie möchten uns mitnehmen auf den Weg, auf dem sie selbst Gott entdeckten und sich auf ihn einließen. Wie die heilige Teresa von Ávila treten wir vor die Statue, die Jesus Christus an der Geißelsäule darstellt. Mit dem seligen John Henry Newman versuchen wir, uns selbst fortreißen zu lassen von dem Geheimnis der Dreifaltigkeit. Bruder Charles de Foucauld zeigt uns, dass die Anbetung der Eucharistie die tiefe Freundschaft mit der Person des Jesus von Nazareth ausdrückt und ihre Wirkung entfaltet.

Wer von diesen Gestalten angesprochen wurde und sie ein Stück weit geistig begleitet hat, dem mag aufgegangen sein: Das Leben von Menschen schreibt rätselhafte Geschichten. Christen deuten sie im Licht des Glaubens, und es wächst ihre Gewissheit, dass es einen Gott geben muss, der handelt und sich einmischt in die Biografie seiner Geschöpfe. Zu wünschen wäre, dass jemand bei der Begegnung mit den erwähnten Kronzeugen von einem Anflug ihrer Selbstvergessenheit und ihrer

Strahlkraft berührt würde. Dann ereignete sich, dass Gott nicht länger nur die Wahrheit ist, der unser Nachdenken gilt. Er würde uns Beobachtern als die Quelle der Liebe entgegengetreten. Eine solche Wendung des Wissens in die Kontemplation hinein ist die vorrangige und auch die schwierigste Aufgabe der Pastoral.

Meister Eckhart

Meister Eckhart, der große deutsche Mystiker, lebte noch nicht in einer Zeit der Gottvergessenheit, die erst in der Neuzeit über uns hereingebrochen ist. Doch er zeigt eine Falle auf, die damals wie heute unserem Gottesverhältnis droht. Selbst wer in unseren Tagen die Leugnung Gottes hinter sich gelassen hat und als Glaubender Gottes Handeln in der Geschichte und im Leben der Menschen kritisch prüft, kann in sie hineintappen. Der Dominikaner ruft seiner Zeit und uns zu, es nicht beim Reden über Gott bewenden zu lassen. Er rechnet beredt mit dem Theoretiker ab, für den Gott ein bloßer Gegenstand des Verstandes bleibt. »Deines gedachten Gottes sollst du quitt werden!«, fordert er. An die Stelle des gedachten Gottes müsse der »gegenwärtige Gott« treten, ein Gott, der Verstand und Herz des Menschen erfasst. Der Glaubende solle

> sein Gemüt daran gewöhnen, Gott allzeit gegenwärtig zu haben im Gemüt und im Streben und in der Liebe ...

> ... vergleichsweise so, wie wenn es einen in rechtem Durst heiß dürstet: so mag einer anderes tun als trinken, und er mag auch wohl an andere Dinge denken, aber was er auch tut und bei wem er sein mag, in welchem Bestreben oder welchen Gedanken oder welchem Tun, so vergeht ihm doch die Vorstellung des Trankes nicht, solange der Durst währt; und je größer der Durst ist, umso stärker und

*eindringlicher und gegenwärtiger und beharrlicher ist die
Vorstellung des Trankes.*[136]

In ihrer Hinwendung zu Gott und zum Nächsten erwiesen sich
die beschriebenen Heroen als Glieder der Kirche. Sie traten
demnach nicht nur – wie ausführlich dargestellt – privat und
intim Gott gegenüber. Für diese Hinwendung hatte fraglos auch
die liturgisch-öffentliche Feier einen hohen Rang. Der Gottesdienst ist ja der Ort, in den alles Glaubens- und Liebestun mün-
det und kulminiert. Die Theologie der östlichen Tradition hebt
die Feier der Eucharistie als Kulmination der Begegnung des
Menschen mit Gott heraus; Nikolaus Kabasilas († 1391) sieht
sie als Einübung in die himmlische Hochzeit, die Feier der Mys-
terien in der Ewigkeit.[137]
Der Apostel Paulus selbst hat das Gewicht der Liturgie seiner Gemeinde in Ephesus dargestellt: »Lasst in eurer Mitte Psalmen, Hymnen und Lieder erklingen, wie der Geist sie eingibt.
Singt und jubelt aus vollem Herzen zum Lob des Herrn. Sagt
Gott, dem Vater, jederzeit Dank für alles im Namen Jesu Christi, unseres Herrn!« (Eph 5,19 f.). Psalmen singend rühmen die
Erlösten ihn und bestätigen einander ihre Erfahrung. Die geistige Tiefe jedes Einzelnen öffnet sich und das individuelle Erkennen sowie Entscheiden lassen sich stärker von Gott prägen.
Die gemeinsame Feier der Gemeinde nimmt die Alltagszeichen
seiner Gegenwart und Güte, die jedem Einzelnen zuteilwurden,
hinein in die Botschaft und die Hingabe seines Sohnes.

---

[136] Meister Eckhart. Deutsche Predigten und Traktate, hrsg. und übersetzt von
J. Quint, München 1955, S. 29 f., S. 59 f.
[137] Vgl. P. J. Cordes, Actuosa participatio – Tätige Teilnahme, Paderborn 1995,
S. 119 ff.

Gottes Bote

So eingetaucht in die Wahrheit, die Gott ist, begnügt der Beschenkte sich nicht länger damit, lediglich Gottes Heil zu konsumieren. Weil es »von Gott ergriffen« ist, bewahrheitet sich in ihm Jesu Wort: »Wovon das Herz voll ist, davon spricht der Mund« (Lk 6,45). Überzeugt wird er zum Zeugen. Wie zu Pfingsten macht ihn die Glut des Geistes zum Boten. Und Gottes Sohn geht mit ihm auf dem eben entdeckten Weg. Er erlebt die Wunder Christi, wenn seiner Hilfe wegen Mitmenschen neuen Sinn in ihrem Dasein finden. Es trifft auch ihn deren Erfüllung und Dank, die als Echo zu ihm zurückkehren. Der Diener bewirkt, dass etwas vom noch ausstehenden schattenlosen Glück in die Gegenwart einbricht. Das steht dem Völkerapostel vor Augen, wenn er den Römern schreibt:

Wie willkommen sind auf den Bergen
die Schritte des Freudenboten,
der Frieden ankündigt,
der eine frohe Botschaft bringt und Rettung verheißt,
der zu Zion sagt: »*Dein Gott ist König.*«
(Jes 52,7/Röm 10,15)

Paul Josef Kardinal Cordes wurde 1934 in Kirchhundem/West-
falen geboren. Er empfing 1961 das Sakrament der Priesterweihe, promovierte 1971 bei Karl Lehmann und wurde 1976 zum
Bischof geweiht. Nach seiner Berufung in den Vatikan 1980
förderte er die neuen Geistlichen Bewegungen und initiierte die
Weltjugendtage. Papst Benedikt XVI. formulierte 2010 in einem öffentlichen Glückwunsch: Du hast »sofort das Lebendige gespürt, das da aufgebrochen war – die Kraft des Heiligen
Geistes, der neue Wege schenkt und in unvorhergesehener Weise die Kirche immer wieder jung erhält«.